高等职业学校旅游管理专业教材

旅游地国家概况

An Overview of Tourism Destination Countries

林士婷　主　编
苏燕华　王　姣　副主编

中国轻工业出版社

图书在版编目（CIP）数据

旅游地国家概况 / 林士婷主编. —北京：中国轻工业出版社，2020.12

高等职业学校旅游管理专业教材

ISBN 978-7-5184-2748-2

Ⅰ. ① 旅… Ⅱ. ① 林… Ⅲ. ① 国际旅游－旅游地－概况－高等职业教育－教材 Ⅳ. ① K917

中国版本图书馆CIP数据核字（2020）第054760号

责任编辑：史祖福　贺晓琴　　责任终审：张乃柬　　整体设计：锋尚设计
策划编辑：史祖福　　　　　　责任校对：吴大鹏　　责任监印：张　可

出版发行：中国轻工业出版社（北京东长安街6号，邮编：100740）
印　　刷：艺堂印刷（天津）有限公司
经　　销：各地新华书店
版　　次：2020年12月第1版第1次印刷
开　　本：787×1092　1/16　印张：17.5
字　　数：392千字
书　　号：ISBN 978-7-5184-2748-2　定价：68.00元
邮购电话：010-65241695
发行电话：010-85119835　传真：85113293
网　　址：http://www.chlip.com.cn
Email：club@chlip.com.cn
如发现图书残缺请与我社邮购联系调换
191254J2X101ZBW

前言

本教材立足于“互联网+教育”时代背景，探索开发适合于学生学习与教师课堂教学活动相适应的新型数字一体化教材。教材内容通过文字、图片、典型微课、PDF内容详情链接、PPT知识点详解链接、PPT配套课件等多种资源形式辅助教学，力求从多个角度、以多种资源形式呈现知识内容，以电子书与纸质版方式展现，便于广大学生、教师及社会从业者根据自身需求阅读与学习。

本教材主要内容包括6部分，共介绍16篇出境旅游目的地国家概况。按照我国旅游者出境旅游目的地与我国相邻最近地域为顺序，分别涉及东亚地区、东南亚地区、太平洋地区、欧洲地区、北美洲地区、非洲地区，本教材选取近五年我国出境旅游者前往上述地区人数最多的14个主要旅游目的地国家进行阐述，其中，非洲的文明古国埃及与历年最受各国旅游者欢迎的非洲国家之一的南非，一并列入教材内容中。每一个国家具体内容包含出境旅游线路参考范例、国情掠影、政治体制与经济发展、教育及文化、民俗风情、主要旅游城市及著名旅游景观、旅游资讯、延伸阅读、专题、典型微课、主题旅游线路创意设计等，以期通过知识概要、知识拓展及业内实用等方面介绍，为学生未来从业提供专业技术类实用知识。此外，该教材也适用于出境旅游爱好者及社会学习者阅读与使用。

旅游目的地国家概况课程是旅游管理专业的核心课程，该课程在培养合格旅游从业者过程中具有重要作用。该课程教学结合教材的使用，师生可以通过随时扫描教材部分内容二维码直接调取资源进行课程讲解或学习，还可以结合本课程教学资源库（智慧职教）网上资源，在云课堂中任意调取和搭建教师教学所需要的课程内容，或者根据教学需求以布置学生作业的形式，让学生利用课前、课后时间阅读学习资源库资源，扩大视野，有助于学生养成良好的自我终身学习的习惯。

编者

2020年4月

目 录

第一部分　世界及中国旅游业……………………1

第一篇　世界旅游业及世界旅游区……………………2

一、世界旅游业发展概述……………………2

二、世界旅游区划……………………4

第二篇　中国旅游业及中国出境旅游……………………8

一、中国旅游业概述……………………8

二、中国出境旅游现状……………………8

三、中国公民出境旅游政策……………………9

四、中国出境旅游发展趋势……………………10

第二部分　亚洲地区主要旅游目的地国家……………………11

第一篇　赏樱花 看日出 观日本……………………12

一、日本出境旅游线路参考范例……………………13

二、日本国情掠影……………………14

三、日本政治体制与经济发展……………………16

四、日本教育及文化……………………17

五、日本民俗风情……………………19

六、日本主要旅游城市及著名旅游景观……………………21

七、日本旅游资讯……………………27

第二篇　闲看高山丽水 感受隐逸之都韩国……………………28

一、韩国出境旅游线路参考范例……………………29

二、韩国国情掠影……………………29

三、韩国政治体制与经济发展……………………31

四、韩国教育及文化……………………32

五、韩国民俗风情……………………33

六、韩国主要旅游城市及著名旅游景观……………………35

七、韩国旅游资讯……………………39

第三篇　黄袍佛国 白象国度之神秘泰国……………………41

一、泰国出境旅游线路参考范例……………………42

二、泰国国情掠影……………………43

三、泰国政治体制与经济发展……………………45

四、泰国教育及文化 …… 46

五、泰国民俗风情 …… 48

六、泰国主要旅游城市及著名旅游景观 …… 49

七、泰国旅游资讯 …… 54

第四篇　天堂角落 走进马来西亚 …… 56

一、马来西亚出境旅游线路参考范例 …… 57

二、马来西亚国情掠影 …… 58

三、马来西亚政治体制与经济发展 …… 59

四、马来西亚教育及文化 …… 60

五、马来西亚民俗风情 …… 62

六、马来西亚主要旅游城市及著名旅游景观 …… 64

七、马来西亚旅游资讯 …… 69

第五篇　花园迷你之邦 热带岛国新加坡 …… 71

一、新加坡出境旅游线路参考范例 …… 72

二、新加坡国情掠影 …… 73

三、新加坡政治体制与经济发展 …… 74

四、新加坡教育及文化 …… 75

五、新加坡民俗风情 …… 76

六、新加坡主要旅游城市及著名旅游景观 …… 77

七、新加坡旅游资讯 …… 81

专题　东南亚　热带海岛风光 …… 82

创意设计　亚洲主题旅游线路设计 …… 83

第三部分　大洋洲地区主要旅游目的地国家 …… 85

第一篇　纵观古生物活化石 探寻海神的花园澳大利亚 …… 86

一、澳大利亚出境旅游线路参考范例 …… 87

二、澳大利亚国情掠影 …… 88

三、澳大利亚政治体制与经济发展 …… 90

四、澳大利亚教育及文化 …… 91

五、澳大利亚民俗风情 …… 92

六、澳大利亚主要旅游城市及著名旅游景观 …… 94

七、澳大利亚旅游资讯 …… 100

第二篇　牧羊国度 壮美纯净新西兰 …………………………… 101
一、新西兰出境旅游线路参考范例 …………………………… 102
二、新西兰国情掠影 ………………………………………… 103
三、新西兰政治体制与经济发展 ……………………………… 104
四、新西兰教育及文化 ……………………………………… 105
五、新西兰民俗风情 ………………………………………… 107
六、新西兰主要旅游城市及著名旅游景观 …………………… 108
七、新西兰旅游资讯 ………………………………………… 113
专题　南太平洋风光 ………………………………………… 115
创意设计　大洋洲主题旅游线路设计 ………………………… 116

第四部分　欧洲地区主要旅游目的地国家 ……………… 117

第一篇　古典优雅 绅士风度之英国 ………………………… 118
一、英国出境旅游线路参考范例 ……………………………… 119
二、英国国情掠影 …………………………………………… 120
三、英国政治体制与经济发展 ………………………………… 121
四、英国教育及文化 ………………………………………… 122
五、英国民俗风情 …………………………………………… 124
六、英国主要旅游城市及著名旅游景观 ……………………… 125
七、英国旅游资讯 …………………………………………… 134
第二篇　转个身 看法国 ……………………………………… 135
一、法国出境旅游线路参考范例 ……………………………… 136
二、法国国情掠影 …………………………………………… 137
三、法国政治体制与经济发展 ………………………………… 139
四、法国教育及文化 ………………………………………… 139
五、法国民俗风情 …………………………………………… 141
六、法国主要旅游城市及著名旅游景观 ……………………… 142
七、法国旅游资讯 …………………………………………… 150
第三篇　去欧洲走廊 追录德国印记 ………………………… 151
一、德国出境旅游线路参考范例 ……………………………… 152
二、德国国情掠影 …………………………………………… 153
三、德国政治体制与经济发展 ………………………………… 154
四、德国教育及文化 ………………………………………… 155
五、德国民俗风情 …………………………………………… 156
六、德国主要旅游城市及著名旅游景观 ……………………… 158

©视觉中国

©视觉中国

©视觉中国

©视觉中国

©视觉中国

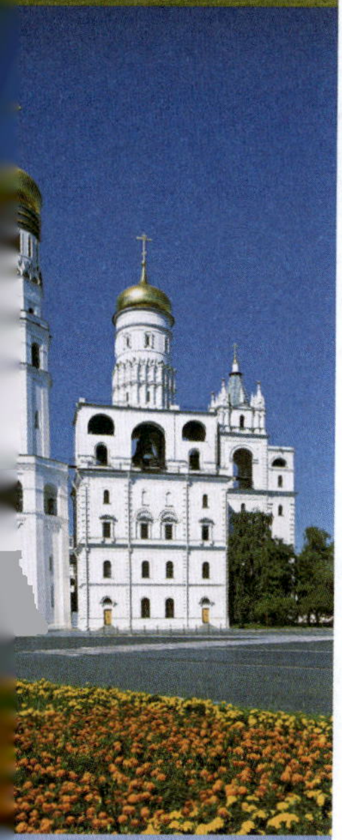

七、德国旅游资讯 …… 165

第四篇 寻永恒之城背影 看文艺复兴辉煌 走进意大利 …… 167

一、意大利出境旅游线路参考范例 …… 168

二、意大利国情掠影 …… 169

三、意大利政治体制与经济发展 …… 171

四、意大利教育及文化 …… 172

五、意大利民俗风情 …… 174

六、意大利主要旅游城市及著名旅游景观 …… 175

七、意大利旅游资讯 …… 184

第五篇 浩瀚北国 走进列宁的故乡 俄罗斯 …… 185

一、俄罗斯出境旅游线路参考范例 …… 186

二、俄罗斯国情掠影 …… 187

三、俄罗斯政治体制与经济发展 …… 189

四、俄罗斯教育及文化 …… 189

五、俄罗斯民俗风情 …… 192

六、俄罗斯主要旅游城市及著名旅游景观 …… 193

七、俄罗斯旅游资讯 …… 199

专题 西欧 著名古堡 …… 201

创意设计 欧洲主题旅游线路设计 …… 202

第五部分 北美洲地区主要旅游目的地国家 …… 203

第一篇 行走美国 …… 204

一、美国出境旅游线路参考范例 …… 205

二、美国国情掠影 …… 206

三、美国政治体制与经济发展 …… 208

四、美国教育及文化 …… 209

五、美国民俗风情 …… 210

六、美国主要旅游城市及著名旅游景观 …… 211

七、美国旅游资讯 …… 221

第二篇 辽阔之地 枫之国 加拿大 …… 222

一、加拿大出境旅游线路参考范例 …… 223

二、加拿大国情掠影 …… 224

三、加拿大政治体制与经济发展 …… 225

四、加拿大教育及文化 …… 226

五、加拿大民俗风情 …… 228

六、加拿大主要旅游城市及著名旅游景观……………………229
七、加拿大旅游资讯…………………………………………236
专题　北美洲　北极光…………………………………………237
创意设计　北美洲主题旅游线路设计…………………………238

第六部分　非洲地区主要旅游目的地国家……………239

第一篇　流沙与海洋共舞 绿洲与文明共存 走进古国埃及… 240
一、埃及出境旅游线路参考范例…………………………241
二、埃及国情掠影…………………………………………241
三、埃及政治体制与经济发展……………………………243
四、埃及教育及古文明……………………………………244
五、埃及民俗风情…………………………………………245
六、埃及主要旅游城市及著名旅游景观…………………246
七、埃及旅游资讯…………………………………………253
第二篇　大自然万年神迹 彩虹之国 走进南非……………254
一、南非出境旅游线路参考范例…………………………255
二、南非国情掠影…………………………………………255
三、南非政治体制与经济发展……………………………257
四、南非教育及文化………………………………………258
五、南非民俗风情…………………………………………258
六、南非主要旅游城市及著名旅游景观…………………259
七、南非旅游资讯…………………………………………264
专题　非洲　大漠风光…………………………………………266
创意设计　非洲主题旅游线路设计……………………………267

附录　凯撒旅游 · 主题游线路产品分类名称设计参考范例…… 268
参考文献 ………………………………………………………271
鸣谢………………………………………………………………272

第一部分

世界及中国旅游业

第一篇 世界旅游业及世界旅游区

旅游业自19世纪发展至今已成为全球规模最大的产业之一，它不仅是各国国民经济发展中的重要产业，也是世界经济发展的重要组成部分。现阶段，各国居民将境内外休闲度假旅游视为日常精神生活不可缺少的一部分，旅游活动呈现大众广泛参与的特点，旅游者的足迹不仅局限于国内和近距离的出境旅游，更向远距离的跨洲际邮轮旅游方向发展，且抵达偏远地区或极地地区，不断壮大的旅游队伍推动着世界旅游业的蓬勃发展。

一、世界旅游业发展概述

近代旅游业于19世纪中叶崛起于西欧和北美洲，至19世纪60~70年代，火车与轮船的出现促进西欧与北美洲涌现了专门组织国内旅游和出境旅游的旅行社。至19世纪后期，旅游活动的主体开始从探险家、科学家、贵族、富商等阶层转向普通百姓，逐渐成为了人人都可参与的社会活动。第二次世界大战以后，西方发达国家经历了一段经济稳定发展和持续增长时期，科技变革、交通运输业发达、经济迅速发展、国际环境稳定、国际交往频繁、居民物质水平和文化水平不断提高、消费观念转变等一系列因素有利于旅游业的发展，这一时期旅游活动内容以游览观光和商务旅行为主，旅游目的地的范围也从境内旅游转向境外旅游和跨洲际旅游，世界旅游业进入了一个全新的发展阶段。

根据世界旅游组织（UNWTO）统计数据显示，1950年，国际旅游人数为2520万人次，国际旅游收入为21亿美元。据《世界旅游经济趋势报告2019》显示，2018年，全球国际旅游人数达12.79亿人次，全球国际旅游收入为1.59万亿美元；2018年，全球国内旅游人数达108.2亿人次，全球国内旅游收入达3.76万亿美元；2018年，全球旅游总人数达121亿人次，全球旅游总收入为5.34万亿美元。半个多世纪以来，世界旅游业发展为全球规模最大的产业之一，成为各国创汇及回笼货币的重要途径之一，其整体发展一直呈现高增速态势，也成为助推世界经济发展的重要力量。

据世界旅游及旅行理事会（WTTC）报告，2018年世界旅行和旅游对全球国民生产总值的直接和间接贡献率为10.4%，为全球范围贡献3.19亿个工作岗位，即每10个就业岗位中就有1个是由旅游行业创造的。WTTC预测，至2029年旅游行业对全球GDP增长贡献占比将超过11.5%，将为全球创造就业岗位4.21亿个。2018年全球五大旅游市场分别是美国、中国、日本、德国和英国，占全球旅游行业GDP的47%。2018年亚太地区与北非地区的旅游行业GDP增长高于全球旅游业平均水平，引领着世界旅游业的增长。旅游业的健康可持续发展在各国创汇、带动就业及发展区域经济方面发挥着重要作用。

进入21世纪，因各国经济的持续增长、国民收入的稳步提升、居民文化程度的不断提高、消费理念的转变等因素，旅游活动主体呈现大众化、群体化、年轻化等特征，旅游产品个性化需

求突显，旅游市场消费逐步迈向高端化。为迎合旅游市场需求环境的转变，旅行社协同各相关行业联合开发有特色、有主题的新型旅游产品，进行专业化细分，以丰富多样的旅游产品内容和多元化的旅游方式吸引旅游者。比如，备受家庭旅游者青睐的“亲子游”“游学”“深度文化游”“世界遗产”等系列主题旅游产品，也有关注老年人身体健康状况的“健康旅游”系列旅游产品，与精神生活相契合的“婚礼主题游”“蜜月主题游”“美食品酒主题游”等系列旅游产品，更有满足个人爱好的“体育观赛游”“户外探险游”“滑雪游”“极地游”等系列旅游产品，以及跨洲际的“豪华游轮旅游”和“包机豪华私人订制游”等主题旅游产品，在旅游形式与旅游内容方面不断向纵深方向发展，以满足旅游市场的多元化需求。

现阶段，随着世界经济全球化及一体化的深入发展，国际交通运输业的巨大进步，各国带薪休假制度为旅游者提供的充足闲暇时间，各国政府间国际管理制度化以及国际协调的规范化，旅游企业逐步形成跨行业、跨国家的集批发、代理、零售、产销于一体的国际性旅游集团，在旅游者出入境手续办理、出行安全保障、食住行游购娱六要素方面提供的高质量服务链，均为旅游者实现跨洲际旅游，以及南极和北极等偏远地区旅游活动的有效开展提供了必要保证，使旅游者足迹遍布全球各个区域。

世界旅游业作为一个现代综合性产业，与第一、第二、第三产业一起构成旅游产业群，与众多行业群一起组成产业集合体，与其他产业并肩发展，成为各国产业中不可分割的重要部分。现代旅游业队伍不仅拥有训练有素的管理及员工团队，而且拥有专家群体，并以高科技为支撑，依托知识经济和创意产业，有效利用现代技术成

果，在产品生产研发、市场营销、服务管理方面已发生了巨大变革。现代旅游业在民间沟通与交流、民族文化弘扬、国家形象传播与公共外交、提升国家软实力等方面具有重要的社会文化功能。传统旅游业对自然生态环境以“索取”为发展代价，而现代旅游业注重对生态环境的保护、培育和优化，形成了资源节约型与环境友好型可持续发展产业。

二、世界旅游区划

世界旅游组织（UNWTO）以全球不同地区旅游业发展情况为标准进行统计，将全球划分为六大旅游区，分别是欧洲地区、美洲地区、东亚及太平洋地区、非洲地区、中东地区、南亚地区。

1. 欧洲地区

欧洲全称欧罗巴洲（Europe），北濒北冰洋，南至地中海与黑海，与非洲相望，西邻大西洋，隔大西洋、格陵兰海、丹麦海峡与北美洲相望，东部以乌拉尔山脉、乌拉尔河，东南部以里海、黑海与大高加索山脉与亚洲分界。总面积约1016万平方千米，占世界陆地总面积的6.8%。人口约7.4亿（2017年），约占世界总人口的9.9%，欧洲多数居民属于欧罗巴人。含五个语系，印欧语系约占90%，另有乌拉尔语系、高加索语系、阿尔泰语系、闪米特-含米特语系。居民多信奉天主教、基督教新教和东正教，另有居民信奉伊斯兰教和犹太教等。

欧洲包括45个国家和地区，按地理位置习惯将其分为东欧、西欧、南欧、北欧、中欧五个部分，通常也将欧洲分为东欧和西欧两大部分。欧洲是希腊罗马古典文明和日耳曼文化的发源地，是世界资本主义发展最早、最发达的地区。世界近代旅游业发源于西欧，欧洲部分发达国家经济发展程度高，交通运输业发达，旅游设备设施完善，丰富的旅游资源使得欧洲国内与国际旅游人数、旅游收入及支出均居世界前列。

欧盟，即欧洲联盟，由欧洲共同体发展而来，是欧洲地区规模较大的区域性合作的国际组织。1993年11月1日，《马斯特里赫特条约》正式生效，欧洲联盟正式成立，欧盟的诞生使欧洲的商品、劳务、人员和资本自由流通，促进欧洲经济的快速增长。1999年1月，欧盟正式启动欧元。目前欧盟共有27个成员国，24种官方语言。

申根协定，1985年6月14日，法国、德国、

荷兰、比利时、卢森堡五个国家，于卢森堡小镇申根签署的协议。申根协定规定，其成员国对短期逗留者颁发统一格式的签证，即申根签证。申请人获得申根签证后，可在签证有效期和停留期内的所有申根成员国间自由旅行。

2. 美洲地区

美洲全称亚美利加洲（America），北濒北冰洋，南隔德雷克海峡与南极洲相望，西与太平洋相连，东至大西洋，总面积约4219.8万平方千米，占世界陆地总面积的28.2%。人口约9.64亿（2017年），约占世界总人口的12.9%，美洲多数居民属于英、法等欧洲国家移民的后裔，另有印第安人、黑种人以及混血人种。北美洲主要通用语言为英语和法语，南美洲使用的语言有西班牙语、葡萄牙语、法语、英语、荷兰语等，印第安人使用印第安语。居民多信奉天主教和基督教新教。

美洲地区包括35个独立国家和15个地区，按地理习惯划分为北美洲、中美洲和南美洲，或以巴拿马运河为界分为北美洲和南美洲。国际习惯通常将美洲分为北美洲和拉丁美洲两大部分，北美洲主要指美国、加拿大、格陵兰岛等，拉丁美洲主要指墨西哥、中美洲、加勒比海地区、南美洲大陆及其岛屿等。

美洲地区整体经济发展极其不均衡。北美洲属于世界经济发达地区之一，拉丁美洲属于发展中地区，历经半个世纪的经济发展，目前拉丁美洲的墨西哥、巴西、阿根廷、智利、委内瑞拉、哥伦比亚等国建立了相对完整的工业体系，经济发展增速较快。北美洲一直是世界重要旅游区域之一，自1950年以来，国内与国际旅游人数及旅游收入仅次于欧洲，至21世纪，旅游业发展增速放缓呈稳定发展的态势。自20世纪末期，拉丁美洲因其辽阔的土地、漫长的海岸线、优良的生态环境、古文化遗迹与建筑、独特的民俗风情、各国政府重视发展旅游业开发特色旅游项目等因素，吸引了大量旅游者，促进拉丁美洲旅游业以每年25%的速度增长。

3. 东亚及太平洋地区

亚洲全称亚细亚洲（Asia），亚洲西部以乌拉尔山脉、乌拉尔河、里海、大高加索山脉、土耳其海峡、黑海与欧洲分界，以苏伊士运河、红海与非洲分界，南至丹绒比亚，东抵白令海峡，北至北冰洋。总面积约4400万平方千米，占世界陆地总面积的29.4%，是世界第一大洲。人口约45.45亿（2017年），约占世界总人口的60.6%，是世界人口最稠密的大洲。亚洲多数居民属于黄种人（亚细亚人种或蒙古人种），也有白种人。居民语言有汉藏语系、阿尔泰语系、印欧语系等9个语系。亚洲是世界众多宗教的发源地，居民多信奉佛教、伊斯兰教、基督教、印度教、犹太教、锡克教、道教、神道教等宗教。有48个国家和地区，地理上习惯分为东亚、东南亚、南亚、西亚、北亚、中亚。

大洋洲（Oceania），位于亚洲与南极洲之间的太平洋中部和中南部辽阔海域中，东濒太平洋，西邻印度洋，总面积约897万平方千米，占世界陆地总面积的6%，是世界面积最小的洲。人口约4100万（2017年），约占世界总人口的0.54%，是世界人口最少的洲。大洋洲多数居民属于欧洲国家移民的后裔，另有土著居民约占总人口的20%。大洋洲主要通用语言为英语，居民多信奉天主教，少数居民信奉其他宗教。大洋洲有26个国家和地区，其中拥有独立主权国家14个，其他地区多为英国、美国、法国的属地。

东亚及太平洋地区，简称东亚太地区。包括东亚（中国、朝鲜、韩国、日本、蒙古）、东南亚（越南、老挝、缅甸、柬埔寨、泰国、马来西亚、文莱、东帝汶、新加坡、菲律宾、印度尼西亚等国家）、大洋洲的澳大利亚和新西兰以及南太平洋地区与岛屿。该地区按照经济发展水平分类，包含发达国家（日本、澳大利亚、新西兰）、新兴工业化国家（韩国、新加坡等）和发展中国家三类。自20世纪末，东亚太地区区域经济合作逐步推进，经济发展保持着稳定的增长，区域内历史文化悠久，自然生态旅游资源丰富且呈现多样性，旅游设备设施完善，各国入境旅游业蓬勃发展。近10年，东亚太地区旅游业增长速度已超过世界旅游业平均发展水平，居世界首位，成为助推当今世界旅游业和世界经济发展的重要力量与支撑。

4. 非洲地区

非洲全称阿非利加洲（Africa），北部隔地中海与欧洲相望，东濒印度洋，西邻大西洋，纵跨赤道南北。总面积约3020万平方千米，约占世界陆地面积的20.4%，是世界第二大洲。人口约12.88亿（2017年），约占世界总人口的17.17%，人口总量位居世界第二位。居民主要以黑种人为主，也有黄种人及白种人。居民语言所属班图语系、闪米特-含米特语系、苏丹语系、马来-波利尼西亚语系。非洲北部居民多信奉伊斯兰教，其他地区居民多信奉原始宗教、基督教新教和天主教。非洲有60个国家和地区，均属于发展中国家。

非洲是古人类与古文明的发源地之一，拥有悠久的历史文化、丰富的文化遗产、浩瀚的大漠风光、广袤的草原、种类繁多的野生动植物、独特的民族风情，因洲内多数国家经济较落后，经济基础薄弱导致旅游设施不完善，个别地区社会动荡以及自然灾害，导致非洲旅游业发展缓慢。近几年，非洲北部摩洛哥、突尼斯、埃及等地，非洲南部纳米比亚、博茨瓦纳、南非等地推出奇特风光游、民族风情游、沙漠探险游、珍稀动植物考察游、游轮旅游等项目吸引众多国际旅游者，旅游业发展涨幅较为迅速，非洲未来旅游业发展前景十分广阔。

5. 中东地区

中东地区地跨亚、欧、非三洲，包括西亚的伊朗、巴勒斯坦、以色列、叙利亚、伊拉克、约

旦、黎巴嫩、也门、沙特阿拉伯、阿拉伯联合酋长国、阿曼、科威特、卡塔尔、巴林、土耳其、塞浦路斯以及北非的埃及等国家。中东地区居民犹太人信奉犹太教，阿拉伯人信奉伊斯兰教。

中东地区多数国家国民经济以开采原油和炼油为主，是世界上最大的石油输出地。沙特阿拉伯、阿拉伯联合酋长国、巴林、阿曼等国属于石油输出高收入国家，土耳其与以色列属于中等发达国家，少数为发展中国家。该地区是基督教、伊斯兰教、犹太教的发源地，交通便利，人文资源独特，自然资源丰富，经济基础雄厚，因长期受战争和恐怖活动影响，旅游业发展缓慢。随着中东和平进程的推进，旅游业拥有巨大的发展空间。

6. 南亚地区

南亚地区位于南亚次大陆，主要包括印度、巴基斯坦、孟加拉国、尼泊尔、不丹、斯里兰卡、马尔代夫等国家，均为发展中国家。南亚是佛教和印度教的发源地，具有悠久的历史、灿烂的文化、奇特的民俗风情、珍奇的动植物资源，坐拥美丽的海域盛景以及喜马拉雅山脉风光。因南亚地区受经济发展水平制约、个别国家政局动荡、民族及宗教纷争不断等因素影响，致使该区域旅游业起步晚、发展慢、起伏大。近几年，印度、斯里兰卡和尼泊尔等国家大力开发境内文化旅游资源，吸引了众多国际游客，该地区未来旅游业发展潜力巨大。

第二篇 中国旅游业及中国出境旅游

一、中国旅游业概述

中国是幅员辽阔、历史悠久的四大文明古国之一，自古代大禹治水伊始，开创了早期古代旅行的先河，孔子周游列国的求学旅行、康乾盛世的帝王巡行、文人墨客的云游、李时珍及徐霞客的探险旅行、张骞出使西域以及郑和下西洋的外交旅行、玄奘西行印度与鉴真东渡日本的宗教旅行等，中国古代旅行形式丰富多样。但封建社会的旅行游览作为一种活动形式，并不是真正意义上的旅游业发展。

20世纪初，英国的通济隆、美国的运通以及日本的观光公社，在中国上海、天津、广州等地建立分公司，开始经营中国国际旅游业务。与此同时，中国旅游业出现。1923年8月，上海商业储蓄银行设立“旅游部”，经营国内旅游业务，主要范围在沪、宁、杭三角区。1925年，组织第一批赴日本观樱花团。1927年6月，该部门正式独立，更名为“中国旅行社”，成立了中国第一家旅行社，总部位于上海，全国共22个分社、9个支社、7家旅馆，并在马来西亚、印度、越南、缅甸、菲律宾、美国、新加坡和中国香港等国家和地区设有办事处。中华人民共和国成立后，中国旅游业掀开了崭新的一页，1949年12月后，福建和广东先后成立了华侨服务社，免费或低费用为华侨出入境提供服务。1954年4月，中国国际旅行社成立。1957年3月，中国华侨服务旅行社成立。1964年，中国旅行游览事业管理局成立。

1978年中共十一届三中全会以后，伴随改革开放的深入发展，中国旅游业经历了历史性的转变。1979年邓小平指出，“旅游行业要变成综合性产业”。此后，中国旅游业从政治接待活动转变为经济产业，旅游业成为关联第一、第二、第三产业发展的新兴综合性产业。1983年10月，中国正式加入世界旅游组织。1991年3月，中国正式加入太平洋亚洲旅游协会。1980~2010年，中国旅游业历经30年的发展，已成为世界重要的旅游客源国和目的地国家。至2018年，中国已成为世界第一大出境旅游客源国和全球第四大入境旅游接待国家，中国成为推动世界旅游业发展极富活力的重要力量。旅游业也已经成为我国国民经济的战略性产业，成为全面建设小康社会与和平发展的重要组成部分。

二、中国出境旅游现状

1983年国家正式批准中国居民自费出境旅游。1993年中国出境旅游人数为374万人次，并开始逐年递增。1994~2003年，中国出境旅游人数近1亿人次，平均以每年13.87%的增长率递增。2007年中国公民出境旅游人数达到4095.4万人次。2008~2018年，中国出境旅游规模平均以每年12.99%的增长率递增，截止到2018年，中国公民出境旅游人数为1.5亿人次。根据中国出境旅游发展2018年度报告指出，改革开放40年来，在经济社会发展的支撑下，市场与产业政策的有序引导下，出境旅游市场规模逐步增长，中国出境旅游市场与消费持续增长，出境旅游比例显著提升，经济增长是中国出境旅游的主要推动因素，境外旅游目的地消费行为显示出境游客对于体验当地人生活方式的需求逐渐增长，中国游客对各目的地总体及旅游服务质量的评价较高。根据中华人民共和国文化和旅游部数据显示，截止到2019年7月末，中国正式开展组团业务的出境旅游目的地国家（地区）达131个，截止到2020年1月16日，中国具有出境旅游业务资质的旅行社增至4882家。2015～2019年，中国游客前往出境旅游目的地国家排名前15位分别是：泰国、日本、越南、韩国、美国、马来西亚、新加坡、俄罗斯、澳大利亚、加拿大、新西兰、法国、德国、意大利、英国。中国出境旅游者在目的地消费以美食美酒、自然探索、户外运动、避寒避暑、城市休闲、深度体验、休疗养等当地本土化的旅游体验为主。现阶段，中国公民将出境旅游作为美好生活的有机组成，呈现多样化旅游需求趋势，旅游企业只有不断延伸旅游产业链条，提升旅游产品品质，才能有效满足出境旅游市场需求。

三、中国公民出境旅游政策

中国公民出境旅游目的地实行“ADS协议”制度（Approved Destination Status，官方批准的旅游目的地国家）。中国与其他旅游目的地国家分别签订关于对方作为中国公民出境旅游目的地的协议，规定出境旅游目的地针对旅游团队，而不是个人，有些协议中特别限定团队的最低人数，并规定要整团出入境，双方分别确定经营中国公民出境旅游的旅行社，经营这一项业务的旅行社需在对方确认的旅行社范围内寻找合作伙伴，须为经国家旅游局批准的特许经营中国公民自费出境旅游业务的旅行社。中国出境旅游历经30多年的发展，与我国签订旅游合作备忘录，成为中国公民出境旅游目的地的国家如下。

（1）亚洲　泰国（1988年）、新加坡、马来西亚（1990年）、菲律宾（1992年）、韩国（1998年）、日本、越南、柬埔寨、缅甸、文莱（2000年）、尼泊尔、印度尼西亚、土耳其（2002年）、印度、不丹、马尔代夫、斯里兰卡、巴基斯坦（2003年）、塞浦路斯、约旦（2004年）、老挝（2005年）、蒙古（2006年）、孟加拉国、叙利亚、阿曼（2007年）、以色列（2008年）、阿富汗、阿拉伯联合酋长国（2009年）、阿塞拜疆、巴勒斯坦、巴林、乌兹别克斯坦、黎巴嫩（2010年）、朝鲜、伊朗（2011年）等国家。

（2）大洋洲　澳大利亚、新西兰（1999年）、库克群岛、马绍尔群岛、斐济、基里巴斯、瓦努阿图（2005年）、帕劳、纽埃、图瓦卢、汤加（2006年）、巴布亚新几内亚（2009年）、密克罗尼西亚（2010年）、瑙鲁、所罗门群岛、萨摩亚（2012年）。

（3）欧洲　马耳他（2002年）、德国、克罗地亚、匈牙利（2003年）、希腊、法国、荷兰、比利时、卢森堡、葡萄牙、西班牙、意大利、奥地利、芬兰、瑞典、捷克、爱沙尼亚、拉脱维亚、立陶宛、波兰、斯洛文尼亚、斯洛伐克、丹麦、冰岛、爱尔兰、挪威、罗马尼亚、瑞士、列支敦士登（2004年）、英国、俄罗斯（2005年）、安道尔、保加利亚、摩纳哥（2007年）、黑山（2009年）、塞尔维亚（2010年）、乌克兰（2014年）等国家。

（4）非洲　埃及（2002年）、南非（2003年）、埃塞俄比亚、津巴布韦、坦桑尼亚、毛里求斯、突尼斯、塞舌尔、肯尼亚、赞比亚（2004年）、乌干达、摩洛哥、纳米比亚（2007年）、佛得角、加纳、马里（2009年）、马达加斯加、喀麦隆（2012年）、卢旺达（2013年）、肯尼亚（2014年）等国家。

（5）美洲　古巴（2003年）、海地、智利、牙买加、巴西、墨西哥、秘鲁、安提瓜和巴布达、巴巴多斯（2005年）、格林纳达、巴哈马（2006年）、巴拿马、阿根廷、洪都拉斯、萨尔瓦多、委内瑞拉（2007年）、美国、哥斯达黎加（2008年）、圭亚那、厄瓜多尔、多米尼克（2009年）、加拿大（2010年）等国家。

由于出境旅游业务具有一定的外交敏感性，旅游行政主管部门对旅行社经营出境旅游业务有较高的准入要求，仅对少数优质旅行社颁发业务许可。

四、中国出境旅游发展趋势

目前中国出境旅游仍处于初步发展时期，出境旅游规模和出境旅游产品质量仍有待提升，出境旅游市场发展有巨大的空间。目前，从出境旅游足迹辐射程度看，出境旅游目的地呈现以亚洲为主体、欧美为两翼的格局，赴欧洲、美洲、非洲和大洋洲其他地区的旅游者将不断增长，正在从东亚和东南亚向中亚和西亚扩展，从西欧向东欧扩展，从北美洲向中美洲和南美洲扩展，从非洲北部和南非向非洲中部扩展。出境旅游手续办理的便捷，旅游环境的完善，旅游企业提供更丰富多样的主题产品及高质量的服务，目的地国家实行落地签证和免签入境等政策，未来的出境旅游者足迹将遍及世界更多的国家和地区。

出境旅游市场的发展有利于扩大国民视野，提高中国公民的国际活动素质，增强国家间人文交流以及各国人民之间的友谊，提升我国文化软实力，推进人文领域交流与合作，改善国际形象，提升中国旅游的国际地位。出境旅游市场也积极推动旅游企业强化自身素质以及国际旅游市场竞争力。

第二部分

亚洲地区

主要旅游目的地国家

第一篇 赏樱花 看日出 观日本

【印象日本】

它，是我们一衣带水的邻邦，
一个漫天飘散着淡淡樱花香气的国度，
每一个白昼从这里睁开明亮的双眸，开启地球崭新的一天。
它，漂浮于板块消亡地带，
每一个世纪，记载着它天崩地裂的灾难，
但无论地动亦或山摇，它一直，倔强又沉重的存在着……
它，拥有皑皑白雪飘落的北国，
最摩登最繁华的东京，夜景斑斓迷离若梦的神户，
椰林白沙幽蓝瑰丽的东方夏威夷——冲绳。
如今，晨钟暮鼓之音依然在千年京都回荡，
名古屋城仍镌刻着战国时代的历史沧桑，
丰臣秀吉的巍巍大阪城亦不知疲倦地诉说着曾经的盛世辉煌。
它，甚至还有，空灵的奈良……
跨越12个世纪，古朴的奈良，展现着“盛唐”遗风；
我们感谢奈良，只为“盛唐”。
这就是它，不一样的日本，这么近，那么美。

一、日本出境旅游线路参考范例

线路参考范例一

冬日雪趣——日本关西 5 日畅享之旅

线路参考范例二

玩味琉球——冲绳 5 日阳光之旅

线路参考范例三

滋味北国——北海道 6 日美食之旅

线路参考范例四

富士芝樱——日本东京 5 日时尚之旅

线路参考范例五

日本本州 6 日精致之旅

线路参考范例六

北国环游记——北海道 7 日清新之旅

二、日本国情掠影

（一）自然地理

日本（Japan）意为“日出之国”“太阳升起的地方”，位于亚洲东北部，日本海与太平洋中部，是一个由东北向西南延伸的弧形岛国。西隔东海、黄海、朝鲜海峡、日本海，北接鄂霍次克海，分别与中国、朝鲜、韩国和俄罗斯等相望。

日本的领土由北海道、本州、四国、九州4个大岛和其他6848个小岛屿构成，陆地面积约37.78万平方千米，海岸线长约3万多千米，是世界上拥有最长海岸线的国家之一。日本地处海水暖流与寒流交汇处，海洋鱼类资源丰富，渔业发达。日本著名的最大淡水湖泊琵琶湖，位于京都滋贺县，大量的淡水鱼在此繁殖，有“日本淡水鱼的宝库”之称，是京都人赖以生存的“生命之湖”，也是世界排名第三的湖泊。

日本地处太平洋板块与亚欧板块消亡边界的火山地震带上，是西太平洋岛弧—海岸山脉—海沟组合的一部分，地表以上的山地成脊状穿过日本国土。日本是世上罕见的多山国家，山地面积约占总面积的79%，且多活火山，全国约有火山200座，数量占世界活火山的十分之一，有“火山国”之称，其中最著名的活火山富士山，海拔3776米，是日本最高的山，也是日本的象征。日本也是世界上最大的温泉国，全国温泉共约2万处。

日本南北跨越纬度约20°，拥有多种气候类型，绝大多数地域处于温带，属于温带海洋性季风气候，四季分明，年平均气温12～18℃。6月雨水较多，夏秋之际多台风，大部分地区年降水量1500～2000毫米。少部分地区地跨亚寒带和亚热带，南北两端温差极大。日本因地处环太平洋火山地震带，西部海面常有台风侵袭。

（二）人文概况

1. 人口、民族、语言及宗教

日本的人口约1.2633亿人（2019年2月1日），是世界上人口密度较高的国家之一。

日本主体民族为大和族，约占总人口的98%以上，北海道地区约有2.4万阿伊努族人，旧称“虾夷族”。琉球群岛约有120万琉球人。

日本通用日语，另少数人使用阿伊努语及琉球语。

日本属于多宗教国家，日本人主要信奉神

道教、佛教和基督教。其宪法保护信仰自由，实行政教分离。明治维新后，日本将神道教定为国教，现有神社等神道教设施约18万处，信徒超过1亿人。

2. 国旗、国徽、国花及首都

日本国旗为“日章旗”或“日之丸旗”。1999年8月13日，日章旗成为日本法定国旗，旗面上一轮红日居中，辉映着白色的旗面，白色象征神圣、和平、纯洁及正义，红色象征真挚、热忱、活力和博爱，国旗长宽比例为3：2。

日本国徽是一枚皇家徽记，在日本，由于法律并没有确立正式的国徽，因此习惯上，日本皇室（天皇）的家徽“十六瓣八重表菊纹”，即菊花纹章被作为日本代表性的国家徽章使用。日本内阁所使用的代表徽章“五七梧桐花纹”，也常在国际场合及政府文件中作为国家的徽章而使用，如日本入境许可贴纸的底纹。日本护照的封面使用的“十六瓣一重表菊纹”，与菊花纹章相似，菊花花瓣数虽一样，花的层数少了一层，跟皇室的菊花纹章并不完全相同。

日本国花是樱花，别名山樱花，原产北半球温带环喜马拉雅山地区，世界各地均有栽培。日本人认为樱花高雅、刚劲、清秀、质朴、独立，将樱花视作勤劳、勇敢、智慧的象征物，甚是喜爱，故每年3月15日是日本樱花祭（日本樱花节）。

日本国鸟是绿雉，仅限于日本独有的留鸟，

雄鸟勇敢且色彩美丽，雌鸟有强烈的母爱。绿雉在日本的文学艺术中占有重要位置。1947年，日本将绿雉定为国鸟。

日本国歌是《君之代》。

日本首都是东京。

3. 发展简史

距今约1万年前，日本一直处于漫长的旧石器时代。公元前3世纪~2世纪，进入新石器时代，即绳纹时代。3世纪左右，日本出现统一政权的奴隶制国家“大和国”。6世纪末，圣德太子执政，实行大化革新，建立中央集权封建制国家，曾多次派遣隋使、遣唐使及高僧等来中国学习。8世纪末，因国家陷入财政困难，派遣最后一批遣唐使后，不再大量学习中国文化。12世纪末，武士政权产生创立幕府制度，出现历史上第一个军事封建国家，以镰仓为政治中心，史称“镰仓幕府”。17世纪初，德川家统一全国，设立江户幕府，在

此后的260多年，称作“江户时代”，不断完善锁国政策。1868年1月，明治天皇颁布“王政复古”谕令，废除幕府统治，恢复天皇权威，建立新的中央集权政府，迁都江户，改名东京。明治维新伊始，进入近代资本主义时期。至19世纪末20世纪初，日本国力逐渐强大，走上对外侵略扩张的道路，先后发动甲午战争、挑起日俄战争，侵占中国台湾、澎湖列岛，吞并朝鲜。1914年，参与第一次世界大战。1931年，发动“九一八事变”，占领中国东北。1937年，挑起“卢沟桥事变”，发动全面侵华战争。1941年，偷袭珍珠港，太平洋战争爆发。1945年8月15日，日本宣布无条件投降。同年8月28日，美军进驻日本。至1952年，《旧金山合约》生效，日本独立，履行主权。

自甲午战争以后的半个世纪，由于日本的对华侵略政策，中日两国一直处于战争状态。1972年9月，实现了中日邦交正常化。1978年8月，中日两国缔结和平友好条约。

三、日本政治体制与经济发展

（一）政治制度

根据1947年实施的《日本国宪法》，日本的政治体制由战前君主立宪制改为议会内阁制的代议民主制。实行立法、行政、司法的三权分立原则，由国会、内阁、法院行使相应权力，国家主权属于国民，天皇作为国家象征被保留，实行“地方自治”原则。

天皇是日本的象征，天皇只行使有关国事的行为，无国政的权能。天皇有关国事的一切行为，须经内阁的建议与认可，由内阁负责。天皇既不具有传统君主的性质，也不具备国家元首的性质。

国会是政权的最高机关，是国家唯一的立法机关。由众议院和参议院构成，两院议员均从国民中选举产生。众议院议员任期4年；参议院议员任期6年，每3年改选半数议员。国会有立法权、政府财政监督权、条约批准权、内阁总理大臣提名权，议院还有国政调查权、对法官的弹劾裁判权等。虽然一切法案都由国会审议，但内阁也有提案权，内阁提出的法案占80%以上。众议院的权力大于参议院，如果参议院对众议院已经通过的法律作出不同决议时，众议院再次以出席议员2/3以上的多数通过，即成法律。众议院有权对内阁提出不信任案或否决信任票，但内阁总理大臣可以建议天皇宣布解散众议院。

内阁是最高政权机关，内阁对国会负责。除负责行政常规事物外，也负责执行法律，处理外交事务、签署条约、制定国家预算、制定政策法令。

（二）经济发展

第二次世界大战后，日本经济受到重创。1946年，美军占领后解散财阀，实行土地改革和劳动改革。1951年，因美国援助和战争中所得的巨额利润，日本经济恢复到战前水平。20世纪50年代后半期，政府公布“国民收入倍增计划”，不断学习欧美先进工艺、新技术和管理经验，经济进入高速发展的时期。直至1968年，日本一跃成为工业发达、科学技术领先的经济大国，超越法国、英国和德国，经济实力仅次于美国，位居世界第二位。

据世界银行报告发布，2017年日本国内生产总值（GDP）约合4.872万亿美元，截至2017年10月中旬，外汇储备12609亿美元；拥有约10万亿美元海外资产，是少有的海外债权国。2017年人均国内生产总值38428美元。

日本是经济发达的资本主义国家。第三产业占主导地位，在产业比重中呈现上升趋势。工业、制造业占据重要地位，但在产业比重中呈现下降趋势。日本自然资源匮乏，工业主要原料和燃料依赖进口，进口商品主要有原油、天然气等一次性能源、食品、原材料等。出口商品主要有汽车、电器、化学制品、一般机械等。20世纪60年代后，以漫画为基础的动漫产业，形成杂志社单行本-电视TV版-影院剧场版-录像OVA版-音乐CD-动画片衍生品一条严密的动漫产业链，成为在日本不可小觑的庞大产业集团。

货币名称：日元（简写￥）。

参考汇率：1美元=108.5500日元（2019年6月16日）。

四、日本教育及文化

（一）教育与留学

日本的学校教育分为学前教育、初等教育、中等教育、高等教育4个阶段。学制为小学6年、初中3年、高中3年、大学4年。1920年开始，实行小学到初中9年义务教育。大学有国立大学、公立大学和私立大学。著名的国立综合大学有东京大学、京都大学等，著名的私立大学有早稻田大学、庆应义塾大学等。日本重视社会教育，函授、夜校、广播、电视教育等较普遍。

日本教育体系完善，人文气息浓厚，每年都吸引着来自世界各地的留学生。目前各国留学生

选择的学校主要有：东京大学（世界排名前15的著名大学）、京都大学（世界排名前30的著名国立综合大学）、东北大学（世界排名54）、大阪大学（世界级著名研究型国立综合大学）、庆应义塾大学（名牌私立大学）、早稻田大学（培养了7位首相的最有名的私立大学）、东京医科齿科大学（日本医学类排名第一）、一桥大学（日本文科排名第一）、东京工业大学（日本顶尖的理工科大学）、筑波大学（日本最古老的大学）。

（二）民族文化

1. 服饰艺术

和服，又称“着物”，是日本人的传统服饰，仿中国隋唐服饰改制而成。和服的种类很多，有男女和服之分，有未婚、已婚和服之分，有便服、礼服之分。男式和服款式少，色彩较单调，多深色，背后饰有“家纹”，腰带细，穿戴也方便。女性和服款式多样，色彩艳丽，腰带宽，打结处好像一个小包袱。高档礼服用丝绸作原材料，饰以刺绣或手绘图样，价格昂贵。不同和服腰带结法不同，要配不同的发型。已婚妇女多穿“留袖”和服，未婚小姐多穿“振袖”和服。此外，根据拜访、游玩和购物等外出目的不同，穿着和服的图样、颜色、样式等也有所差异。穿和服不戴首饰，不用纽扣，只用一条打结腰带，夏季穿和服需登木屐。

2. 国技运动

相扑，是日本国粹，被称为“国技”。日本有关相扑的文字记载出现于8世纪初的《日本书纪》，

书内记述第35代天皇（641~645年）为接待古代朝鲜百济国使者，召集宫廷卫士举行相扑竞赛。17世纪起，日本各地兴起职业性相扑，称为“大相扑”。18世纪，形成现代相扑。20世纪初，相扑作为日本的国技运动广泛开展。每年6次为期15天的相扑大赛，1月、5月、9月在东京举行相扑锦标赛，3月在大阪，7月在名古屋，11月在福冈举行全国性的相扑大会，深受日本人的欢迎。

3. 艺术形式

日本是精于艺道的国家，其传统文化不仅停留在艺术领域，兼具艺术与修身养性为一体，逐渐将各种艺术演变为技艺之道。

（1）歌舞伎　出现于江户时代，是日本三大国剧之一。历经400多年的发展，古典化的歌舞伎是日本传统国粹文化的代表，被日本列为重要无形文化财产。2005年，被联合国教科文组织列为非物质文化遗产。歌舞伎的主题大致分为描写上层社会与市井平民生活两类，是日本典型的民族表演艺术，也是日本独有的戏剧。

（2）大和绘　出现于奈良时代和平安时代，是具有日本民族风格的绘画。11世纪左右，《源氏物语绘卷》和《信贵山缘起绘卷》是最标准的大和绘，代表着大和绘的两类画风。作为大和绘主要形式的长卷被称绘卷物。绘卷物又分为宗教绘卷、文学绘卷、战记绘卷等。

（3）浮世绘　出现于江户时代，德川幕府时兴起的一种独特的民族艺术，有彩色印刷的木版画，也有手绘的风俗画。浮世绘最初以“美人绘”和“役者绘”（戏剧人物画）为主要题材，后来逐渐出现以相扑、风景、花鸟以及历史故事等为题材的作品。画面的着色，开始只有黑白两色，逐步发展为简单彩色，最后成为多色的“锦绘”。

4. 日本三道

（1）书道　自奈良时代，王羲之的字流入日本，单纯临摹书法在日本盛极一时，经过平安时代的繁盛，逐渐发展为追求意境、情操、艺术美合一的书道。书道要求的不仅是书法技艺，更看重艺术修养，通过笔墨的自由运用表现高深的意境。

（2）茶道　日本茶道源于中国。16世纪末，日本茶道大师千利休继承了历代茶道精华，突出禅的内涵，创立了日本正宗茶道，提出“和敬清寂”。其中，“和、敬”代表为人处世态度，“清、寂”则强调品茶的环境气氛。禅茶一体，涤荡内心污垢，洁净人的灵魂，与万物合而为一。

（3）花道　也称“华道”或者“生花”。日本花道起源于中国唐朝的佛堂供花，随佛教流入日本。发展至今，插花技艺出现3000多种流派。花道的精神是天、地、人的和谐统一，贯穿仁义、礼仪和言行，通过不同的插花技巧追求“端、雅、美”的意境，修身养性。

（三）文学名人

（1）夏目漱石　文学史家公认他是日本近代文学史上最杰出的代表作家之一，有人还将他和森鸥外并列为日本近代文学的两位巨匠。鲁迅先生说：“夏目漱石的著作以想象丰富、文词精美见称。是明治文坛上新江户艺术的主流，当世无与匹者。”代表作《心》《我是猫》等。

（2）川端康成　1968年获诺贝尔文学奖，代表作《伊豆的舞女》《雪国》《古都》等。

（3）芥川龙之介　鬼才作家，是夏目漱石的关门弟子。致力于短篇小说，代表作有《罗生门》《地狱变》《鼻子》等，黑泽明将《罗生门》与《竹林中》改为电影《罗生门》，轰动世界。

（4）大江健三郎　日本当代著名存在主义作家，1994年，以作品《个人的体验》《万延元年的足球队》获诺贝尔文学奖。

（5）谷崎润一郎　日本近代小说家，唯美派文学大师，《源氏物语》现代文的译者。根据诺贝尔奖官网公布资料，谷崎润一郎曾经在1958年、1960～1965年间7次提名诺贝尔文学奖。代表作有《刺青》《春琴抄》《细雪》。

五、日本民俗风情

（一）民间节日及法定节假日

1. 新年

1月1日，庆祝新的一年。举家去神社、寺庙参拜。全家团聚吃年饭（称“御节料理”），吃年糕汤（称“杂煮”），喝“屠苏酒”。

2. 樱花节

日本的樱花节也称“樱花祭”，已有1000余年历史。樱花自花开至花落，只有7天的花期，整棵树花开花落大约16天，日本人将7日花期称为“樱花祭”，每年公历3月15日至4月15日，日本列岛的樱花由南至北次第盛开，人们换上精美的和服，外出赏樱。在樱花树下，团团围坐饮酒聚会，樱花祭成为日本传统的重大节日。

3. 端午节

农历5月5日，是男孩子的节日。在有男孩子的家里装饰武士偶人，屋檐下插上菖蒲，升起鲤鱼幡，全家吃柏叶饼或粽子。

4. 七夕

农历7月7日，牛郎星一年一度在这天晚上度过天河同织女星相会。家家在院子里供上玉米等农作物，在毛竹上挂起写有诗歌的彩纸，希望能实现自己的愿望。

5. 盂兰盆节

8月15日左右，盂兰盆节是日本民间最大的传统节日，又称“魂祭”。传说盂兰盆节时祖先的灵魂会回家，祭品供奉于先祖灵位前，追祭祖先，祝福亡灵。每到节日期间，人们赶回故乡团聚，身着夏季单和服跳盂兰盆舞。

6．七五三节

七五三节是7岁、5岁、3岁孩子的节日。11月15日，父母带着3岁和5岁的男孩儿，3岁和7岁的女孩儿，身着和服去神社参拜，祈愿孩子幸福成长。据传说，该习俗始于江户时代中期，这一天，孩子们要吃“赤豆饭”“千岁糖”，意为长生不老。

7．除夕

12月31日，晚餐全家团聚，吃过年面条，欣赏日本广播协会一年一度的新年《红白歌》比赛，午夜12点，听除夕108下钟声，意为消除108个魔鬼，迎接新的一年。

8．法定节假日

日本全年有15天法定节假日，节日当天全国放假，若节日与周末休息日重叠，采取调休制。法定节假日以2020年为例，如下：新年（1月1日）、成人节（1月13日）、建国纪念日（2月11日）、天皇诞辰日（2月23日）、春分节（3月20日）、昭和（4月29日）、宪法纪念日（5月3日）、绿之日（5月4日）、儿童节（5月5日）、海之日（7月23日）、体育日（7月24日）、山之日（8月10日）、敬老日（9月21日）、秋分节（9月22日）、文化日（11月3日）、劳动日（11月23日）。

9．黄金周

自4月29日开始，至5月3日宪法纪念日，至5月5日儿童节，加上期间周六周日，形成一周左右的连续休假，大多数家庭外出旅游休闲，机关、银行等停业，称为“黄金周”。

（二）社交礼仪

日本人见面很少握手，一般脱帽鞠躬，行30度和45度的鞠躬礼。但如果女性或者长辈主动伸出手时，男性或者晚辈可以迎握，但不要用力握手或久握。两人并排行走，自己主动走在靠车道一侧，以照顾对方安全。与人说话不要凝视对方。日本人常用的见面礼貌用语：“您好”“对不起”“打搅您了”“请多多关照”等。

日本人访问亲友时间避开清晨、晚上8点以后和吃饭时间。首次访问，应自我介绍和递名片。介绍第三者时，先将晚辈介绍给长辈，先将男子介绍给女子。交换名片时，先由晚辈递送给长辈。接名片时，应仔细看后，再收下，同时拿出自己的名片递给对方。进日式房间前要脱鞋、脱大衣、摘帽。进房间后，根据主人安排就座。如果有先客，应无论地位高低，主动打招呼。不经允许不抽烟。除非主人特意招待吃饭，否则吃饭时间前要离去。男性不应到居住一居室的女性房间谈话，如有事宜，应邀请至附近咖啡厅等。日本人对坐姿很有讲究，在家里保持坐“榻榻米”的传统习惯，双膝并拢跪地，臀部压在脚跟上。男性也可“盘腿坐”，把脚交叉在前面，臀部着地，女性则“横坐”，双腿稍许横向一侧，身体不压住双脚。日本人习惯访问亲友时准备一些见面礼物，礼物

包裹几层，系上漂亮的缎带，礼物大小视情况而定，送礼喜好3、5、7单数。

（三）禁忌

按日本习俗，向个人赠礼需在私下进行，不宜当众送出，同时也不当着客人的面打开礼品，主要为避免因礼品不适合而使客人感到窘迫。送礼一般不用偶数，因日语发音中偶数4与死同音不吉利，久而久之不送2、4、6等偶数，日本人喜爱单数，尤其3、5、7单数，因日语中9的发音与苦相同，所以赠送礼品、上菜、选择喜庆日子，均避开4、9两个数字。受西方文化的影响，很多日本人也避开13和星期五，如宾馆没有13楼层和13号房间，机场没有13号停机坪。不用梳子做礼品，因梳子的日语发音和苦死相同，不吉利。不用手绢做礼品，因为他会联想到擦眼泪，意味着分离。花类中忌讳荷花，因在佛教中，荷花常出现于丧事中，所以不送荷花也不送画有荷花的器皿和图画等。探视病人时，忌讳用仙客来和山茶花为礼物，因仙客来花，日文是“希苦拉面”，“希”同日文的“死”发音相同，不吉利；而山茶花是因其凋谢时，整个花头落地，不吉利。日本人忌讳绿色，认为绿色不吉利。睡觉时忌讳头朝北，因为佛教中释迦牟尼的卧姿是头朝北。称呼残疾人忌讳残疾之类词语，应该称他们为“眼睛不自由的人”或者“腿不自由的人”或者“耳朵不自由的人”等。

赠送结婚礼品时，忌讳送易碎物品，因为“破碎”意味着良缘破裂。参加婚礼，忌讳说“破碎”“重复”“断绝”之类词语。交谈时，忌讳问青年妇女年龄及婚配情况。在公共场所忌讳大声喧哗。笑时也不易大声笑，妇女往往用手掩口微笑。吃饭时，忌讳将筷子垂直插在米饭中，因日本人习惯于死后在枕边放一满碗米饭，把筷子垂直插在其中。

去高山丛林间，邂逅大自然的神来之笔，在旷野峡谷中，感受辽阔无边的美景于胸。——凯撒户外旅行

六、日本主要旅游城市及著名旅游景观

（一）地理坐标：东京

东京位于本州中部，包括关东地区南部和伊豆、小笠原诸岛。东京的前身是江户，1453年建城，1868年迁都于此，改名为东京。东京是世界上国际大都市之一，也是日本的政治、经济、交通、金融、文化、购物中心。东京文物古迹众多，有浅草寺、明治神宫等诸多神社。皇城是德川时代将军的居所江户城的遗迹。高333米的东京塔与樱花、富士山共同成为日本的象征。

1. 浅草寺

浅草是东京的发源地，建于628年的浅草寺是东京历史最悠久、最古老的古刹。据传最初由渔民捕鱼时打捞起一座金观音像而就地建塔供奉，由此成为浅草寺。江户初年，奉德川家康之命重建，扩大成现今规模。山门挂着两个巨大灯笼，是浅草寺的入口——雷门，也是寺庙的招牌，是浅草乃至全日本的象征之一。

2. 皇宫

天皇居住的皇宫位于东京中心千代田区，日本是君主立宪制现代化国家的象征。在皇宫护城河沿岸，每逢春季，约700米长的散步路开满了“染井吉野樱”等300多株粉红色樱花，吸引各国游人观赏。皇宫正门前的二重桥也是游客最青睐的观光胜地。

3. 东京塔

东京塔称为日本电波塔，矗立于东京都港区芝公园西侧，高333米，重4000吨，在150米和250米处设有展望台。东京塔是东京和日本的标志性建筑。1958年竣工，代表日本先进的建筑技术，是日本人的骄傲。

（二）地理坐标：京都

京都位于日本列岛中心的关西地区，从8世纪末起，历经大政奉还至1868年迁都东京为止，京都约有1000余年历史。作为日本千年古都，曾是日本政治、经济和文化中心。京都城市布局仿照中国唐朝的长安，是“中国化”极深的城市，许多店铺名称仍有汉字的痕迹。1994年，17处寺庙及神社录入世界文化遗产，京都所见均寺庙，有“三步一寺庙，七步一神社”之称，最为著名的有清水寺、金阁寺、伏见稻荷神社、平安神宫等众多寺院及历史古迹。

1. 清水寺

清水寺始建于778年，是京都最古老的寺院，被列为日本国宝建筑之一。因寺中清水得名，顺着寺院石阶而下是音羽瀑布，清泉一分为三，代表长寿、健康、智慧，据说喝上一口清泉，有预防疾病灾厄的神奇力量。

幸福不是得到你想要的一切，而是享受你所拥有的一切。

2. 金阁寺

金阁寺也称为鹿苑寺，因建筑物外表包有金箔，得名金阁寺。位于京都，建成于1397年（应永四年），是日本重要的历史建筑和知名旅游景点。1994年，被联合国教科文组织定为世界文化遗产。

3. 伏见稻荷神社

稻荷神是日本神话中谷物、食物之神的总称。中世纪后，工商业发达，主管丰产的稻荷神，也开始象征财富，被工商业界敬奉。目前，稻荷神社已是日本数量多的神社，日本全国稻荷神社的总本社位于京都伏见稻荷大社。最著名的是其“千本鸟居”。某些企业效益好，就会向神社敬献一座鸟居，几千座鸟居从山脚一直排列到山顶。

4. 岚山

自平安时代，岚山就已名闻天下，它是著名的自然风景区，也是京都第一名胜。位于京都市西北，山高375米，有樱花约5000株。春季樱花，秋季枫叶是岚山最著名的景观。嵯峨野竹林、渡月桥、天龙寺、野宫神社等著名古刹藏在山中，参拜庙宇也是岚山观光的重要部分。1919年，周恩来曾在日本留学期间登岚山，留下《雨中岚山》诗句，1979年，日本将该诗词刻成诗碑。

（三）地理坐标：奈良

日本三大古都之一的奈良，是公元710~794年的日本首都。1950年，奈良被定为国际文化城，是神社、佛像、雕刻、绘画等国家重要文物所在地。有著名的东大寺、兴福寺、药师寺、唐招提寺、法隆寺、春日大社等众多古寺神社，以及奈良公园和吉野山樱花也是旅游必去之地。药师寺是奈良七大寺之一，被联合国教科文组织列为世界文化遗产。药师寺东塔的三重顶外形及色彩极富美感，被誉为“凝固的音乐”。

1. 东大寺

东大寺位于奈良东部，是南都七大寺之一，距今约有1200余年历史，是世界上最大的木结构建筑。1998年，作为古奈良历史遗迹的组成部分被列入世界文化遗产。中国唐代高僧鉴真和尚曾在这里设坛授戒，寺中供奉了日本最大的佛陀雕塑，深受唐代文化艺术的影响，许多建筑及佛像佛画都是世界建筑史和美术史上的珍品。

2. 奈良公园

奈良公园是一座规模雄伟、绿树成荫的历史公园，占地660公顷，有悠久的历史古迹、山林花草，另有约1200多只梅花鹿散布于山间、林下或寺庙的池畔，是奈良的象征。最为著名的是春日大社的鹿群，它们被看成是神的使者，而受到人们的悉心照顾。

3. 春日大社

春日大社是日本所有春日神社的总社，春日大社被列为世界文化遗产。与伊势神宫、石清水八幡宫一起被称为日本三大神社。本殿的朱红色回廊、春日山麓绿色丛林、屋檐下的灯笼和社殿，构成一幅生动盎然的风景画。社内的3000座石灯笼和吊灯笼十分著名。

（四）地理坐标：大阪

大阪是日本历史三大名城之一，因为靠近日本的古都京都和奈良，所以作为水陆交通枢纽迅速发展繁荣。

天守阁是日本战国时期修建的大型城堡，现在看到的天守阁是1931年重新建成的，它外五层、内八层，周围环绕着坚固的城墙和护城河，是大阪的象征。约4300棵樱树围绕大阪城开放，最佳赏樱位置是天守阁的八层瞭望台，既可远眺大阪市容，更可将大阪城的绚烂樱花尽收眼底。

（五）地理坐标：冲绳

冲绳素有东方夏威夷之称，包括冲绳本岛、庆良间诸岛、遥远的宫古诸岛以及八重山诸岛，是日本最南端的行政区。

蓝洞是十分罕见的海下现象，因为阳光作用及洞穴结构，蓝洞里泛着梦幻的蓝光。全球为数不多的蓝洞，其中一个在冲绳。

每年1～4月，是座头鲸来冲绳海域繁殖的季节，这是亚洲唯一能看到座头鲸的地方。

（六）地理坐标：北海道

北海道是日本47个都道府县中唯一的道，也是最北的一级行政区，除日本本州以外最大的岛，也是世界面积第21大岛屿，略小于爱尔兰岛。南抵津轻海峡界本州岛，北至宗谷海峡界库页岛。北海道春是粉色，夏是紫色，秋是红色，冬是白色，夜如银河，汤泉氤氲，透明的天空，干净的阳光，北海道是唯美、浪漫、纯粹、自然的。

1. 札幌

札幌是日本第五大城市，也是北海道的行政中心以及北海道最大的城市。札幌是美的，札幌的春之绿意，夏之凉爽，秋之红叶，冬之冰雪，四季节气不同，景色迥然大异，美得含蓄和收敛。

2. 富良野

因薰衣草声名大噪的地区富良野，5月有鲁冰花和郁金香，6月有维多利亚鼠尾草和罂粟花，6月下旬至7月中旬有薰衣草，8月有向日葵和波斯菊，9月至10月有黄介子花或大理花。富良野是北海道著名的赏花之地。

3. 函馆

函馆位于北海道南岸，老城区一带保留着许多旧建筑物，在海岸区，还有由旧时的红砖仓库群改建而成的大型商场、金森洋物馆、餐馆等。从函馆山眺望整个函馆都市夜景，号称世界第一，吸引国内外众多游客。函馆的夜景与中国香港、意大利那不勒斯，并列为世界三大夜景。

©视觉中国

4. 小樽

小樽运河是小樽和北海道的一大标志性景观，开通于1923年，运河两岸作为昔日货物集散地的仓库群用来装卸货物，见证了繁华的“北方华尔街”。如今，运河畔63支瓦斯灯与建筑、水影、石墙搭配，勾勒出一种“小樽情调”的迷人与烂漫。

©视觉中国

5. 洞爷湖

洞爷湖是数万年前火山爆发形成的周围约36.5千米的火山湖，冬季不结冰。洞爷湖有美丽的湖水与湖畔风光，中央的湖心岛有数百只野生梅花鹿，这里还可享受徒步旅行、钓鱼、露营和泡温泉。

©视觉中国

（七）地理坐标：爱知县

名古屋城

名古屋城位于日本爱知县，是德川家康所建城堡，共5层。屋顶脊梁两端装饰了金色铸像。城中最著名的是金鯱，作为防火的符咒被用来装饰大梁，后来成为城主权力的象征。名古屋城最漂亮的时候，是春天2000多株盛开的樱花与城堡掩映成趣。

©视觉中国

（八）地理坐标：本州中南部

富士山

富士山位于本州东南部，被誉为“圣岳”“不二峰”，是日本象征之一，海拔3775.63米。富士山约形成于1万年前，山顶有直径约800米，深200米的火山口湖，北麓有著名的“富士五湖”，南麓是高原地带，有白系瀑布和音止瀑布，山体周围有“富士八峰”，山顶终年积雪覆盖。2013年6月22日，第37届世界遗产大会将富士山列入《世界遗产名录》，富士山成为日本第17处世界遗产。

七、日本旅游资讯

（一）旅游购物

1. 银座

银座是购物者的天堂，是日本东京中央区的主要商业区，以高级购物商店闻名于世。位于中央区西部，是一条长约1000米，宽700米的大街，分为银座一丁目至银座八丁目，称为“银座八町”。银座与富士山和京都齐名，是日本现代、自然、历史的三大象征。

2. 心斋桥

心斋桥作为大阪最大的购物区，这里大型百货店、百年老铺、面向平民的各种小店铺鳞次栉比，从早到晚熙熙攘攘，到处是市民和游客，这里有商场、药妆、居酒屋等，是一片玩乐的世界。

（二）出境提示

1. 境外法规及风俗习惯

（1）日本法律规定，司机每行驶两小时后必须休息20分钟，每天开车时间不得超过8小时，休息时间在12小时以上。

（2）日本政府规定，公共场合禁止吸烟，如被查到将会受到当地相关执法部门的重罚。

（3）选择温泉项目时，请先咨询领队导游当地衣着要求，泡温泉时请根据自身情况量力而行，泡温泉前要先淋浴清洁身体，令身体适应水温，严禁携带任何毛巾等用具进入温泉池，浸泡10～15分钟应休息一次，一般最长不要超过30分钟。儿童、老人、心脏病、高血压、癫痫病患者及过敏体质的人，不宜泡温泉。日本公共温泉不接待文身客人、饮酒后客人、皮肤病患者。温泉室内地滑易摔，需注意脚下防滑，以防受伤。泡温泉前一定要把身上的金属饰品摘下来，否则首饰会被泉水中的矿物质“染黑”。

（4）日本国际直拨电话代码为0081，日本报警电话为110，急救和火警电话均为119。

（5）日本的餐厅与饭店大多已加收10%～15%的服务费，所以不必再付小费。

2. 货币及时差

（1）日本流通货币是日元，在日本兑换日元或使用其他货币会有汇率上损失，出国前换好所需日元，持中国银联卡可在日本境内部分商店刷卡消费。

货币汇率：1元人民币=15.6758日元（2019年6月16日）。

（2）日本与中国时差1小时，如中国北京时间为18:00，日本东京时间为19:00。

第二篇 闲看高山丽水 感受隐逸之都韩国

【印象韩国】

《蓝色生死恋》《浪漫满屋》《大长今》《来自星星的你》《灿烂的遗产》《冬季恋歌》《太极旗飘扬》《恋爱小说》……这些柔情几许、浪漫甜蜜的影视作品，为我们勾勒人世间美好无数，脑海里充斥着对浪漫的全部想象。

韩式浪漫是独有的。若是离开陆地，可见广阔蓝天，可赏夜幕低垂，可游无际碧海，可望漫天星光，可感受海上天堂，当数闲适心灵的浪漫温馨之旅。

若是单身，可玩转《江南style》里汉江以南的狎鸥亭、新沙洞、清潭洞。

若是恋人，可约会在《来自星星的你》中的首尔塔，也可手挽手去景色怡人的南怡岛，一如《冬季恋歌》般追寻至纯至真的爱情。

若是伴侣，可感受《浪漫满屋》的浪漫圣地仁川矢岛和月尾岛，展望前世今生惺惺相惜的缘分与幸福。

若是闺蜜，可去汗蒸幕舒活筋骨，去美容中心做皮肤水疗（Spa），画一个淡雅精致的妆容，穿上时尚的韩装，去明洞购物（Shopping），享受惬意的下午茶，也可相约COEX mall后，品味地道的韩国料理，夜晚一起去东大门消神闲逛。

若喜欢风景，去最有魅力的济州岛，体会汉拿山一日“四季”，去小火山城山看日出，去感受大海和草原的壮丽风光，拜访民俗村，品尝当地美食。

愿这一程，有你对韩国最深沉的憧憬，沉醉于海洋的慵懒中，痴迷于都市的繁华中，融化于如画的风景中，浪漫于与她（他）共度的每一寸时空中。

一、韩国出境旅游线路参考范例

线路参考范例一

公主邮轮——黄金公主号韩国 5 日之旅

线路参考范例二

印象韩国——首尔 5 日自由之旅

线路参考范例三

心动济州——济州岛 5 日印象之旅

二、韩国国情掠影

（一）自然地理

韩国，全称大韩民国（Republic of Korea），位于亚洲大陆东北部朝鲜半岛南半部，东临日本海，西与中国山东省隔黄海相望，南邻东海，北部以北纬38° 为界，与朝鲜民主主义人民共和国接壤，总面积约10.02万平方千米，占朝鲜半岛总面积的45%。

韩国地势东北高、西南低。地形主要以丘陵和平原为主。山地和丘陵约占总面积70%，主要山脉是太白山脉，著名的山峰有汉拿山、雪岳山、智异山，其中济州岛的汉拿山是韩国最高峰，海拔1950米。平原区集中在西南部各大河流的中下游，如汉江平原等，平原区是韩国主要的农业区，人口稠密，交通便捷，经济发达，人均耕地面积少。韩国较大的河流有汉江（514千米）、洛东江（528千米）等。

韩国的海岸线全长5259千米，东海岸多悬崖峭壁，海岸平直。西海岸和南海岸平缓曲折，多岛屿和港口，韩国最大的岛屿是济州岛，另有3000多个小岛屿，最著名的港口是釜山和仁川。韩国因三面环海，东海、黄海和南海渔场提供了丰富的海洋渔业资源。

韩国属温带季风气候，北部地区是大陆性气候，南部则属于海洋性气候。冬季寒冷干燥，夏季高温多雨，秋季是最佳旅游季节，6月、7月、8月为雨季，降水量由南向北依次减少，年均降水

行走于碧海蓝天之间，在远离尘嚣的自然之中，放空自己。在波澜不惊的海浪之间，收获宁静。——凯撒邮轮旅行

量约1500毫米。

韩国所处纬度带的气候与太白山脉的土壤非常适合人参生长，韩国人参称“高丽参”，是名贵的滋补中药材，含有34种人参皂苷成分，种类远高于花旗参和三七参，成为旅游者购物必选特产之一。

（二）人文概况

1. 人口、民族、语言及宗教

韩国的人口约5181万人（2019年7月1日），是世界上高密度人口分布国家之一，首尔人口分布约占全国1/5。韩国是单一的高丽民族。

韩国语言为通用韩国语。1446年，由朝鲜时期世宗大王和集贤殿的学者们制定并公布的独创性文字，韩国文字属于表音文字。

韩国人主要信奉佛教和基督教，少部分人信奉天道教、大宗教和伊斯兰教。历史上，韩国人受萨满教、佛教、道教和儒教影响较大。近代以后，基督教进入韩国，在韩国高速工业化进程中，宗教活动给予很大精神安慰，因此，宗教人口明显壮大，宗教机构日益成为有影响的社会组织。韩国宪法保障宗教自由，佛教徒约占46%，基督教徒中，新教徒约占39%，天主教徒约占13%。

2. 国旗、国花及首都

韩国国旗为太极旗，1883年被高宗皇帝正式采纳为李氏王朝的国旗。1948年，韩国文教部审议委员会再次确定太极旗是大韩民国国旗，同时明确解释，太极旗长宽比例为3：2，白地代表土地，中间为太极两仪，四角有黑色四卦。太极的圆代表人民，圆内上下弯鱼形两仪，上红下蓝，分别代表阳和阴，象征宇宙。

韩国国徽为圆形，圆面为五瓣的木槿花，中间为阴阳图案，绶带上写着“大韩民国”。

韩国国花是木槿花，也称“无穷花”，象征民族的坚毅和充满朝气。

韩国国鸟是鹊。

韩国国歌是《爱国歌》。

韩国首都是首尔。

3. 发展简史

韩国和朝鲜历史上同属一个国家，公元前3世纪，朝鲜半岛形成了高句丽、百济和新罗三国鼎立的时代，史称“三韩”。7世纪时，新罗（676～935年）统一朝鲜，新罗王朝向中国唐朝学习制度和文化，并尊佛教为国教。10世纪，高丽（918～1392年）取代新罗，统一朝鲜半岛，大力仿效唐朝体制，佛教文化更为盛行。14世纪末，李成桂发动政变，推翻高丽王朝，从而建立了最后一个封建王朝——李氏朝鲜。这一时期儒学立国、重视科举、安定政局，经济文化进入封建社会的鼎盛时期。1897年，李氏王朝结束，改国名为大韩帝国。1910年，沦为日本殖民地。1945年8月15日，日本投降，美军控制“三八线”以南地区，苏军控制“三八线”以北地区，朝鲜分裂。1948年8月15日，朝鲜南部成立大韩民国，从而迫使朝鲜北方成立了朝鲜民主主义人民共和国，使得朝鲜一分为二。

©视觉中国

三、韩国政治体制与经济发展

（一）政治制度

韩国于1987年10月27日通过新宪法，实行立法、行政、司法三权分立的原则，立法权属于国会，行政权属于以总统为首的政府，司法权属于独立的法院。

总统享有作为国家元首和武装力量总司令的权利，任期5年，总统无权解散国会。根据韩国的总统体制，总统通过由15~30人组成并由其主持的国务会议行使行政职能。总统单独负责决定政府的各项重要政策。国务总理由总统任命，但须经国会同意。

立法机构是国会，国会会议分定期国会和临时国会。国会有立法权、国政调查权、审核批准国家预算权、弹劾追诉权、国会自律权。一院制国会任期5年，共299个席位。

韩国实行总统内阁制。中央行政机构包括：总统、总统直属机构国政咨询会议、国家安全保障会议、和平统一政策咨询会议、监察院、国家安全企划及国务会议、国务总理、国务总理直属机构和行政各部。

©视觉中国

（二）经济发展

20世纪60年代初期，韩国推行增长为主的经济政策，提出“贸易立国”口号，推行出口主导型经济战略，执行“先轻后重，以轻养重”的经济发展方针，出口带动经济增长，实行“国家企业制度”，建立政府主导下的宏观经济运营体制。20世纪70年代，韩国经济迅速起飞，创造了举世闻名的“汉江奇迹”。20世纪80年代，提出国民经济向“民间主导型”过渡，官方和民间双管齐下，大力发展对外经济贸易，健全外向型经济管理体制，促使经济持续迅速发展。经过6个经济开发五年计划，从一个落后的农业国变成一个新兴的工业国，1996年加入经济合作与发展组织（OECD）。人均国民生产总值从1962年的87美元增至1996年的10548美元。据世界银行报告发布，2017年韩国国内生产总值（GDP）约合1.531万亿美元，截至2017年12月中旬，韩国银行公布外汇储备3892.7亿美元，成为世界第九大外汇储备国。2017年，人均国内生产总值29040美元。

伴随经济增长和科技进步，韩国的国民经济结构发生了根本变化，从自然农业经济转为现代商品化的工业经济。农业产值（含渔业和林业）约占GDP的2.6%，工矿业产值约占GDP的30%，2016年外贸总额9014亿美元，出口4954亿美元，减少5.9%，进口4060亿美元，减少7%，贸易收支顺差894.1亿美元。韩国与世界上180多个国家和地区有经贸关系，中国、美国、日本是三大主要贸易伙伴国。主要进口产品有原油、半导体、天然气、石油制品、半导体零部件、钢板、煤炭、通讯器材、电缆等。主要出口产品有汽车及零部件、半导体、有线无线通讯器材、船舶、石油制品、平板液晶显示器、个人电脑、影视器材等。在韩国经济中大企业集团占有十分重要的地位，主要有三星、现代汽车、SK、LG和KT（韩国电信）等。

韩国货币名称：韩元（KRW，简写₩）。

韩国参考汇率：1美元=1185.7300韩元（2019年6月16日）。

四、韩国教育及文化

（一）教育与留学

1949年2月，韩国颁布《教育法》，1968年12月颁布了《国民教育宪章》。学制为小学6年，初中3年，高中3年，大学4年。自1953年实行小学六年制义务教育，自1993年起普及初中三年义务教育。全国各类公立及私立学校近2万所，2017年教育预算约61.8万亿韩元，较2016年增长6.8%。韩国著名的大学有首尔大学（国立综合大学）、延世大学（基督教私立综合大学）、高丽大学（私立综合大学）、梨花女子大学等。

韩国高等教育发达，在亚洲地区属于领先水平。目前，各国留学生选择的学校主要有：国立首尔大学（韩国大学第一位）、韩国科学技术院（位列2015QS世界排名第43位）、浦项工科大学（2018泰晤士亚洲大学排名第12位）、延世大学（全韩第一所进行留学生交换的学校）、高丽大学（位列2017QS世界排名第90位）、成均馆大学（百年辉煌历史的学校）、釜山大学（韩国10大国立大学之一）、汉阳大学（AACSB认证大学之一）、西江大学（韩国常春藤盟校之一）、梨花女子大学（全球最大的女子大学，素有韩国第一夫人学校之称）、中央大学（韩国排名第七的著名综合大学）等。

（二）民族文化

1．服饰艺术

韩服是从古至今韩国民族的传统服装。韩服的线条兼具曲线与直线之美，尤其是女式韩服的短上衣和长裙，上薄下厚，端庄闲雅。如今，大部分国民已习惯穿着洋装西服。但是，在春节和中秋节等节庆日或婚礼时，仍有许多人喜爱穿传统民族服装。女性韩服是短上衣搭配优雅长裙；男性则是短褂搭配长裤，以细带缚住宽大的裤脚。韩国人春节时，身穿韩服就可以免费进入首尔的景福宫、德寿宫、昌庆宫、昌德宫四大古宫以及韩屋村，参加各种传统游乐项目。

2. 艺术形式

韩国艺术汲取中国古代儒学、佛教和近代西方文化，形成了具有韩国特色的文化传统。艺术表演以恬静柔和、朴实无华风格著称。

（1）戏剧　起源于史前时期的宗教仪式，包括假面具、木偶剧、曲艺、唱剧、话剧五类。其中，假面具又称面谱剧，是韩国文化的象征。假面具常在元旦、释迦诞辰和端午节演出。

（2）绘画　分为东洋画和西洋画，东洋画类似中国的国画，用笔墨纸砚表现各种话题，还有各类华丽的风俗画。

（3）音乐　传统音乐有宫廷音乐和民间音乐两类。宫廷音乐分雅乐、唐乐和乡乐。雅乐是祭祀音乐，唐乐是历代封建王朝举行宫廷宴会的音乐，乡乐是地方特色音乐。民间音乐又称民俗乐，有杂歌、民谣、农乐等，通常民俗乐搭配舞蹈。最著名的舞蹈是太鼓舞和杖鼓舞。

五、韩国民俗风情

（一）民间节日及法定节假日

1. 元旦

1月1日，元旦，庆祝新的一年。韩国的民间风俗，早上家人在家里吃年糕汤，下午去问候长辈。

2. 春节

农历正月初一到初三，春节是一年中家人团聚的最大节日之一。春节的早晨，穿最好的衣服举行祭祖仪式，祭祀后家中的晚辈向长辈拜年，长辈给压岁钱后一家人围坐在一起吃年糕汤。下午，人们互相走亲戚串门，给亲朋好友拜年。春节期间有掷骰游戏、放风筝、抽陀螺、跷跷板等民俗活动。

3. 上元节

农历正月十五，上元节即元宵节。自古以来，韩国人认为月圆的晚上很神秘，尤其是一年中第一个月圆的日子。当月亮升起的时候，人们会望着圆月祈祷，相信愿望能够实现，农民和渔夫们祈求丰收。

4. 独立运动纪念日

3月1日，三一节。纪念1919年3月1日兴起的反抗日本统治的独立运动。

5. 植树节

4月5日，全民植树绿化日。为推进国土绿化，这一天，政府官员、教师、学生以及成千上万全国各地的韩国人按照政府的植树造林计划栽种树木。

6. 儿童节

5月5日，儿童节。为儿童举行各种庆祝活动，让他们与父母一起尽情游乐。

7. 佛诞日

农历四月初八，庆祝佛祖诞辰，佛教信徒们在寺庙举行仪式并举行灯会。

8. 端午节

农历五月初五，端午节。在韩国，江陵端午祭久负盛名，是江陵文化的标志。每年的端午祭期间，来自韩国和世界各地的观光者达百万人之多。韩国江陵地区的端午祭包含祭祀、演戏、游艺等内容，其中的祭祀仪式保存了完整的形式和内容，是韩国江陵端午祭的核心。韩国江陵端午祭是一项大型的庆祝活动，作为韩国无形文化遗

产，是韩国民族精神的象征，也是外界认识韩国文化和江陵民俗的窗口。

9. 中秋节

农历八月十五，中秋节又称“秋夕”，一家人团聚的重大节日之一。

10. 法定及公众节假日

韩国全年有16天法定及公众节假日，节日当天全国放假，若节日与周末休息日重叠，采取补休制。法定节假日以2020年为例，如下：法定节假日有元旦（1月1日）、农历新年（农历正月初一~农历正月初三）、三一节（3月1日）、释迦诞辰日（4月8日）、儿童节（5月5日）、显忠日（6月6日）、统一地方选举（6月13日）、光复节（8月15日）、中秋节（农历八月十五~农历八月十七）、开天节（10月3日）、谚文日（10月9日）、圣诞节（12月25日）。

（二）社交礼仪

韩国人崇尚儒教，尊重长者，长者进屋时大家都要起立，和长者谈话时要摘去墨镜。企业中的长者具有家长式的权威。晚辈、下级走路时遇到长辈或上级，应鞠躬、问候，站在一旁，让其先行，以示敬意。韩国人见面时的传统礼节是鞠躬，鞠躬礼节一般在生意人中不使用。男人之间见面打招呼互相鞠躬并握手，女人一般不与人握手，和韩国官员打交道一般可以握手或是轻轻点一下头。早晨起床要向父母问安。用餐时，先为老人或长辈盛饭上菜，宾主席地盘腿而坐，若是在长辈面前，要跪坐在自己脚底板上，绝对不可以把双腿伸直或叉开。未征得同意，不能在长辈、上级面前抽烟。乘车时，要让位给老年人。

在社会集体和宴会中，男女分开进行社交活动。在韩国，如有人邀请你到家吃饭或赴宴，你应带小礼品，最好挑选包装好的食品。席间敬酒时，用右手拿酒瓶，左手托瓶底，然后鞠躬致祝辞，最后再倒酒，且要一连三杯。敬酒人应把自己的酒杯举得低一些，用自己杯子的杯沿去碰对方的杯身。敬完酒后再鞠个躬才能离开。做客时，主人不会让你参观房子的全貌，不要到处逛。离去时，主人送到门口，甚至送到门外，然后说再见。韩国人用双手接礼物，但不会当着客人的面打开。不宜送外国香烟给韩国人。酒是送韩国男人最好的礼品，但不能送酒给妇女，除非说清楚这酒是送给她丈夫的。在赠送韩国礼品时应注意，韩国男性大多喜欢名牌纺织品、领带、打火机、电动剃须刀等。女性喜欢化妆品、提包、手套、围巾类物品和厨房里用的调料。孩子则喜欢食品。如果送钱，应放在信封内。

（三）禁忌

韩国人普遍忌“四”字。因韩国语中“四”与“死”同字同音，传统上认为是不吉利的。此外，孕妇忌打破碗，担心胎儿因此而裂嘴。婚姻忌生肖相克。节庆期间应说吉利话。男子不要问女子年龄、婚姻状况。打喷嚏时要表示歉意。剔牙要用手或餐巾盖住嘴。交接东西要用右手，不能用左手，因传统观念上认为“右尊左卑”，认为用左手交接东西是不礼貌的行为。

六、韩国主要旅游城市及著名旅游景观

（一）地理坐标：首尔

首尔是一个人口约占全国总人口1/4以上的现代化都市。迷人的自然景观、悠久的历史文化，摩天大楼鳞次栉比，富丽堂皇的旧日王宫，高楼广厦间夹杂着古色古香的传统韩式瓦屋，汉江犹如玉带穿过首尔、民俗文化区、世界一流的游乐园。购物、整容、韩风服饰是首尔特色，充满活力的首尔总是令人心动和沉醉。

1. 景福宫

景福宫是韩国最大的皇宫，建于1395年，是朝鲜王朝李成桂的第一处正宫。内有勤政殿、思政殿、庆会楼等宫殿组成的建筑群，象征着曾经的奢华富贵。至今尚存的建筑是举行继位大典朝礼仪式的勤政殿，还有迎宾馆庆会楼等。《明成皇后》在此地拍摄。

2. 63大厦

63大厦位于汉江旁边，是一处综合性的观光景点，有展望台、水族馆、剧场、免税店以及大量娱乐设施，是汝矣岛的地标性建筑，观景视野极佳。63大厦特有的金色墙面是在特制玻璃上喷涂了24K黄金，随着太阳反射角度的变化，会变幻出金色、银色、红色等不同色彩，使大楼美轮美奂，因在阳光下发出金黄色的光辉，因此又被称为“金塔”。乘坐电梯仅需1分25秒即可抵达观赏平台。

©视觉中国

3. 清溪川

清溪川位于韩国首尔市中心，是一条贯穿首尔南北，有600多年历史的河流。2003年进行修复工程，历时3年复原清溪川生态环境，堪称都市水污染治理典范，被誉为“韩国现代奇迹”。清溪川白天宁静悠闲，夜晚灯光璀璨，至今已吸引超过1亿7千万人次来到这里观光和游玩。清溪川的广通桥、柳林湿地以及文化馆是人们感受文化、亲近自然和观察学习生态环境的理想天地。

©视觉中国

韩国

人生在世，俯仰之间，追求卓越，尽其所能。

4. 南山公园

南山公园位于首尔市中心，海拔265米，是众多偶像剧的拍摄地。园内分布和栖息着数量众多的花草植被及野生动物，号称“首尔市的后花园”。

5. N 首尔塔

N首尔塔位于韩国首尔南山，建于1975年，高236.7米，是首尔的地标性建筑。N首尔塔的N是南山（Namsan）的第一个字母。该塔的照明利用LED技术，根据季节和不同的活动照射，塔外观的色彩和曲线都随之变化。每晚7～12点，有6支探照灯在天空中拼出鲜花盛开的图案——“首尔之花”，这里成为恋人们约会的浪漫之地。塔内有儿童学习体验区、多媒体区，五层有旋转餐厅，48分钟旋转360度，将首尔市景尽收眼底。塔的平台有同心锁墙，象征着恋人们对未来的美好憧憬。

6. 北村韩屋村

韩国北村并非是供游客观赏修建的民俗村，而是人们实际居住生活的传统民居，包括11个洞，900多座韩屋。随着韩屋画廊、传统作坊、韩屋餐厅、传统茶铺等入驻，这里更成为一个备受瞩目的新文化艺术区，这里将韩式的古朴与现代交织在一起，浪漫与执着融合在一起。

7. 乐天世界

乐天世界于1989年7月12日开业，作为世界最大室内主题乐园，已被载入吉尼斯世界纪录，它同美国迪士尼乐园一样被称为世界级主题公园。乐天世界分为室内主题公园“探险世界”和室外主题公园“魔幻岛”两部分。与乐天商场相连，乘坐世界单轨列车游一圈，可看到乐园大场景，这里成为韩国最受国内外游客欢迎的代表性观光游玩地。幻想世界的“辛巴达的冒险”“法老王的愤怒”“4D立体电影院”，还有令人心惊胆战的“海盗船”和“法国大革命”。“魔幻岛”建于湖上，是韩国最早的湖泊公园，以单轨电车及天桥与“乐天探险世界”相连。

（二）地理坐标：釜山

釜山位于韩国首尔东南端，是韩国的第二大城市。釜山有众多的岛屿，其旅游资源十分丰富，随季节变换，釜山也呈现出不同的面貌。著名的海水浴场、美丽的山峦、古老的寺庙、丰富多彩的海滨娱乐活动以及当地风格独特的饮食文化，都使其成为韩国吸引游客观光和度假的旅游胜地。釜山的海产品和海滩都非常著名，贸易发达的釜山也是购物的好地方。

1. 世峰楼

世峰楼是一座将自然美和现代美结合的高层次国际会议场所，以韩屋大厅为概念的建筑形式，在门口可看到五六岛、广安大桥、观月坡等。

2. 东海龙宫寺

海洋女神的传说赋予了东海龙宫寺浪漫迷人的神秘魅力，形态各异的奇石俊岩遍布寺内，是釜山最美的寺庙。

3. 海云台

海云台是釜山最著名的沙滩，以其规模广阔和美丽的海岸线著称。这里的水浅且清凉，成为釜山旅游最具有代表性的海滨游玩观光地。

（三）地理坐标：济州岛

济州岛位于朝鲜半岛最南端，素有“东方夏威夷”的美誉，是韩国最大的岛屿，面积1825平方千米，距朝鲜半岛约100千米。神秘的自然景观、特色的民族传统文化，鲜花烂漫，海风习习，沙滩细语，风景怡人。

1. 济州岛柱状节理带

济州岛拥有闻名海内外的柱状节理带。柱状节理是出现在玄武岩质熔岩里的垂直节理，大部分呈多角形，一般为四角形与六角形，仿佛是石匠雕凿而成，却又非人工所为。柱状节理是岩浆从岛中央汉拿山火山口喷出，流入西归浦沿岸，遇海水急速冷却发生收缩作用的结果。

2. 城山日出峰

城山日出峰是汉拿山360个子火山之一，号称是世界最大的突出于海岸的火山口，山顶是一片开阔的牧场，在峰顶看日出景观，自古以来就被作为“瀛州十景”第一景。它三面环海，当地有环绕山峰外围的游览船和汽艇，西边海岸有海螺、鲍鱼等养殖场，在这里可观赏海女潜水采集。

3. 汉拿山

汉拿山是韩国三大名山之一，是韩国第一高峰，海拔1950米，在济州岛任何地方都能看见。汉拿山由海底延伸，坡度和缓，所以登山的人通常感觉不到汉南山的高度。汉拿山生长着1800余种亚热带和寒带植被，春有花香，夏有凉爽，秋有红枫，冬有傲雪，四季皆是美景。

4. 寺水自然休养林

寺水自然修养林位于济州岛汉拿山东北部寺岳之上，此修养林以美丽的西洋杉而著称。林内有健康散步路、莲花池、展望台、草坪广场等休闲设施，这里宛若一个天然氧吧，是休闲放松的好去处。

©视觉中国

5. 城邑民俗村

城邑民俗村是电视剧《大长今》的拍摄地，展现了济州岛独特的民居文化。

©视觉中国

七、韩国旅游资讯

（一）旅游购物

1. 明洞

明洞是韩剧出镜率最高，代购最多的购物胜地，这里聚集了新世界免税店、新罗免税店、Line Friends、Teenie Weeine、美利来（Migliore）等多处大型综合性商场。明洞的许多店铺消费满额后也有退税服务。

©视觉中国

2. 东大门

东大门是韩国最大、最红火的市场之一，除了汇聚大型百货商场外，还有许多批发市场，也有专卖高仿商品的夜市等。东大门在晚上10点后，是各地商人们进货的高峰时间。逛街购物时间最好安排在晚上10点以前。

©视觉中国

（二）出境提示

1．境外法规及风俗习惯

（1）赴韩国旅游，旅游签证一般有效期为90天，持中国护照可免签证在济州岛旅游30天。

（2）韩国法律规定，司机每行驶两小时后必须休息20分钟，每天开车时间不得超过8小时，休息时间在12小时以上。

（3）韩国政府规定，公共场所禁止吸烟。

（4）韩国于每天下午5时播放国歌，任何行人都停步。每月15日，举行民防演习20分钟，行人应暂避。

（5）入境游客所携带物品价值不超过400美元，外币不超过1万美元，可由免税柜台通关。随身携带衣物、首饰、化妆品、香烟200支、酒类1000毫升、香水900克，可免税。古董和文物类须接受鉴定。

（6）韩国国际直拨电话代码为0082，韩国报警电话为112，急救和火警电话均为119。

（7）虽然韩国传统观念里没有小费的概念，但是主要观光旅馆要付10%小费。

2．货币及时差

（1）韩国流通货币是韩元，主币是元，辅币是钱，1元=100钱。出国前换好所需韩元，持中国银联卡可在韩国境内部分商店刷卡消费。

货币汇率：1元人民币=171.2320韩元（2019年6月16日）。

（2）韩国与中国时差1小时，如中国北京时间为18:00，韩国首尔时间为19:00。

第三篇 黄袍佛国 白象国度之神秘泰国

【印象泰国】

这里，星光与佛光一同生辉，璀璨悠悠千年。
千年佛语一如亘古烙印，解读灵魂的纯粹，镌刻佛塔的斑斓。
钟磬之声盘旋于净土上空，又撒遍尘寰。
袅袅香烟，与夕阳余晖互映斑驳的古城，
同光影交错着纵横散落的佛像。
岁月流觞，圣洁的莲花台注视着不可破灭的大城，
不朽的古佛见证着暹罗的盛世辉煌。
洗尽铅华，沧桑历史为古朴沉淀了雍容，也氤氲了盛世的葱茏。
潋滟妖娆的湄南河，鲜活灵动着整座曼谷，流淌了古远和悠长。
堂皇瑰丽的大王宫，巍峨矗立在河畔，高耸着皇室的威严与端庄。
淡雅文艺的清迈，妩媚神秘的清莱，
绝色缤纷的芭提雅，至美宁静的普吉；
如雪般皎洁的银沙，如翡翠般澄澈的碧海，金色庙宇在纯净蓝天徜徉；
珊瑚岛，甲米岛，苏梅岛，象岛……
亦日日醉染斜阳，惊艳着岁月与时光。
泰国，以它深入骨髓的独特气质，为世人谱写着神秘的乐章。

一、泰国出境旅游线路参考范例

线路参考范例一

绝色金沙——泰国曼谷芭堤雅 7 日乐享之旅

线路参考范例二

曼妙泰国——曼谷沙美岛芭堤雅 7 日闲适之旅

线路参考范例三

珊瑚花园——泰国斯米兰群岛普吉岛 7 日缤纷之旅

线路参考范例四

翡翠时光——泰国普吉岛 7 日度假之旅

线路参考范例五

椰林听语——泰国普吉岛椰子岛 7 日悦动之旅

线路参考范例六

星耀致美——泰国曼谷芭提雅 7 日风帆之旅

二、泰国国情掠影

（一）自然地理

泰王国（The Kingdom of Thailand）简称泰国，位于中南半岛中部，东北部与老挝相邻，东部与柬埔寨接壤，西部与缅甸相接，南部沿克拉地峡向南延伸至马来半岛，与马来西亚相连，狭窄部分居于印度洋与太平洋之间。东南临太平洋暹罗湾，西南濒印度洋安达曼海。总面积约51.31万平方千米，东西最大距离775千米，南北最长距离1650千米，海岸线长2600千米。

泰国地势北高南低，从西北向东南倾斜，东北部地区是呵叻高原，夏季极干旱，雨季非常泥泞，不宜耕作。北部和西部地区多山区丛林。中部地区是湄南河平原，湄南河贯穿泰国中部，发源于北部山区，注入暹罗湾，全长1200千米，是泰国境内主要河流，也是泰国的母亲河及第一长河。湄南河沿岸是著名的三角洲，土地丰饶，盛产稻米，是泰国农业最发达的地区，使泰国成为世界五大稻米出口国之一，素有“亚洲米仓”的美誉。泰国南部地区多丘陵和热带海岛，风景怡人，是著名的蜜月圣地和度假胜地。大众一般习惯将泰国疆域比作大象的头部，将北部视为“象冠”，东北部视为“象耳”，暹罗湾视为“象口”，南方狭长地带代表“象鼻”。

泰国因靠近赤道，受亚洲季风影响强烈，大部分地区属热带季风气候区，全年分热季（3~5月）、雨季（6~10月）、凉季（11月~次年2月）三季，年平均气温22~28℃，年降水量为1000~3000毫米。泰国位于马来半岛的部分，属于热带雨林气候，终年多雨，向风的山坡年降雨量达4000毫米以上。

（二）人文概况

1. 人口、民族、语言及宗教

泰国人口约6933万人（2019年3月5日）。泰国有30多个民族，主要民族是泰族，约占人口总数40%，老挝族约占35%，高棉族约占2%，另有苗族、瑶族、桂族、汶族、克伦族、掸族等山地民族。泰国政府规定，华侨在泰国生下的子女到第三代就算泰族人，现泰国有华侨近30万人。

泰国官方语言为泰语，通用语言为英语，另有老挝语、越南语、库美尔语以及马来语等。

泰国国教为佛教，总人口中约94%以上信奉佛教。南部马来族信奉伊斯兰教，另有少数人信奉基督教、天主教和印度教等。

2. 国旗、国徽、国花及首都

泰国国旗由红、白、蓝三色组成，上下两边为红色，中部为蓝色，红蓝之间为白色。红色象征英雄的民族，白色象征纯洁的宗教，蓝色象征庄严的皇室。国旗长宽比例为3：2。

泰国国徽是那莱王和一只深红色的大鹏组成的图案，那莱王是传说中的守护神，大鹏是传说中降魔除怪的鸟中之王。

泰国国花是金链花。泰国国家标识委员会于2001年提出将金链花作为泰国国花等3项提议，最终通过，此后金链花成为泰国国花。金链花，树龄长，适宜全泰国种植，树干材质坚硬，用途广泛，花开时满树是金灿灿的花串。金黄色是佛教的象征，金链花图案也是泰国公务员肩章的装饰图案。

泰国国歌是《泰王国歌》。

泰国国树是桂树。

泰国国兽是大象。

泰国首都是曼谷。

3. 发展简史

公元1257年，昭披耶河上游建立了中央集权的王国，史称素可泰王国。在王朝的第二代国王拉玛堪亨时期，创立了暹文，曾两次访华，主张向中国学习。13世纪末，素可泰王国成为了湄南河流域最大的王国。16世纪起，泰国先后遭到葡萄牙、荷兰、英国、法国等国家的侵略。1855年，拉玛四世在西方炮舰政策威胁下，与英国签订不平等条约，同意开放港口与外国通商，同时对内实行一系列改革。1896年，英、法签订条约，规定暹罗为英属缅甸和法属印度支那之间的缓冲国，从而使泰国保持了形式上的独立，实际上属于半殖民地国家。1904年，英、法划定湄公河以西为英国势力范围，以东为法国势力范围。1932年，人民党发动政变，建立君主立宪制政体，国王作为君主立宪的象征被保留，国家的权利转向国会、内阁等，泰国变君主制为君主立宪制。1939年5月，暹罗改名为泰王国，意为“自由之地”。二战时期，日本侵占泰国。日本投降后，国名恢复为暹罗。1949年5月，又改称为泰王国。

1975年7月1日，中泰正式建交。两国在政治、经济、科技、文化等方面友好合作关系全面顺利发展。

三、泰国政治体制与经济发展

（一）政治制度

泰国是君主立宪制国家。宪法规定，泰国实行以国王为元首的民主政治制度，国王为国家元首和国家武装部队最高统帅，神圣不可冒犯，任何人不得指责或控告国王。国王通过国会、内阁和法院分别行使立法权、行政权和司法权。

国会为两院制，分上议院、下议院，均由直选产生，立法、审议政府施政方针、国家预算和对政府工作进行监督为其主要职能。

总理为政府首脑，由不少于2/5的下议员提名，经下议院表决并获半数以上票数通过，由国会主席呈国王任命。总理在解散议会前需得到内阁批准并报国王审批；在不信任案辩论期间不得解散议会。内阁成员共36人，下议员担任内阁职务须辞去议员资格，阁员上任、卸任须申报并公布个人财产。上议员不得隶属任何政党，不得担任阁员。

（二）经济发展

20世纪50年代，泰国根据本国特点，实施“工业多样化”和“农业多种经营”方针政策，大力发展民族经济。1960年，实施《鼓励工业投资法案》，60年代后期，泰国经济得到较快发展。进入70年代，泰国由进口工业转向出口工业，经济发展更为迅速。80年代后，泰国大力发展重工业，东部沿海建立基础工业区，经济高速增长，经济结构发生重大变化。

泰国农业居重要地位，是世界著名的大米生产国和出口国之一，重要农产品还有玉米、木薯、橡胶、甘蔗和热带水果等。木薯和橡胶的产量及出口量均居世界前列。泰国近海渔业发达，是世界重要渔业中心，是国际市场渔产品供应国之一。矿产资源有钾盐、褐煤、天然气、油页岩等，钾盐的储量居世界首位。泰国工业发展迅速，有采矿、纺织、电子、塑料、食品加工、玩具、汽车装配、建材、石油化工等，汽车制造业相关产值已位居东南亚首位。旅游业是外汇收入主要来源之一。2017年泰国国内生产总值（GDP）约合4378亿美元，人均国内生产总值6594美元。

货币名称：泰铢（Thai Baht），1泰铢=100萨当（Satang）。

参考汇率：1美元=31.2100泰铢（2019年6月16日）。

四、泰国教育及文化

（一）教育与留学

泰国实行9年义务教育，中小学教育为12年制，小学6年、初中3年、高中3年。中等专科职业学校为3年制，大学一般为4年制，医科大学为5年制。

泰国高等教育因采用欧美模式，其中有32所高等院校与欧美国家院校有双联课程，学分可转移，所设置课程全部英语授课，加之留学费用较低，近年来吸引大量来自各地的留学生。目前各国留学生主要选择的公立学校有：玛希隆大学（泰国排名第1位，亚洲第97位）、国王科技大学（泰国排名第2位，是泰国顶尖的高科技大学）、朱拉隆功大学（泰国排名第3位，是泰国最有威望的大学）、清迈大学（泰国排名第4位，是泰国北部首屈一指的高等学府）、拉卡邦先皇技术学院（泰国排名第5位，是曼谷主要研究和教育机构之一）、素拉那立皇家大学（泰国排名第6位）、孔敬大学（泰国排名第7位，是泰国最著名的公立大学之一）、宋卡王子大学（泰国排名第8位，是泰国重点高等学府）、农业大学（泰国排名第9位，是泰国第一所农业高等国立教育学校）等。

（二）民族文化

1．传统民族服饰

泰族男子传统民族服饰叫“绊尾幔”纱笼和“帕农”纱笼。帕农是一种用布缠裹腰和双腿的服装。绊尾幔是用一块长约3米的布包缠双腿，再把布的两端卷在一起，穿过两腿之间，塞到腰背处，纱笼下摆较宽，舒适凉爽，它是泰国平民中流传最久的传统服装之一。泰国女子下装是筒裙，筒裙同纱笼一样，宽边缝合成圆筒状。穿筒裙时，先把自己套进布筒里，然后将布拉向右侧，左手按住腰右侧的布，右手再把布折回左边，在左腰处相叠塞进左腰处。女子通常佩戴头饰、肩饰、颈饰、腕饰等装饰物。

2．艺术形式

（1）建筑　寺庙在泰式建筑中最为突出，寺庙建筑的精华当属佛塔、正殿和屋顶。泰式佛塔上方塔顶雕梁细刻、祥云环绕，中间为阶梯状，塔身雕有火莲、瑞兽、金身佛陀等，下方为方形

基座，饰有须弥莲花图案。正殿两侧饰有其他佛像，墙壁饰有彩绘壁画。三重檐屋顶代表着三宝佛、法、僧，檐角饰有金翅鸟，屋顶多铺有金色瓷砖或绿色琉璃瓦。

宫殿是泰式建筑中最瑰丽、最辉煌的代表。泰国皇宫集亭塔楼阁、庙宇宗祠、金色屋顶、锥形塔尖于一体，装饰有木雕、金箔、瓷器、珍珠等。最具代表性的是大皇宫中的律实宫，在世界建筑博览会上被誉为宫廷建筑的蓝本和范例。

（2）壁画　泰国传统宗教壁画典型特征是色彩丰富、栩栩如生。题材分两类，一类是描绘《佛本生经》的绘画，另一类则是描绘《罗摩衍那》的绘画。现保存于曼谷国家博物馆浮屠沙旺堂、大城遗址拉布拉纳寺、吞武里苏旺那润寺等少数寺庙。20世纪20年代至70年代，现代绘画兴起，注入西方简约和抽象风格，用寺庙的香烛、金箔为绘画原料的画风盛行。

（3）雕塑　泰国雕塑艺术从古至今体现在佛像风格的变化，佛像作为泰国雕塑艺术的集大成者，佛像雕塑从体型宽大厚重、朴素优雅，历经诸多时代变迁转向华丽尊贵，披华服，戴王冠。发展至今，泰国雕塑秉承泰西合璧的艺术风格，雕塑原料从土、石头、金属等注入纸币、铁链和姜黄粉等。

（4）舞蹈　泰国古典舞蹈在世界上颇为著名。内容大多取材于梵文神话，可分为孔（面部舞）、沙邦（音乐舞）和拉孔（舞蹈剧）3种。泰国古典舞蹈有“宫内”和“宫外”之分，宫内舞蹈强调舞姿优美、典雅细腻，有着严格的规范与程式；宫外舞蹈较自由风趣。泰国各地区流行的舞蹈不尽相同，泰国中部流行丰收舞，反映劳动人民庆祝丰收的欢乐景象，泰国北部流行长甲舞、蜡烛舞。

3. 国技运动

泰拳，也称八体拳或八臂拳，是源于泰国的拳术，是力量与速度的演绎，被称为最残酷的东方搏击术。正规的泰拳比赛为五局三胜，根据选手的体重不同分为13种，以轻量级、重量级比赛常见。如今K-1（顶级搏击大赛）、UFC（终极格斗冠军赛）等世界大型拳击赛中，泰拳选手成为夺冠的最大热门。

（三）文学发展与名人

泰国文学最早产生于13世纪末，以宗教文学和宫廷文学为主。14世纪中叶，宗教文学和宫廷文学有所发展，如《水兜赋》《大世赋》《阮人的败北》《帕罗》等作品最负盛名。长诗《南陀巴南屈》和《帕马来屈》是泰国文学中优秀的佛教文学作品，为探玛蒂贝王子所创。曼谷王朝时期，诗剧《伊瑙》和长篇叙事诗《昆冒与昆平》在泰国文学史上占有重要地位，《伊瑙》为国王拉玛二世创作，《昆冒与昆平》是宫廷诗人编写。20世纪20年代，泰国新文学兴起，西巫拉帕被誉为泰国新文学奠基人，代表作品《生活的战争》和《向前看》。

五、泰国民俗风情

（一）民间节日及法定节假日

泰国受佛教影响，许多节日与佛教有关，典型的节日如下。

1. 国王诞辰纪念日

公历12月5日，泰国全国悬挂国王的照片和泰国国旗，在曼谷等地举行庆祝活动。

2. 春耕节

公历5月10日，是泰国祈求农业丰收的重要节日。每年农耕时节在泰国曼谷大王宫旁边的王家田广场举行大典，大典始于13世纪的素可泰王朝，节日由占卜师按照婆罗门教的习俗举行。

3. 宋干节

公历4月13日～4月15日，也称“泼水节”，是泰国传统的佛历新年。祈求“佛祖恩赐甘露普降人间”而举行的求雨活动。宋干节活动丰富多彩，“浴佛”（佛徒们为佛像沐浴）、“堆沙”（堆沙插花敬佛）、“斋僧”“放生”“游行”“泼水”是宋干节的重要活动。

4. 水灯节

泰历12月第一个月圆之夜举行。水灯节是泰国人传统的庆典活动。这一天，为感谢河神造福于民，人们在江上放灯，现已演变为男女青年谈情说爱、祈求神佑的节庆日子。

5. 清迈花节

公历2月4日～2月6日举行。2月份是泰国北部清迈地区百花盛开的时节，花节除展出各种花卉以外，还有许多表演项目，如花车游行、花船

展示和选美比赛等，吸引众多游客前往观赏。

6. 万佛节

泰历3月15日，为表达佛教徒对佛祖的信仰与尊敬设立的节日。

7. 法定节假日

泰国的法定节假日以2020年为例，如下：新年（1月1日）、却克里王朝纪念日（4月6日）、宋干节/泼水节（4月13日）、卫塞节/佛诞节（5月6日）、春耕节（5月13日）、三宝佛节（7月5日）、守夏节/佛教大斋节（7月6日）、泰王诞辰纪念日（7月28日）、女王诞辰日（8月12日）、母亲节（8月12日）、普密蓬国王死亡纪念日（10月13日）、五世皇纪念日（10月23日）、父亲节（12月5日）、国家立宪日（12月10日）、除夕（12月31日）。

8. 带薪假期

泰国法律规定，雇佣关系在1年以上者有6天以上的带薪假期，20名职工以上的中型企业基本有保证。外资企业职工有2周至1个月的带薪休假，公务员每年有10天带薪休假。作为佛教国家，有3个月的宗教休假，劳资双方可协商年度休假可否在年后使用。

（二）社交礼仪

泰国是世界上最大的佛教国家，佛的地位至高无上，泰国家家户户供奉佛像，几乎每人身上也佩戴小佛像，遇见僧人必须行礼。信奉佛教的男性年满20岁时出家落发入佛门，最短需要3个月。否则，国王不得执政，贵族不得袭爵，平民不得结婚。在泰国，皇室尤其是国王，深受全国

人民的爱戴和尊敬，泰国的货币上均有国王的头像，对国王有任何不敬，均可能被视为不尊重皇室，而触犯法律。泰国人一般在称呼人名时，在名字前加一个“坤”（Khun）字，表示先生、夫人、小姐的意思。

泰国是一个礼仪之邦，被誉为“微笑的国度”，泰国人性情温和，待人热情，有礼貌。泰国人见面时通常双手合十于胸前，互致问候，同时互说“萨瓦迪卡”译为“您好”，双手合十后可不再握手。随着社会的发展，在外交和正式场合，泰国人也按国际习惯握手致意。常人不能与僧侣握手。泰国人着装比较讲究，衣服均要熨烫，正式场合和庄重的仪式，男士均穿西装，妇女穿裙装，忌穿长裤。泰国人尤其是妇女在别人面前走过时，常躬身而行，表示不得已而为之的歉意。

（三）禁忌

泰国人视头部为最神圣的部位，忌讳别人触摸。忌用左手传递东西和接、拿物品。落座时忌讳跷二郎腿，忌讳以脚代手来指物或指人，落座时不能将脚尖对着别人。谈话时忌用手指指向对方。各种宗教在泰国均受保护，不要违反有关宗教禁忌。寺庙是公认的神圣之地，进入寺庙，必须衣着整洁、端庄，不可穿短裤、迷你裙等不合适的衣服。进入佛殿、清真寺、私人住宅必须脱鞋，且不可脚踩门槛。每尊佛像，无论大小或是否损坏，都是神圣的，绝对不得攀爬拍照或对佛像做出不尊之举。此外，泰国僧侣和王族的社会地位相当高，游客将他们摄入镜头是不允许的。

六、泰国主要旅游城市及著名旅游景观

（一）地理坐标：曼谷

曼谷，位于湄南河三角洲平原，自古以来被誉为“天使之城”，是泰国的首都，也是全国政治、经济、文化、交通的中心，是工商业发达的国际大都市。曼谷有300多座寺庙，也称“佛庙之都”。曼谷有金碧辉煌的庙宇和宫殿，有西方的现代与东方传统文化的交融，有水光潋滟的湄南河，河流东、西两岸有迥然不同的气质，也有灯红酒绿与宁静安然，它吸引着全球数以万计的游人，是亚洲旅游业最负盛名的城市之一。

1. 大王宫

大王宫位于曼谷市中心，湄南河沿岸，是泰国拉玛一世至拉玛八世的王宫，自拉玛一世兴建宫殿以来，历代君主不断扩建和装饰至现今规模，是曼谷最为壮观的古代宫殿建筑群。宫殿是暹罗式建筑风格，以白色为主，主体由阿玛林宫、节基宫、律实宫与著名的玉佛寺构成，总面积21.84万平方米。

2. 玉佛寺

玉佛寺位于大王宫的东北角，是泰国三大国宝之一，面积约占大王宫的1/4。因寺内供奉一尊通体苍翠的玉佛而得名，玉佛高66厘米，阔48厘米。玉佛寺是泰国王室举行宗教仪式的场所。每年换季时节，国王亲自为玉佛更衣，以祈祷国泰民安。

3. 卧佛寺

卧佛市也称越菩寺，位于大王宫南部，是泰国最古老最大的佛寺，寺内供奉一尊长45米，高17米的释迦牟尼大卧佛像，铁铸包金，镶有宝石，脚底有108幅吉祥图案。卧佛寺、玉佛寺、金佛寺是泰国三大国宝。

4. 古城博物馆

古城博物馆位于距离曼谷30千米处的北榄府境内，是一座世界最大的露天景观博物馆。集泰国代表性建筑于一体，历时20年建成，占地80.94公顷的人造仿建古城，其中有75座寺庙，有佛塔、纪念碑、雕塑等，有些是已经消失的复原仿制建筑。从这里可以了解到自1238年素可泰王朝建立以来的历史和艺术。

（二）地理坐标：清迈

清迈位于泰国北部，距离曼谷约700千米，是泰国第二大城市。清迈素有“泰北玫瑰”之称，古代时，兰纳王国统治时期建庙无数，有100多座佛寺，佛寺无论大小都极尽华丽。它有悠久的历史文化、恬淡秀丽的风光、神秘的长颈族村落、夜间动物园、3D艺术馆、水灯许愿等，清迈似一支清雅的玫瑰安静绽放。

1. 素贴山

素贴山是泰国北部著名山峰，佛教圣地，位于清迈市近郊，山高900多米。山腰有佛拉塔特庙，又名双龙寺，山顶有巨大的舍利塔，山麓有著名的汇娇瀑布。素贴山也是著名的避暑胜地，建有泰国国王的避暑行宫——蒲屏宫，这里是清迈的标志。山坡上开满五色玫瑰，山顶白云缭绕，风光秀丽。登临山顶，清迈市全景尽收眼底。

2. 素贴寺

素贴寺也称双龙寺，是清迈最大的佛寺，建于1383年，其后不断扩建至现今规模。寺门塑有两条彩色多头神龙，龙身长约数十米，组成石级两旁的栏杆，造型奇特。寺内金碧辉煌，精美程度无与伦比，有泰国重要的古佛像，因位于素贴山腰，地势较高，需登290级台阶或乘坐缆车抵达佛寺门口。

（三）地理坐标：清莱

清莱，泰国七大城市之一，是泰国最北部的府城，也是著名旅游胜地。有广阔的热带雨林风貌，群山环绕，安静秀丽，有着独特的慢生活，清新而动人，像一个隐于泰北山间的美丽精灵。没有曼谷的喧嚣与繁华，远离在尘凡之外。清莱也是一个艺术圣地，各种建筑把色彩运用到极致，庙宇白的魔性，黑的肃穆，蓝的深邃，闻名全球的黑庙与白庙，不是供奉佛的寺庙。

1. 白庙

白庙有纯白的屋顶，纯白的墙壁，纯白的基座，白庙四周无围栏，大殿是典型泰式庙宇风格，外层覆以白色手贴马赛克。阳光照射时，墙面的玻璃反射耀眼的银光，白色建筑与水池倒映，仿佛圣光般绚烂，更像一座落入凡间的琼楼玉宇。与其他寺庙一样，进主殿要脱鞋，女士不可着短裙。参观从入口进入后需一路往前，不可走回头路。

要有最朴素的生活和最遥远的梦想，即使明天天寒地冻，山高水远，路远马亡。——海子

2. 黑庙

黑庙以黑色为基调，艺术品多以死亡为题材，但也暗示万物轮回、生生不息。天堂与地狱，到底是终极快乐还是无限痛苦，都是无法被证实的。身处何种位置，取决于心。黑庙正殿是巨大原木结构屋子，其他的木屋则在其后周围的林间。每座木屋都是一座艺术品，主要由柚木建成，主体为黑色，屋顶铺黄瓦。屋檐屋角装饰是尖长的弯角构造，建筑上雕刻古代各种魔鬼形象。

3. 蓝庙

蓝庙集天空与海洋中最令人陶醉的湛蓝色为基调，镶嵌各种繁复华丽的金色花纹，辅以紫色、浅蓝色、白色、红色等点缀，体现各种艳丽色彩汇聚一堂时的和谐。

（四）地理坐标：芭提雅

芭提雅位于首都曼谷东南154千米，从曼谷出发2小时即可抵达，它是东南亚炙手可热的海滩度假胜地，有“东方夏威夷”之称，成为“海滩度假天堂”的代名词。每年有200～300场百人以上参加的国际会议在此召开，接待游客每年达100多万人次，是泰国旅游业重要支柱之一。

1. 真理寺

真理寺整体采用柚木材质，由外至内每一处细节全部由手工雕刻而成，整体建筑没有一颗钉子。它是一处融合了泰国、中国、老挝、柬埔寨四国不同的佛教文化及佛教信仰的宗教建筑。整体建筑风格气势磅礴，远远望去巍峨耸立，极具震撼力。

2. 九世黄庙舍利塔

九世黄庙舍利塔是为拉玛九世修建的庙宇，塔的外表简朴无暇，素净雅致的气质，超凡脱俗的耸立。塔身没有繁复的花纹和炫丽的装饰，塔内有舍利子陈列室，镶金的橱窗里，数十枚高僧舍利排列成塔形静静地矗立，舍利均为灰白色，大小不一，圆润粗糙不一，形态各异。

（五）地理坐标：大城

大城，即“不可破灭之城”，是泰国艺术、文化、国际贸易中心。风光秀美，文化灿烂，也是联合国教科文组织认定的泰国三大世界遗产之一。作为泰国历史最悠久的古都，大城遗迹多、寺庙多、佛像多、僧侣多。大城的地标景观是树中佛，位于帕玛哈泰寺，是泰国七大奇观之一。帕玛哈泰寺原是泰国皇室宗庙，建于12世纪，1345年竣工，大城王朝末期，缅军入侵，帕玛哈泰寺遭到洗劫，209座佛塔，10处僧院，全部化为废墟，只剩几座斑驳的主塔和树中佛。

一花一世界，一草一天堂，一叶一如来，一砂一极乐，一方一净土，一笑一尘缘，一念一清静。——《华严经》

（六）地理坐标：普吉岛

普吉岛位于泰国南部，马六甲海峡北部，是东南亚开发最早，最完善的海岛之一，也是景观丰富、玩乐项目繁多的度假胜地。它有绝美的海域风光，繁华的芭东海滩，摩托艇、冲浪、水上拖伞等运动项目，也有泰式风情、人妖秀、泰拳比赛等激情元素。普吉岛除本岛外，其周边遍布30余个离岛，海水的碧绿天然，沙滩的纯净细柔，每一处小岛各具特色。

七、泰国旅游资讯

（一）旅游购物

1. Siam Paragon（暹罗百丽宫）

Siam Paragon位于暹罗轻轨站前方，这是两条轻轨线路的交汇点，被视为曼谷的中心地带，主要以奢侈品为主，是一座极具人气的购物中心。囊括众多国际高端时尚品牌，拥有东南亚最大的水族馆、一座16块银幕的多厅影院，品种齐全的世界美食。暹罗百丽宫是时尚、奢华的生活方式的代名词。

2. Central World（尚泰世界购物中心）

Central World总面积83万平方米，商场外墙长达300米的玻璃墙，是曼谷最大的购物中心。内设各种设施与服务，包括500多家门店、100间餐厅和咖啡馆、15块银幕的影院、国际品牌旗舰店、高科技产品、书店、名牌家具和进口食品店、溜冰场、儿童区和学习中心以及两家百货商场。

（二）出境提示

1. 境外法规及风俗习惯

（1）泰国出行前备好必需的药物，如晕车/晕船药、肠胃药、防蚊喷雾、防晒等。

（2）泰国法律规定，尊重国王、王后以及王室家族，因此旅游期间避免批评王室。

（3）进入佛教寺庙衣着端庄得体，身着短裙、短裤或袒胸露背装者均不得入内。进入佛堂、寺庙或私人住宅时，需要脱鞋，注意不可脚踏门槛。尊重佛像，无论大小或是否损坏，都是神圣不可侵犯的，绝对不可攀爬佛像拍照，或对佛像做出有损尊敬的举动。遇见托钵化缘的和尚，千万不能送现金，因为这是破坏僧侣戒律的行为。不能手指僧侣，不能接触僧侣身体，尤其女性不许与僧侣握手。

（4）如遇泼水节，不要随身携带贵重物品。

（5）泰国有付小费的习惯，是国际礼仪之一，如认为服务人员表现优秀，可自愿给予小费，是对服务人员工作的肯定与感谢。例如，搬运行李小费、酒店打扫小费等，因地区及服务性质不同，可先参考导游意见，再判断支付小费的多少。

（6）泰国酒店插座均可使用110～220伏特电源，使用时请注意标识。

（7）泰国国际直拨电话代码为0066，泰国报警电话为191，医疗救助电话1669，急救中心电话1691，旅游警察电话1155（24小时在线），火警电话199。

2. 货币兑换及时差

（1）泰国流通货币以泰铢为主，泰铢均可在泰国机场或银行兑换，建议携带国际信用卡或中国银联卡出行。

货币汇率：1元人民币=4.5071泰铢（2019年6月16日）。

（2）泰国比中国时间晚1小时，如中国时间为20:00，泰国时间为19:00。

第四篇

天堂角落 走进马来西亚

【印象大马】

马来西亚，一个生来耀眼的地方，它拥有世间的一切美好。
仰望耸入云霄的吉隆坡双子塔，细寻槟城街头壁画中的市井百味；
饮一杯金马仑高原醇香浓郁的红茶，一睹马六甲的那抹惊“红”；
别致的清真寺浮动于水面，于夕阳西落间，感受纯粹的穆斯林风情。
天堂中的天堂——沙巴，一处栖息着大马灵魂的深藏未露之地。
一窥静幽隐秘的热带原始森林，乘筏渡河，探寻长鼻猴的故乡。
艳阳飞舞，椰影婆娑，金色海滩，一字延伸的小木屋，
奇幻瑰丽的水下世界，心形的热浪岛，
浮潜圣地兰卡威，美人鱼岛的蓝眼泪，
疑似上帝，将调色盘遗失在了大马？
当天际线由蓝转橙，彤云海浪般席卷而来，
沙巴，坐拥着世上最美的日落。
万籁静寂的夜空下，盈盈月华，万千萤火点点，宁静震撼，一如童话世界。
原来，每一场千里迢迢的远行，只是简单的想将刹那感动，定格为今生的永恒。

©视觉中国

一、马来西亚出境旅游线路参考范例

线路参考范例一

悦起南洋 —— 马来西亚 6 日魅力之旅

线路参考范例二

轻舞迷沙 —— 沙巴 7 日灵动之旅

线路参考范例三

日落天堂 —— 马来西亚沙巴 6 日圆梦之旅

线路参考范例四

南洋时光 —— 马来西亚 7 日亲子之旅

线路参考范例五

嗨自由 —— 马来西亚珍拉丁湾 Club Med（地中海俱乐部）7 日自由行

线路参考范例六

寻味南国 —— 新加坡马来西亚 7 日经典之旅

二、马来西亚国情掠影

（一）自然地理

马来西亚（Malaysia），全称马来西亚联邦。位于亚洲的东南部，地处亚洲与大洋洲之间，介于太平洋印度洋之间，是欧洲、亚洲、大洋洲、非洲海上交通的交汇处，是东西方交通和国际贸易线路的黄金地带，地理位置极其重要，总面积约33万平方千米。马来西亚被南中国海分为东马来西亚和西马来西亚两部分。西马来西亚位于马来半岛南端，北与泰国相接，南与新加坡隔着狭窄的柔佛海峡相望，东临南海，西濒马六甲海峡。东马来西亚位于加里曼丹岛北部，由沙捞越和沙巴两个部分构成。在东马来西亚沙捞越州另有一个小国家——文莱。

马来西亚海岸线总长4190多千米。西马来西亚地势北高南低，东西沿海两侧为冲积平原，中部为山地，东北部是广阔的丁加奴高地，南部丘陵广布。东马来西亚地势从内地向沿海逐渐降低。沙捞越地区北部沿海为冲积平原，内地为森林覆盖的丘陵和山地，沙巴地区西部沿海为平原，内地多为森林覆盖的山地，克罗克山脉纵贯南北，主峰基纳巴卢山海拔4101米，是全国最高峰。东马主要河流有拉让河、基纳巴唐干河等。马来西亚境内森林覆盖率占总面积74%，多原始森林。

马来西亚属热带雨林气候，高温多雨，年温差小，有“四季如夏，一雨成秋”之说。山地平均气温22～28℃，沿海平原为25～30℃。6～7月降水量最少，10～12月降水最多。东马来西亚多暴雨，年均降水量在3000毫米以上，西马来西

延伸阅读

文莱（Brunei）

亚年平均降水量2000～3000毫米。

（二）人文概况

1．人口、民族、语言及宗教

马来西亚的人口约3264万人（2019年3月5日），约83%的人口分布在西马来西亚。

马来西亚是多民族国家，主要有马来人、华人、印巴人、欧亚混血人、泰族人、山地土著人，其中马来人约占68%，华人约占23.7%，印度人约占7.1%，其他种族约占1.2%。

马来西亚通用英语，国语是马来语，汉语使用较广泛。

马来西亚国教是伊斯兰教，80%马来人信奉伊斯兰教，华人信奉佛教，欧亚混血人信奉基督教，印度人信奉印度教。

2．国旗、国徽、国花及首都

马来西亚国旗为红色与白色相接的14道横条，左上方深蓝色长方形上有一弯黄色新月和一颗14个尖角的黄色太阳星。太阳星象征国家元首，新月象征马来西亚国教伊斯兰教；14个尖角，代表马来西亚联邦13个州和政府；蓝色代表马来西亚与英联邦的关系。国旗长宽比例为2：1。

马来西亚国徽是盾形徽。盾面上的图案和颜色代表马来西亚组成和行政区划。盾面上部列有五把入鞘的短剑，盾面下部右侧有一只红、黑、蓝三色飞禽，代表沙捞越州。下部是马来西亚国花，两侧是马来虎，最下端绶带是马来文“团结就是力量”。

马来西亚国花是木槿花。

马来西亚国兽是马来虎。

马来西亚国歌是《我的祖国》。

马来西亚首都是吉隆坡。

3．发展简史

历史上，马来西亚最早的居民为“原始马来亚人”。大约公元前2000年，马来半岛又到来一批“混血马来亚人”。公元1世纪，马来半岛南部出现了狼牙修、赤土、丹丹等邦国，一直处于分裂割据的局面。15世纪初，马六甲王国建立，统一马来半岛南部各邦，成为东南亚最强大的国家和东南亚地区国际贸易中心。16世纪后，葡萄牙、荷兰、英国等西方列强相继入侵马来西亚。1926年，英国将槟榔屿、马六甲、新加坡三个地区合并为“海峡殖民地”，归属东印度公司总督管辖。1941年12月7日，太平洋战争爆发，日本先后占领了马来亚、沙捞越和沙巴。第二次世界大战结束后，日本投降，英国恢复对这三个地区的殖民管辖。1948年2月，成立“马来亚联合邦”政府。1957年8月，迫于日益高涨的民族解放运动的压力，英国同意马来亚联合邦在英联邦内“独立”。1963年9月16日，马来亚同新加坡、沙捞越、沙巴合并组成马来西亚联邦。1965年8月9日，新加坡退出马来西亚联邦。

1974年5月31日，中马正式建交。两国经济文化合作顺利发展。

三、马来西亚政治体制与经济发展

（一）政治制度

马来西亚政体类似君主立宪制。最高元首为

国家首脑和伊斯兰教领袖兼武装部队统帅，由统治者会议选举，从马来西亚9个州的世袭苏丹中产生，任期5年。最高元首拥有任命总理，拒绝或同意解散国会等权力。统治者会议共13人，由9个州的世袭苏丹和槟榔屿、马六甲、沙捞越、沙巴4个州的州元首组成。其主要职能是选举产生最高元首和副最高元首，审议并颁布国家法律、法规，对全国性的伊斯兰教问题有最终裁决权，对涉及马来族和沙巴、沙捞越土著民族的特权地位等重大问题进行审议。凡有关统治者特权地位的法律，未经该会议同意，不得通过。每次开会时，内阁总理和各州州务大臣、首席部长在旁协助。

国会是最高立法机构，由上院和下院组成。内阁由国会中占多数的政党组成。总理由国会提名，经国家元首委任组阁。

（二）经济发展

20世纪70年代以前，马来西亚经济以农业为基础，依赖初级产品出口。20世纪70年代后，马来西亚政府改造旧的经济结构，推行农业为基础，工业发展为主的“全面开放，面向出口”的经济发展方针，积极引进外国资本和先进技术，创建很多加工出口工业区，发展对外贸易，经济得到迅速发展。20世纪80年代中期，因受世界经济衰退影响，经济出现困难。政府采取刺激外资和私人资本增长措施后，经济明显好转。1987年后经济持续高速发展，年均国民经济增长率一直保持8%以上，成为亚洲地区引人注目的新兴工业国之一。2017年，马来西亚国内生产总值（GDP）约合3098亿美元，人均国内生产总值9945美元。

马来西亚自然资源丰富，橡胶、棕油和胡椒的产量和出口量居世界前列。马来西亚一直是世界最大的棕榈油生产国和出口国。锡矿资源丰富，是世界第二大产锡国，近年来产量有所减少。此外，还有铁、金、钨、煤、铝土、锰等矿产。全国森林覆盖率达75%，木材蓄积量丰富，盛产热带硬木。稻米自给率为76%。外贸在马来西亚经济中占有重要地位，主要出口电子电器、棕榈油、化工产品、机械仪器、木材产品等。旅游业为国家第三大经济支柱，主要旅游胜地有吉隆坡、槟城、马六甲、东马原始森林、众多热带海岛等。

货币名称：林吉特（简称M$），也称马元，1林吉特=100分。

参考汇率：1美元=4.1650马来西亚林吉特（2019年6月16日）。

四、马来西亚教育及文化

（一）教育与留学

马来西亚是由马来人、华人、印度人、巴基斯坦人等民族组成的国家，教育基础源自英国教育。马来西亚政府小学分为3种，即以马来语为主要教学语言的国民型小学（国小），以华语为主要教学语言的国民型华文小学（华小），以泰米尔语为主要教学语言的国民型泰米尔小学（泰小）。三种小学虽教学语言不同，但课程纲要相同，马来文和英文是华小和泰小的必修必考科目。中学包括3种，以马来语作为主要教学语言的公立中学（国民中学），以马来语和华语作为教学语言的公立中学（国民型中学），以华语作为主要教学语言且马来语和英语必学必考的独立公共民办中学（华文独立中学）。

马来西亚大学采用欧美教学模式，全英文授课，一般国际学校衔接部分欧美国家的教育系统，有双联课程，加之留学费用相对较低，近年受到很多留学生青睐。目前各国留学生选择的学校主要有：马来亚大学（世界排名87位，是全马规模最大最著名大学之一）、马来西亚国民大学（世界排名184位）、马来西亚博特拉大学（世界排名202位，是国际学术领域认可的顶尖国立大学）、马来西亚理科大学（世界排名207位）、马来西亚理工大学（世界排名228位）、思特雅国际大学（世界排名481位，是全马唯一的综合性私立大学）、马来西亚泰莱大学（是全马最悠久最杰出的私立大学）。

（二）民族文化

1. 传统服饰

马来西亚特色的民族传统服饰称为“巴迪”衫，是马来西亚国服。“巴迪”衫设计优美，图案繁多且讲究对称，衣服材质或用蜡染布制成或用丝绸，薄且凉爽。“巴迪”有长袖、短袖，出席晚宴穿长袖。马来族男子传统礼服是无领上衣，长裤，腰围短纱笼，头戴“宋谷”无边帽，穿皮鞋。马来西亚女子服饰含上衣和沙笼（筒裙），上衣宽大、袖长，衣身长过臀部，纱笼宽大，长达足踝。穿着传统服装时，头披一条薄薄的艳丽纱巾，纱巾垂至肩膀或胸前。

2. 艺术形式

（1）民族舞蹈　马来西亚传统舞蹈和音乐在表演艺术中占有特殊地位，主要包括宫廷舞蹈、戏剧舞蹈、民间舞蹈。20世纪60年代以来，马来西亚编创一些舞剧及代表全国各州不同风格的舞蹈。比较有特色的是北部地区反映劳动场景的米鲁舞，南部马六甲地区表达男女爱情的巴因舞。此外，马来西亚东部沙巴州山族的土风舞和沙捞越州的男子舞蹈大东朱落舞，仍保留着马来族原始舞蹈的风貌。

（2）蜡染艺术　蜡染（Batik）是马来西亚传统艺术之一，马来民族用蜡通过特殊的工具将图案手绘在布料上，再染上鲜艳的颜色，制成具有民族特色的绘画作品、手工艺品和服饰。Batik是一种属于自己DIY（自己动手做）的蜡染新概念，使用来自马来西亚简单的蜡染着色技术，通过红、黄、蓝三原色的混合，绘制出色彩斑斓的效果。

3. 娘惹文化

马来西亚是多民族国家，各民族共同构筑马来西亚文化，马来西亚的娘惹文化最负盛名。“娘惹”是指中国人和马来西亚人通婚的女性后代，马来人与中国人的后代男子称巴巴，女子称娘惹。娘惹文化主要体现在建筑、服饰、饰珠鞋、娘惹菜。

与其诅咒黑暗，不如燃起蜡烛。除了你自己，没有人能给你光明。

娘惹服饰是在马来传统服装基础上，改成西洋风格低胸衬肩，加上中国传统的花边修饰，材质多为轻纱，颜色有中国传统的大红、粉红，有马来人的吉祥色“土耳其绿”，图案多为中国的花鸟鱼虫、龙凤呈祥。娘惹饰珠鞋是独特文化产物，娘惹女孩自小学习刺绣串珠等手工艺，平日余暇制作枕套床罩等物品，结婚时当作新房装饰。娘惹菜是传播最为深远的“娘惹文化”，娘惹菜是将中国菜的烹饪方式与马来菜的烹饪方式相结合，兼具中马元素的“娘惹菜式”，有中国菜的内涵又具有马来菜的特色，呈现出一种与众不同的全新口味，风靡南洋。

（三）文学发展与名人

马来西亚文学将印度文学、伊斯兰文学和中国文学融合，形成独具特色的马来西亚文学。早期马来西亚口头文学在民间流传，如加工改造的《罗摩衍那》、翻译为马来文的《一千零一夜》等。史诗《马来亚纪年》与传记小说《汉都亚》作品，体现了古代马来西亚文学的最高成就。公元15世纪，伊斯兰教传入马来西亚，《先知穆罕默德传》和《亚历山大大帝传》是这一时期的重要作品。19世纪，马来西亚新文学诞生，阿卜杜卡迪·门希被誉为新文学的开山鼻祖，代表作品有《阿卜杜拉传》《新加坡大火之诗》和《加里拉和达美娜的故事》。马来西亚独立后，政府设立“国家文学奖”和“文学斗士奖”用于奖励高质量创作的作家。1987年，著名文学家穆罕默德·阿卜杜尔·比扬获得马来西亚国家文学奖，代表作品《樱花初开》。马来西亚当代最著名作家沙农·艾斯玛特，曾获1976年文学斗士奖和1982年国家文学奖，代表作品《荆棘丛生》。沙马特·赛特，“50文学会”成员，获1976年文学斗士奖，获1979年东南亚文学奖，1985年马来西亚最高文学奖，代表作品《沙丽娜》。

五、马来西亚民俗风情

（一）民间节日及法定节假日

1. 华人春节

农历正月初一，是华人的传统节日。庆祝新的一年，全家团圆，访亲拜友。

2. 大宝森节

泰米尔历1月下旬至2月初，又称万灯节，是印度教的重要节日。节日期间，家家户户将房屋

打扫干净，在住屋周围点上灯，迎接守护神和幸运女神。印度兴都教徒在黑风洞、槟城、新山等地举行盛大庆典活动。

3. 开斋节

伊斯兰教历9月，是马来人最重要的节日。斋月期间，穆斯林从日出到日落都要禁食，戒食一个月后见到新月才可开斋，穆斯林将家中打扫干净，装饰一番，穿上新缝制的传统服装，备好各式美食糕点庆祝开斋节，热闹气氛与华人春节不相上下。

4. 风筝节

公历5月，风筝节时，于吉兰丹州哥打巴鲁海滩举行风筝比赛活动，展示传统马来西亚巨型风筝，也有来自世界各地的新奇特色风筝。

5. 槟城国际龙舟节

公历6月初，龙舟节时，于槟城举行比赛活动，来自世界各地的国家参赛，岸上有精彩的文娱活动，龙舟节成为马来西亚旅游活动一景。

6. 伊斯兰教历新年

伊斯兰教历1月1日，也是全国性节假日。通常伊斯兰教徒举办一些诵经比赛活动，纪念伊斯兰教新年。

7. 国庆节

公历8月31日，马来西亚独立日。国庆节当天，首都吉隆坡和全国各大城市都要举办各种大型庆祝活动。

8. 圣诞节

公历12月25日，是基督教传统节日。马来西亚居民无论是否信奉基督教，都会参加圣诞节的庆祝活动。

9. 联邦节假日

马来西亚的联邦节假日以2020年为例，如下：中国农历新年（1月25~26日）、劳动节（5月1日）、卫塞节/佛诞节（5月7日）、开斋节（5月24~25日）、哈芝节/宰牲节（7月31日）、伊斯兰新年/穆哈兰姆月（8月20日）、国庆日（8月31日）、国王诞辰日（9月9日）、马来西亚日（9月16日）、圣纪节/穆罕默德诞辰（10月29日）、圣诞节（12月25日）。

（二）社交礼仪

马来人生活中非常重视礼节。家庭中尊敬和服从父母，在父母面前入座要端正。到他人家拜访，须衣冠整齐，进门之前，必须脱鞋。因马来人的内厅是做祈祷的地方，是神圣不可侵犯的，穿鞋进屋被看作是亵渎真主的行为。有宾客来访，必须用马来糕、点心、咖啡等招待客人，客人需要吃点儿喝点儿，否则被视为对主人的不敬。马来人见面时互相摩擦下对方手心，然后双手合十，摸一下自己心窝互致问候。现在青年人见面多行西方握手礼。马来西亚穆斯林多属逊尼派，较虔诚，每天祈祷五次，到麦加朝觐过的人备受尊敬。伊斯兰教历九月是斋月，斋月期间昼禁夜食，只有年老体弱、多病、孕妇或外出旅行者可例外。

（三）禁忌

马来人视左手为不洁，因此见面握手时，一定要用右手。平时接递东西时，也必须用右手而不能随便用左手，用左手便是失礼。在不得不用左手时，一定要说对不起。不可随便用手指指人。头被认为是神圣的部位，在亲近儿童时，不可触摸他的头部，否则会引起不悦。马来人不喜欢别人问自己的年龄，若问年纪，会被视为不礼貌。对年长者不能直接称呼“你”，而应称呼“先生”“夫人”“女士”。马来人普遍忌食猪肉，不饮烈酒，在正式场合也不敬酒。清真寺是穆斯林举行宗教仪式的地方，对外开放时，女士需穿长袍及戴头巾，否则将被拒之门外。

但凡人能想象到的事物，必定有人能将它实现。

六、马来西亚主要旅游城市及著名旅游景观

（一）地理坐标：吉隆坡

吉隆坡，马来语译为“泥泞的河口”，是马来西亚的首都，也是全国政治、经济、文化和交通中心。位于马来西亚半岛的中西部，19世纪下半叶，在吉隆坡发现了锡矿，随着锡矿业的发展，吉隆坡迅速崛起并于20世纪70年代后期发展成为东南亚著名的城市。双子塔是吉隆坡标志性景观之一，1998年建成，高452米，共88层，因外形酷似巨大的玉米，又名双峰大厦。双子塔是马来西亚石油公司的综合办公大楼，也是登顶俯瞰吉隆坡市容最佳地点。

1. 国家清真寺

国家清真寺位于吉隆坡市中心，是东南亚最大的清真寺，是马来西亚伊斯兰教的活动中心。占地面积5.5公顷，1965年建成，造型和装饰与麦加三大清真寺相仿。建筑主要由祈祷大厅、宣礼尖塔、寺院办公大楼和陵墓等构成，大厅可容纳8000人同时祈祷，并举行重大的宗教节日仪式。宣礼尖塔高73米，塔尖呈火箭形，塔内有电梯可通向顶端。陵墓位于清真寺后，陵墓专门安葬曾担任过国家元首和政府首脑的穆斯林。

2. 黑风洞

黑风洞位于吉隆坡北郊约50千米处，是由石灰岩形成的奇异洞穴，一个是黑洞，目前为保证游客人身安全，黑洞是关闭的。另一个是光洞，是印度教圣地，设有印度教徒祭坛，供奉苏巴马廉神像。

3. 马里安曼印度庙

马里安曼印度庙位于吉隆坡市中心，是马来西亚最大最华丽的印度寺庙，也是典型的南印度风格庙宇，建于1883年。寺庙入口高塔有层层雕塑，雕刻各式人物，色彩鲜艳，形态生动。寺内的马里安曼女神像用金、银、祖母绿等装饰，繁丽的雕刻、塑金和手绘图案，富丽堂皇，精美绝伦。每年1月间举行的大宝森节从这座寺庙出发，可以入内参观、拍照，需要脱鞋。

4. 云顶高原

云顶高原位于吉隆坡东北部约50千米处，海拔1700米，是马来西亚及东南亚最大、最著名的娱乐中心和高原避暑胜地。云顶建筑群位于乌鲁卡里山，云雾环绕其间犹如云海中蓬莱仙阁。目前，云顶世界拥有5间风格迥异的豪华酒店，其中有6118间客房的第一大酒店，曾获得吉尼斯世界纪录。有世界著名的合法赌场，被誉为“南洋群岛的蒙特卡洛”。云顶高原有云顶第一城、花园游乐场、室内体育馆、高尔夫球场和云星剧场等，云顶国际会议中心是马来西亚最大型的会议中心。云顶缆车是“世界最快的单轨缆车系统”及“马来西亚及东南亚最长的缆车”。

（二）地理坐标：马六甲

马六甲位于马来西亚半岛南部，濒临马六甲海峡北岸，是马来西亚最古老的一座重要港口城市，扼马六甲海峡咽喉，控制太平洋与印度洋交通要道。16世纪初，先后被葡萄牙、荷兰和英国等占领，至今留存有圣保罗教堂、圣彼得教堂、葡萄牙古城堡、荷兰建筑和荷兰街等。历史上，马六甲与中国联系密切，郑和七次下西洋，五次停留在马六甲，马来西亚政府将其到访地方命名为三保庙、三保井、三保山等。

1. 海峡清真寺

海峡清真寺位于马六甲的人工岛上，外形简洁高雅。特殊的地理位置，涨潮时水位升高，整座清真寺犹如水上浮动的建筑，十分震撼。夕阳西下或夜幕降临时，清真寺外围亮起彩灯，与海面和月色相衬，气势磅礴，美不胜收。

2. 马六甲博物馆

马六甲博物馆位于市区东部的马六甲河畔，建于1650年，是马六甲的地标性建筑，也是东南亚最古老的荷兰式建筑物之一。1980年改为马六甲博物馆，原为荷兰总督的居所。因为墙和木门均为红色，当地人称它为“红屋”，红屋内分为六个博物馆，馆内收藏有马来西亚、葡萄牙、荷兰和英国的历史文物，其中历史与民族学博物馆陈列着马六甲王朝的文物，可以了解马六甲王室、航海、农耕、婚嫁习俗、教育情况和文学著作等。

人们常说时间改变一切，但实际上还是得你自己去改变它们。

去光荣地受伤，去勇敢地痊愈自己。——简媜

3. 圣保罗山教堂

圣保罗山教堂位于市中心圣保罗山顶，1521年建成，是葡萄牙人在马六甲修建最早的一座天主教堂，是当时天主教徒的祈祷圣地。1670年，荷兰人将教堂用作城堡，后成为荷兰贵族的墓地。饱经战争风霜的古老教堂墙壁上如今仍有战争时期留下的弹孔，也有堪称文物的石碑，教堂前有无手葡萄牙传教士圣方济塑像等。登上圣保罗山顶，可以远眺马六甲海峡美景。

4. 青云亭

青云亭是马来西亚最古老的中国庙宇，建于15世纪。庙宇外观雄伟庄严，建筑结构富有中国传统艺术性，风格、雕工和图案均反映闽南地区色彩，是中国杰出的古建筑修复工程典范。庙内供奉三座祭坛，儒、释、道各一座。几百年间，经历6次重修和3次扩建，亭内碑文楹联和华人祖先牌位是研究马来西亚华人社会的重要历史资料，庙内石碑上记载着郑和下西洋的事迹。

（三）地理坐标：槟榔屿

槟榔屿位于马来西亚北部，以槟榔树多得名，有“印度洋绿宝石”之称。首府槟城也称乔治市，位于槟榔屿东北部，是马来西亚最大的国际自由商港和全国第二大城市，是购物天堂，居民以华人为多数。市内博物馆、艺术馆、清真寺、佛教庙宇、欧洲建筑等反映了自18世纪以来各民族融合开发岛屿的灿烂历史。槟城的北部也有长达千米的白色海滩，从丹绒武雅一直延伸到巴都丁宜，丹绒武雅号称“花之岬”。2008年7月7日，槟城和马六甲被联合国教科文组织列入《世界遗产名录》。

1. 槟城壁画艺术

槟城有52幅街头壁画，《姐弟共骑》最为有名，曾被英国《卫报》评选为世界15幅最佳街头壁画之一，这些壁画分布于槟城的大街小巷，可按图索骥。

2. 槟榔山

槟榔山也称升旗山，海拔830米，乘坐缆车登顶，可俯瞰槟城与海峡全景。升旗山有东南亚最雄伟的寺庙之一——极乐寺，依山而建共三层，融合泰国、中国、缅甸的建筑风格，寺内建筑五彩缤纷。万佛宝塔是寺内最宏伟的建筑物，塔高30米，分为七级，每一层均供奉佛像。

（四）地理坐标：沙巴

沙巴位于加里曼丹岛东北部，是东马来西亚的一个州，过去称为北婆罗洲，首府亚庇。沙巴因地处北半球的台风地带以南，恰巧避开台风运动轨迹，不受台风灾害的影响，有“风下之乡”的美誉，吸引很多到苏禄群岛经商的商人停驻以避台风。沙巴也被称为“世界三大落日之一”观赏夕阳的绝佳观景地，其丹绒海滩是世界上十大日落海滩之一，铺天盖地的火烧云，如海水般翻滚游动。沙巴的金色沙滩世界闻名，西部亚庇或东部仙本那的海底潜水与观景，美不胜收。

沙巴的神山公园、东姑阿都拉曼公园、克里亚斯湿地公园等都是世界闻名的大自然圣地。沙巴神山是指京那巴鲁山，海拔4095米，是东南亚第五高峰，神山生长着罕见的猪笼草以及全世界最大的花卉——大王花（Rafflesia），其花朵绽放时对角可达45厘米长。

长鼻猴是婆罗洲特有的物种，长相奇特，长尾巴，大腹便便，一个硕大的鼻子挂在脸上，它们只生活在婆罗洲湿地的红树林中，目前已濒临灭绝。

只要你的心是善良的，对错都是别人的事。

1. 东姑阿都拉曼公园

东姑阿都拉曼公园由沙碧岛（Sapi）、马奴干岛（Mnukan）、嘉亚岛（Gaya）、玛木堤岛（Mamutik）、苏禄岛（Sulug）五个岛屿组成，刺激的水上活动及浮潜俱全，几个群岛拥有美丽的沙滩和清可见底的海水外，也有罕见的两栖动物，可以零距离接触狂野大自然。

2. 水上清真寺

水上清真寺也称亚庇市立清真寺，是马来西亚夕阳景观中最为壮丽的伊斯兰教建筑之一。水上清真寺建于里卡士湾的人造湖上，是一栋白色建筑，与蔚蓝天色相衬，建筑倒映在湖水中，让人为之震撼。每当夕阳西落时，余晖将墙壁映照成粉色，形成一幅神秘唯美的画面。

3. 亚庇基金会大厦

沙巴基金会大厦坐落在利卡斯湾，沙巴地标式建筑，由玻璃围绕而成的钢骨悬挂结构大厦，也是世上少数以一支主干轴体，由96支钢条呈辐射状支撑的圆体形建筑。大厦是政府办公地，共有32层，代表沙巴32个民族，每一层处理一个民族的事物。

（五）地理坐标：兰卡威

兰卡威位于马来半岛西北岸，距玻璃市港口约30千米，距瓜拉吉打港口51千米。兰卡威是马来西亚最大的一组岛屿，涨潮时有99个岛屿，落潮时有104个岛屿。澄澈海水，细软沙滩，森林、溶洞、瀑布、热带植被以及野生动物，充满神话和传说。兰卡威有巨鹰广场、传奇公园、珍南海滨、水底世界、鳄鱼场、水上乐园、七井岩、孕妇湖、中央海域场、巨狮岛野生生物保护区等观赏地。

兰卡威巨鹰广场

兰卡威巨鹰广场是兰卡威最具代表性的建筑，象征着兰卡威蓬勃的未来与希望，承载着当地人的敬仰和爱护。高大的巨鹰矗立在空旷的广场上，像正张开翅膀起飞翱翔。夜晚时，巨鹰下独特的灯光点缀，广场美丽壮观。

位于巨鹰广场附近的兰卡威传奇公园，有丰富的热带植物和罕见的奇花异草。珍南海滨也被游客称作“最美珍珠海滩”，是马来西亚最受游客欢迎的海滩之一。

七、马来西亚旅游资讯

（一）旅游购物

1. 吉隆坡双子塔购物中心

双子塔既是购物中心也是马来西亚地标建筑。这里的购物中心KLCC（吉隆坡城中城）也是购物天堂，从平价商品到奢侈品品牌一应俱全。另外还有1间国油画廊（Petronas Gallery）、1座国油科学馆（Petrosains）、2座美食中心，以及12个屏幕的TGV影戏院等。在KLCC购物时，先去地下一层处事台填表申请一张旅客卡（The Tourist Privilege Card），结账前出示，可得到外国旅客专属特别折扣。

2. PAVILION（马来西亚吉隆坡购物中心）

PAVILION是目前吉隆坡最高端的购物中心，运用全新设计概念，其外观结构与内部商业空间布置都显示出现代商业空间的精彩。大型的玻璃幕墙和店内各大品牌专卖店设计、商业卖场通道设计、商业景观环境设计、节日美陈布置都体现吉隆坡购物中心是最适合现代生活的购物场所，它也成为马来西亚吉隆坡地标性的商业综合体。这里是吉隆坡奢侈品牌最集中和高端的购物中心，所有国际一线品牌都采用复式“1+2”的店铺。

（二）出境提示

1. 境外法规及风俗习惯

（1）马来西亚位置近赤道地带，属于热带气候，常年炎热而多雨，空气中湿度非常高，建议出行带伞，并随身携带防止晕车晕船的药品。

（2）参加各种海岛游玩项目时，儿童需有父母看护。

（3）马来西亚酒店因环保需要，一般需客人自备牙刷、牙膏、拖鞋。

（4）马来西亚多数使用英标插座，酒店都可采用110伏特和220伏特电源，但也有例外情况，最好自备多功能转换插座。

（5）马来西亚的行人和车辆均为左侧行驶，与我国相反，车是右手舵，客人从左边门上下车。

（6）马来西亚有付小费的习惯，是国际礼仪之一，如认为服务人员表现优秀，可自愿给予小费，是对服务人员工作的肯定与感谢，例如搬运行李小费、酒店打扫小费等，因地区及服务性质不同，可参考导游意见，再判断支付多少小费。

（7）马来西亚国际直拨电话代码为0060，急救和报警电话为999，火警电话为994，中国驻马来西亚大使馆电话（006）03-21428496。

2. 货币兑换及时差

（1）马来西亚流通货币为林吉特，由于各国汇率浮动较大，以银行当天外汇牌价为准，机场或市区各大商场、酒店附近均可兑换，另建议携带一张国际信用卡出行。

货币汇率：1元人民币=0.6015林吉特（2019年6月16日）。

（2）马来西亚与中国无时差，机票及船票时间均为当地时间。

第五篇 花园迷你之邦 热带岛国新加坡

【印象新加坡】

它是200年前“恶人的脊背”，如今迭代出美丽的“巨型花园”；
它是50年前的小渔村，如今已是亚洲金融中心；
这颗小小星岛历经岁月淘洗，撰写了位居东方世界一隅的传奇。
新加坡，一个浓缩的狮城，一座精致的花城，它将时光凝练，让广袤大地汗颜。
金沙城俯瞰、花芭山远眺，是它的视野；四季常绿、花开全年，是它的盛放。
最发达高速的城市生活，是它的节奏；滨海湾夜如永昼，是它的辉煌。
坐着公交去大马新山转一圈，乘着轮渡到印尼海岛度个假，是它的消遣。
纱丽飘飘的小印度、甘榜格南穆斯林风情、动感个性的哈芝巷，是它的魅力。
小动物任性地穿行于街道，是它大爱的温度；不同肤色彼此尊重，是它心灵的包容。
圣淘沙风光旖旎，人们驻足流连，是它最用心的雕琢。
流光溢彩的克拉码头，记述着它历史的基点。
每年烟火绽放的不眠之夜，承载着牛车水最深沉的思乡。
西方教堂与东方寺庙，古拙民居与超现代大厦，时光层层叠加，过往滴滴不曾被遗忘。
这颗海上夜明珠，卓尔不凡。
愿它如星耀樟宜，未来一路仍震撼着世界，续写着自己的辉煌。

一、新加坡出境旅游线路参考范例

线路参考范例一

纵情狮城——新加坡 6 日闲适之旅

线路参考范例二

静享悠然——新加坡 + 民丹岛 7 日之旅

线路参考范例三

幸福定制——新加坡 6 日亲子私家团

线路参考范例四

新有灵犀 从心发现——新加坡 7 日闺蜜之旅

线路参考范例五

星耀狮城——新加坡 7 日玩美之旅

线路参考范例六

嗨自由——新加坡名胜世界 7 日自由行

二、新加坡国情掠影

（一）自然地理

新加坡，全称“新加坡共和国”（The Republic of Singapore），别称“星洲”“星岛”，是一个一面临海，三面由海峡环抱的岛屿国家，东临辽阔的南中国海与加里曼丹遥遥相对；西临马六甲海峡与苏门答腊岛相望；南面是新加坡海峡；北面隔1.2千米的柔佛海峡与马来半岛相邻，现有一条长1056米的花岗岩长堤与马来西亚的柔佛州相连。新加坡是一个城市岛国，由主岛新加坡岛及附近63个小岛组成，其中新加坡岛占全国面积的88.5%。因新加坡政府大力推行围海造田政策，新加坡国土总面积从1960年前的581.5平方千米增至2011年的719.1平方千米。

新加坡地理位置十分重要，有“东方直布罗陀”和“远东十字街头”之美誉。因其地处马六甲海峡出入口的咽喉地带，是太平洋与印度洋间的航运要冲，连接着亚、非、欧和大洋洲的国际航运和海运，各群岛之间海峡也是优良的锚地，使得新加坡成为世界著名的国际贸易中心之一，也是海上交通中心之一。新加坡是世界上著名的转口港，也是世界上仅次于荷兰鹿特丹的第二大港口，是东南亚最大的海港。

新加坡地势低平，中部和西部地区属于丘陵地带，有热带雨林覆盖，东部及沿海地区属平原地带，平均海拔15米，最高海拔位于岛中心的武吉知马山，海拔163.63米。海岸线长193千米。

新加坡地处北纬1.17度，南距赤道仅136.8千米，属于赤道型气候或称热带海洋性气候。新加坡常年高温多雨，年温差小，年平均气温为26℃左右，最高气温达35℃，年平均降水量2400毫米。

（二）人文概况

1. 人口、民族、语言及宗教

新加坡的人口约564万（2018年6月30日）。新加坡是多民族国家，居民多为外来移民的后裔，有华人、马来人、印度人等，华人约占总人口的75%，马来人约占13.9%，印度人约占7.9%，其他种族约占3.2%。

新加坡国语是马来语，官方语言是英语、汉语、马来语、泰米尔语，行政用语是英语。

新加坡宗教信仰自由，是多宗教国家，有宗教信仰的居民占85.5%，华人和斯里兰卡人多信奉佛教，马来人和巴基斯坦人多信奉伊斯兰教，印度人信奉印度教，也有少部分人信奉基督教，居民城市化水平100%，是城市化程度最高的国家。

2. 国名、国旗、国徽、国花及首都

新加坡国名意为“狮子城”。相传公元12世纪，有位王子外出打猎，遇到狂风恶浪，漂流到这个荒岛上，正感失望时，突然在他和随从面前出现一只黑头红身胸生白毛的巨兽，他们还没有来得及躲避，野兽已不见了。于是王子振奋精神，决定留在这个岛上，并建立一座城市，命名“僧加补罗”，即“狮子城”之意，后来逐渐演变成“新加坡”。

如今坐落于新加坡浮尔顿1号的鱼尾狮公园，占地2500平方米，建有两座鱼尾狮塑像，大鱼尾狮塑像高8.6米，重79吨，小鱼尾狮塑像位于它身后28米处的水池中，高2米，重3吨，身体表面覆盖有陶瓷鳞片，鱼尾狮像是新加坡的标志和象征。

新加坡国旗由上红、下白两个相等的横长方形组成，左上角有一弯白色新月和五颗白色五角星。红色代表人类的平等，白色象征纯洁和美德，新月象征国家，五颗星代表国家建立民主、和平、进步、正义和平等的思想。新月和五颗星

做人，要有一份内心的不声不响，要有一份急迫中的不紧不慢，还有一份尴尬中的不卑不亢。

的组合紧密有序，象征新加坡人民团结互助的精神。国旗长宽比例为3：2。

新加坡国徽由盾徽、老虎和狮子等图案组成。红色的盾面上镶有白色的新月和五角星，寓意与国旗相同。红盾左侧是一头狮子，代表着新加坡；右侧是一只老虎，代表着新加坡与马来西亚的历史关系。红盾下方是金色的棕榈叶，底部的蓝色饰带上用马来文写着“前进吧，新加坡！”

新加坡国花是胡姬花，也称卓锦·万代兰。

新加坡国歌是《前进吧，新加坡》。

新加坡首都是新加坡市。

3. 发展简史

最早居住在新加坡的人，是从马来半岛迁徙而来的马来人后裔，称为海人，过着捕鱼和农耕生活。公元12世纪，建立狮城王朝，统治约100多年时间。15世纪，建立马六甲王朝。16世纪中叶至19世纪初，它成为廖内柔佛王国管辖的一个地区。1824年，新加坡沦为英国的殖民地。自19世纪20年代至20世纪30年代的100多年间，英国一直将新加坡作为远东转口贸易的重要商埠和东南亚的主要军事基地。

1926年，新加坡与马六甲、槟榔屿合并为英国的“海峡殖民地”。1942年2月，新加坡被日本占领。1945年日本投降后，英国恢复对新加坡的殖民统治。1959年6月新加坡成立自治邦，实行内部自治，但英国保留国防与外交权力。1963年9月16日，新加坡同马来亚、沙捞越和沙巴组成马来西亚联邦。1965年8月9日，新加坡退出联邦，成立新加坡共和国。同年9月，成为联合国成员国。同年10月，成为英联邦成员国。

1990年10月，中国与新加坡正式建交，两国在各领域的合作顺利发展。

三、新加坡政治体制与经济发展

（一）政治制度

《新加坡宪法》规定，新加坡是议会共和国，

按照三权分立组织国家机构。总统为国家元首，由议会选举产生，任期4年。自1996年起，总统由民选产生，任期6年。总统委任议会多数党领袖为总理，任期4年。总统和议会共同行使立法权。新加坡议会称国会，实行一院制，共84议席，议员由公民投票选举产生，任期5年。总统有权否决政府财政预算和公共部门职位任命，可审查政府行使内部安全法令等所赋予的权力以及调查贪污案件。

（二）经济发展

新加坡自1965年独立，总理李光耀提出建国的基本方针为“生存方针”，实行了市场开放、港口开放的对外贸易政策，宣布愿意同所有国家进行贸易，颁布《经济扩展鼓励法令》，用免纳或少纳利润所得税的办法，吸引资本投入制造业，生产出口商品，鼓励外资在新加坡设厂促进工业发展。经过30多年的艰苦创业，新加坡建成以工业为主导的多种经济体系。新加坡经济属外贸驱动型，因经济高速增长成为亚洲经济四小龙之一。新加坡自然资源贫乏，农业在国民经济中所占比例不到1%，粮食全部靠进口，蔬菜自产仅占5%。新加坡经济以商业、制造业、建筑业、金融业、交通和通信业为主。制造业产品主要包括电子产品、化学与化学产品、机械设备、交通设备、石油产品等，是世界第三大炼油中心。服务业为经济增长的龙头产业，包括零售与批发贸易、饭店旅游等，旅游业是主要外汇收入来源之一。2017年新加坡国内生产总值（GDP）约合4378亿美元，人均国内生产总值57714美元。

货币名称：新加坡元（简称S$），1新加坡元=100分。

参考汇率：1美元=1.3712新加坡元（2019年6月16日）。

四、新加坡教育及文化

（一）教育与留学

新加坡政府重视教育，新加坡小学190多所，小学学制6年，中学150多所，中学学制4年和5年。

新加坡因拥有稳定的治安环境，经济发达，交通便捷，独特的双语学习环境，完善的教育体系，先进的教育设施，多所大学享誉世界，是亚洲首屈一指的教育大国，加之新加坡留学费用相对欧美较低，留学生就业率高，备受各国留学生青睐。新加坡享誉世界的大学主要有：新加坡国立大学（亚洲排名第1，全球2017排名22，世界顶尖大学）、南洋理工大学（亚洲排名第2，全球2017排名52，科研密集型综合性大学）、新加坡管理大学（亚洲顶级财经类院校）、新加坡理工学院（东南亚最负盛名的理工学院之一）、新加坡南洋理工学院（新加坡公认具有创新性的综合性学院）、义安理工学院（是世界一流的综合性政府学院）等。

（二）多元文化

新加坡是由华族、马来族、印度族、欧亚裔等多民族共同构筑的多元文化移民国家，不同国家元素的兼容并蓄，各族的有机融合，使得新

加坡具有独特的文化魅力。多种宗教信仰、不同民族节日、各色庆典活动、各式建筑风格并存。新加坡既有中国的京剧、粤剧、闽剧、潮剧、琼剧、话剧、中国的民乐，也有交响乐。既有中国的民间舞蹈、印度的神舞，也有西方的芭蕾舞。既有小印度的色彩斑斓、牛车水的中华风情、甘榜格南的中东特色、哈芝港的艺术涂鸦，也有荷兰村的欧美风尚，新加坡的每个角落都流淌着多元文化的精粹。舞蹈、美食、教育等无不展现着新加坡平等包容的个性。新加坡政府保留各民族传统文化，也鼓励向统一民族文化演变，如树立新加坡民族精神，开展礼貌运动和敬老运动，宣传奉献精神和群体精神。

五、新加坡民俗风情

（一）民间节日及法定节假日

新加坡日历上，印有公历、中国农历、印度历和马来历四种历法，各种历法也有相应的各民族节日。各族人民过着不同的年节，有着不同的习俗。华人大多数遵守祖宗的习俗；马来人大多为穆斯林，继承传统伊斯兰的风俗；印度血统的人保持自己的礼仪和风俗习惯。

1. 华人新年

农历正月初一是农历新年，是新加坡华人的重要节日。家家户户进行大扫除，门上贴春联，贴“福”字，除夕夜全家人一起吃团圆饭，孩子们守岁，到午夜时分家长们祭神拜祖先，大年初一开始小辈要带着橘子给长辈拜年，长辈要给小孩红包（压岁钱）。

2. 复活节

基督教纪念耶稣复活的节日。传说耶稣被钉死在十字架上，死后第三天复活升天。每年在教堂庆祝的复活节指的是春分月圆后的第一个星期日，如果月圆那天刚好是星期天，复活节则推迟一星期。因而复活节可能在3月22日至4月25日之间的任何一天。

3. 卫塞节

农历四月十五，新加坡佛教总会于节日前几天开始举行一连串的庆祝会，各佛教团体及寺庙张灯结彩，大放光明，象征佛陀的光辉世世代代照耀人间。

4. 国庆节

公历8月9日，纪念1965年新加坡退出马来西亚联邦，成立新加坡共和国。这一天全国同庆，有壮观的游行、集体舞蹈和大型烟花表演等活动。

5. 圣诞节

公历12月25日，纪念耶稣诞生的节日。教堂举办特别的庆祝仪式，是一年里最为重要的节日庆祝活动，各主要商业区街灯也异彩纷呈。

6. 法定节假日

新加坡法定节假日以2020年为例，如下：新年（1月1日）、中国农历新年（1月25日~27日）、耶稣受难日（4月10日）、劳动节（5月1日）、卫塞节/佛诞节（5月7日）、新加坡开斋节（5月24日）、哈芝节/宰牲节（7月31日）、国庆日（8月9日）、排灯节/万灯节/屠妖节（11月14日）、圣诞节（12月25日）。

（二）社交礼仪

新加坡各民族保持自己的传统礼仪，打招呼

方式各不相同。见面通常握手，华人见面以鞠躬为礼，马来人行双手握礼，印度人见面行双手合十礼。大多数华人遵守祖宗的礼仪习俗，马来人继承传统伊斯兰教习俗，印度人保持着印度特色的礼仪习俗，如印度妇女额头的檀香红点，男人扎白色腰带等。

（三）禁忌

新加坡人忌食指指人，忌双手叉腰，忌讳口出脏言。华人忌佛像出现在商业中，视紫色、黑色为不吉利，黑色、白色、黄色为禁忌色。新加坡的印度人、马来人忌讳左手传递东西或食物，认为使用左手是一种不礼貌的举止。印度人奉牛为圣牛，不吃牛肉，忌讳乌龟，认为是不祥的动物。新加坡大年初一时，扫帚必须收藏起来，不许扫地，认为这天扫地会将好运气扫走。

六、新加坡主要旅游城市及著名旅游景观

（一）地理坐标：新加坡岛

新加坡市，也称星洲、叻埠。位于新加坡岛东南部，南临新加坡海峡，有“东方直布罗陀”之称。市区面积100平方千米，郊区217平方千米，平均每平方千米居住2万多人，是世界上人口密度最高的地区之一。因新加坡没有首都和城市的建制，而是将全国分为6个地区，其中，中央区、市内区和市外区是首都所在地，所以通常不将新加坡岛与新加坡市严格区分开。新加坡市是全国政治、经济、文化中心，也是世界著名商业城市和国际金融中心，世界著名转口贸易港和欧洲、亚洲、大洋洲的航空中心，樟宜国际机场连续多年被评为世界最佳机场。

1. 克拉码头

克拉码头位于新加坡河畔上游，早年是装卸货物的码头，托起新加坡商业的繁荣，之后克拉码头被吉宝港替代。1993年，克拉码头逐渐形成集美食、酒吧、购物、俱乐部于一体的娱乐中心，曾经货船变成游船。2008年，新加坡河岸修建了165米高的摩天轮，在克拉码头坐船即可抵达，可欣赏沿岸五颜六色的餐厅房屋、鱼尾狮像、滨海艺术中心、金融商业建筑区等风光。

幸福是一种自我剥离的能力，不让心在绝境处徘徊，才能活的超脱于世。

2. 滨海湾金沙娱乐城

金沙娱乐城位于新加坡南岸滨海湾，是一座综合性大型豪华度假娱乐城。占地约20公顷，总建筑面积约70万平方千米，耗资80多亿新加坡元，被誉为世界最贵建筑物之一。由拉斯维加斯金沙集团投资，加拿大籍以色列设计大师萨迪夫设计，历时4年完工，2010年6月23日开幕。建筑造型独特，建筑群由3栋55层略弯曲的高塔大厦组成，横跨3栋大厦楼顶设计了一个巨大的船形建筑的空中花园。娱乐城内有艺术和科学博物馆、世界知名的特色美食餐厅、咖啡馆、会展中心、宴会大厅、购物中心，有两座世界一流的剧院。

3. 空中花园

空中花园被《纽约时报》评为“全球10大热门景点之一”，空中花园天台上建有一座全球最高的户外游泳池。金沙娱乐城以其独特的设施和奢华的体验，不仅是新加坡一道靓丽的风景，更是最知名的旅游胜地之一。

4. 滨海湾花园

滨海湾花园位于新加坡滨海湾亲水黄金地段，是新加坡最美园林艺术作品，是新加坡建设花园城市中的重要部分，2014年荣获主题娱乐协会颁发的“国际生态花园杰出成就奖”。花园占地约101公顷，由滨海南花园、滨海东花园、滨海中花园三个风格迥异的花园构成，巨大的半球形温室可观赏超过25万棵奇花异草和世界最大的室内瀑布，文化遗产花园、植物世界、花穹、云雾林、超级树的垂直花园、空中步道、蜻蜓湖、翠鸟湖为人类展示着新加坡致力于保护环境、拯救濒临灭绝生物的理念。如今，滨海湾花园不仅是新加坡著名的旅游观光胜地，更是新加坡最著名的地标。

超级树位于滨海南花园巨树丛林，共18棵，高25~50米，每一棵都是一个垂直花园，生长着攀缘植物、附生植物和蕨类植物，超级树间的空中步道可俯瞰整个花园景观。

5. 新加坡植物园

新加坡植物园位于克伦尼路，始建于1822年，以研究和收集热带植物、园艺花卉著称，占地约74公顷。植物园分东陵区、中心区和武吉知马游览区三个核心区域，园内种植2万多种亚热带和热带的珍稀树木和奇异花卉。世界文化遗产委员会于2015年将其列为教科文组织世界文化遗产。植物园有国家兰花园、植物学中心、天鹅湖、生态园、生态湖、雅格·巴拉斯儿童花园、叶花园等景观。

6. 动物园和夜间野生动物园

新加坡动物园位于新加坡北部万里湖路，1973年开放，占地28.3公顷，是世界十大动物园之一。采用全开放式而闻名世界，园内有澳大利亚旷野展区、猫科动物展区、亚洲大象园、白虎展区等，该动物园现逐渐将观赏性转变为学习型动物园，唤起人们对动物的保护意识。

夜间野生动物园位于动物园旁边，占地40公顷，园内有47种地理环境，8个区域，如雨林、草原、峡谷、丛林等，为不同动物提供最为适宜的栖息环境，园内运用高度先进的照明技术，让游客们清楚地观看动物，同时不干扰动物的夜间活动。

©视觉中国

7. 裕廊飞禽公园

裕廊飞禽公园位于新加坡西部裕廊山，1971年正式开放，占地约20.2公顷，被誉为东南亚最壮观的“鸟类天堂”，也是世界上最大的鸟类公园之一。公园依山而建，栖息着380多个物种的4600多只飞禽，包括森林之宝飞翔鸟舍、东南亚飞禽鸟舍、非洲瀑布鸟舍、彩鹦谷、飞禽知识馆、犀鸟巨嘴鸟展区、黑暗世界、天鹅湖、鹦鹉天堂、天堂鸟之窗、企鹅宫等展区。

©视觉中国

8. 新加坡国家博物馆

国家博物馆位于新加坡市心脏地带，是新加坡最大最古老的博物馆，历史可以追溯到1849年，历经多年修整于2006年正式开放，博物馆属于新古典主义风格建筑。内部有历史馆，通过视觉、听觉、触觉和20个立体透视模型，全方位展示新加坡从一个小渔村发展到现代化大都市的历史进程。文化生活馆呈现了20世纪新加坡人民的真实生活。

©视觉中国

9. 新加坡美术馆

新加坡美术馆位于勿拉士巴沙路，成立于1996年。美术馆的建筑是有着100多年历史的天主教学校圣约瑟书院，该建筑是古希腊修道院式建筑，本身就是一座艺术品，中央建筑顶楼是银色圆顶，竖着十字架，建筑占地1万平方米，有14个展室，藏品达7000多件，收藏和展示20世纪新加坡和东南亚近现代美术品，是一座符合国际博物馆标准的新生代美术馆，曾举办亚洲美术展和国际展览。

©视觉中国

10. 小印度

小印度位于新加坡河以南的实龙岗路一带，是印度人的聚居地，这里保留着印度人的宗教传统和印度风情，银器、铜器、珠宝、手镯、项链、丝质沙丽、小工艺品等特色商品琳琅满目。节日期间的小印度金碧辉煌，穆斯塔法中心是小印度最著名的购物中心，也是新加坡唯一24小时营业的百货中心。小印度也有马里安曼兴都庙的印度教庙宇，另有一处释迦牟尼菩提迦耶寺的佛寺庙宇，因寺内有1080盏法灯，故又名千灯寺院。

11. 牛车水

牛车水位于新加坡河南岸桥南岸与新桥路间，是华人的聚居地“唐人街”，因华人用牛车拉水而得名，已有百余年历史。这里中国式建筑和庙宇、华人传统食品和餐厅、中国传统技艺和商店、现代购物中心、百年老店鳞次栉比，处处保留着浓郁的中国传统色彩。

12. 佛牙寺龙华院

佛牙寺龙华院位于牛车水中心地区，寺庙建筑形式融合了佛教曼陀罗与唐代建筑元素，由法照法师于2002年创立，庙宇内供奉一尊弥勒佛像和佛牙舍利，舍利放置在金制舍利塔中。现今佛牙寺已成为新加坡佛教文化中心，举办佛教研讨交流会和佛教讲座，每年吸引世界各地大批信徒前来膜拜。

（二）地理坐标：圣淘沙岛

圣淘沙岛位于新加坡南部的小岛，与新加坡岛有跨海大桥连通，小岛有“欢乐宝石”之称，是集热带度假村、主题乐园、自然公园、热带雨林、人文历史于一体的完美度假胜地。面积5000平方千米，70%地域被雨林覆盖，风光极美，树林中栖息着各种动物。圣淘沙分圣淘沙名胜世界、英比奥景区、海滩和色拉蓬四大景区。

1. 新加坡环球影城

新加坡环球影城位于圣淘沙名胜世界内部，2010年3月18日对外开放，是东南亚首个也是唯一的环球影城主题公园。影城内有24个游乐实施和景点，其中18个专门为新加坡设计打造。影城内部分为好莱坞、失落的世界、科幻城市、古埃及、遥远王国、马达加斯加、纽约七大主题区。旅游者可以获得前所未有的体验和感受。

2. 新加坡海底世界

海底世界位于圣淘沙岛，1991年建成，是亚洲最大的海洋生物馆。馆内约有2500多种普通和珍稀品种的海洋生物，同时也挽救濒临灭绝的海洋生物。这里也是除日本外的首个夜间水族馆。如今海底世界是一个集教育、娱乐、休闲于一体的旅游胜地。除欣赏海龟、鱼类、美人鱼外，还有海豚乐园、鳐鱼同乐、水上世界等。

七、新加坡旅游资讯

（一）旅游购物

1. 乌节路

乌节路位于新加坡的中心地带，是新加坡著名的旅游购物天堂，这里也是与美国第五大道、法国香榭丽舍大街齐名的世界十大著名步行街之一。乌节路有几百间商铺，全球各地商品从奢侈品至物美价廉的商品应有尽有，外国游客还可享受退税服务。除购物外，这里聚集着全球的美食和娱乐活动。图中波浪条纹兼具贝壳形状的购物中心是狮城大厦。

2. ION Orchard（爱雍·乌节）

ION Orchard是乌节路最新的地标式建筑，这里汇集了众多全世界最受欢迎的品牌旗舰店、概念店和时尚店。拥有一个媒体墙，它是一个根据情绪而改变色彩的多感觉画布媒体墙。也有一个用于组织活动的大型公共广场，还拥有一个名为 ION Art艺术展览厅以及一个命名为 ION Sky的巨大观景台。更让人叹为观止的是，在其九楼拥有一个约7000平方米的花园，使它成为新加坡最酷的购物场所。

（二）出境提示

1. 境外法规及风俗习惯

（1）新加坡是法制社会，对于各种违法行为有明确且严厉的处罚；在巴士转换站、终点站停车处乱穿马路，处500新币罚金；若严重者如被控上法庭，处1000新币罚金或3个月监禁；再犯处2000新币罚金或6个月监禁。

（2）新加坡非常重视城市卫生干净整洁，游客须随时注意保护环境卫生，随地吐痰、弃物受千元惩罚；随地吐痰首次处1000新币罚金，第二次处2000新币罚金，第三次处5000新币以上罚金。新加坡禁止携带口香糖入境。

（3）新加坡主张禁烟，公共汽车、餐馆和装有空调的商店、政府机关办公室都属禁烟区，违禁罚款500新币；乱扔烟蒂、小件垃圾处200新币罚金；乱扔大件垃圾处以12个小时劳改；游客每人可携带一包香烟（不可以拆开包装）入境。

（4）在新加坡，行人须走人行横道，翻越栏杆罚款50新币；如果50米内无人行横道，要从交通指示灯下横越马路。

（5）建议出行带伞、防止晕车晕船的药品。

（6）境外旅游中，境外服务小费是惯例，向境外服务人员（司机、导游）支付服务费。

2. 货币兑换及时差

（1）新加坡流通货币以新加坡币为主，新币可在新加坡机场、市区各大商场或酒店附近均可换取，建议携带一张国际信用卡出行。

货币汇率：1元人民币=0.1980新加坡元（2019年6月16日）。

（2）新加坡与中国无时差，机票及船票的时间均为当地时间。

专题

东南亚　热带海岛风光

热带大洋 星河般小岛 是梦中的诗和远方

海风拂面轻轻 缠绵椰香阵阵

镜般碧海 玉般翠波 脂般白沙 小船荡漾

浩渺汪洋 海浪奏响天籁

湛蓝水天 海鸟啁啾翱翔

千颗星岛 喧嚣中铺展一隅闲适风景 疲惫消散

万种风情 嘈杂间谱写一方海角宁静 幸福蔓延

觅一处隽秀小岛 放飞心灵 感恩伟大自然的馈赠

二维码链接PPT
专题文件详细内容

东南亚热带海岛风光专题链接详情

甲米岛 泰国 Krabi Island, Thailand

巴厘岛 印度尼西亚 Bali Island, Indonesia

诗巴丹岛 马来西亚 Sipadan Island, Malaysia

创意设计

亚洲主题旅游线路设计

通过你对东亚及东南亚地区主要旅游目的地国家的认识与了解，自行设计一篇某国（自选国家）一地主题旅游线路或设计相邻多国主题旅游线路。要求如下。

1 线路设计题目可自拟（详情可参考出境旅游线路范例）；

2 线路设计应主题鲜明（详情可参阅附录主题旅游分类名称）；

3 线路设计内容应包含行程天数、游览项目以及吃住行游购娱六要素、温馨提示、出境旅游注意事项等信息（详情可参阅出境旅游线路范例PDF文档链接）；

4 线路行程中游览项目应体现线路主题特色，避免行程游览项目无序堆叠。

第三部分

大洋洲地区

主要旅游目的地国家

第一篇 纵观古生物活化石 探寻海神的花园澳大利亚

【印象澳洲】

飞越重洋，跨过旷野，掠过沙滩，澳洲是南半球最七彩斑斓的大陆。这是一块穿越时光的古老土地，是一本尘封的古书，是一片孤悬于南太平洋的巨型叶子，是上帝赐予的一道蓝色之光。

风雨洗礼的艾尔斯巨岩神秘的兀立于北领地红土之上，亿万年俯视苍茫；4万年土著历史胶着西澳千年雨水冲刷着巨型花岗岩，时间勾勒的印痕犹存；侏罗纪时代最悠久的热带雨林库兰达，盎然的绿意亘古未变。

珊瑚礁群，千万年间绵延了2000余千米，是太平洋最闪耀的王冠；黄金海岸，洁白沙滩慵懒的躺在湛蓝海天里，享尽阳光明媚；拜伦角圣洁的灯塔，百年如一日的守望着远方的行船和脚下的海岸，从容而坚定。

繁华的悉尼港，如白色贝壳绽放于水天一线间；墨尔本横卧于亚拉河畔，倾情呈现维多利亚的优雅与端庄；最自然最纯净的塔斯马尼亚岛，北望着澳洲，是与世隔绝的蓬莱仙境；大洋路惊涛骇浪里矗立的十二使徒岩，以百万年的岿然不动，遥望着对南极无限的爱恋，诠释着自然界的地老天荒。

落日里渐行渐远的驼队，披着金色余辉，为辽阔大漠加上注脚。斗转星移间，仰望苍穹最闪亮的银河系，可聆听到宇宙的心跳。就这样静静的翻阅着它的古老，摸摸袋鼠、抱抱考拉或是喂喂海豚……澳洲，绚烂的令人动容，惊叹它的人与自然、远古与现代、西方与东方，豁然明白，敬畏天地悲悯众生，和谐方可共存，包容才能永恒。

一、澳大利亚出境旅游线路参考范例

线路参考范例一

澳世无双——澳大利亚东海岸北领地 10 日别样之旅

线路参考范例二

澳妙双城——澳大利亚悉尼墨尔本 8 日精粹之旅

线路参考范例三

澳妙北领地——澳大利亚达尔文乌鲁鲁 6 日探索之旅

线路参考范例四

澳妙双州——澳大利亚悉尼黄金海岸布里斯班 10 日精粹之旅

线路参考范例五

海风沙影——西澳大利亚 8 日精粹之旅

线路参考范例六

味美食鲜——澳大利亚 7 日美食品酒之旅

二、澳大利亚国情掠影

（一）自然地理

澳大利亚，全称“澳大利亚联邦”（The Commonwealth of Australia）。位于南半球，孤悬于印度洋与南太平洋之间，四面环海，北部隔帝汶海与托雷斯海峡与东帝汶、印度尼西亚、巴布亚新几内亚相望，东南部隔塔斯曼海与新西兰相望，南部与布满冰川雪海的南极洲隔海相望，距离南极洲2500千米。澳大利亚由澳大利亚大陆、塔斯马尼亚岛及大洋中的一些小岛屿组成。国土总面积769.2万平方千米，仅次于俄罗斯、加拿大、中国、美国、巴西，居世界第6位。占大洋洲面积的85%。

澳大利亚是世界上最平坦的大陆，地势低且平缓，平均海拔约350米。全境分为东部山地、中部平原、西部高原3个地区。澳大利亚虽四面环水，境内沙漠和半沙漠却占全国面积的35%。澳大利亚最高峰科西阿斯科山，海拔2228米。内陆中部的艾尔湖，湖面低于海平面12米，为澳大利亚最低点。最长河流墨累河，长3490千米。东北部沿海的大堡礁，是世界上最大的珊瑚礁群。澳大利亚海岸轮廓简单，海岸线绵长，总长为36735千米，有7000多个海滩。

澳大利亚有热带和亚热带两种气候类型，气候炎热干燥，雨量较小，全境约40%的地域处于热带。北部地区靠近赤道，属于热带气候，全年无四季，只有旱季和雨季，平均气温27℃。南部地区气候较为温和，属于温带气候，平均气温14℃。温带地区四季与北半球相反，春季9～11月，夏季12月～次年2月，秋季3～5月，冬季6～8月。东南部地区年降水量500～1200毫米，内陆干旱少雨，年降水量不足200毫米。

（二）人文概况

1. 人口、民族、语言及宗教

澳大利亚的人口约2528万（2019年3月5日），其中，英国及爱尔兰的后裔约占74%，亚裔约占5%，土著居民约占2.7%，其他民族约占18.3%。

澳大利亚官方语言为英语。

澳大利亚属于多宗教国家，居民主要信奉基督教、佛教、伊斯兰教、印度教、犹太教等，其中基督教徒约占总人口63.9%，无宗教信仰人数约占30%。

2. 国名、国旗、国花及首都

澳大利亚，全称澳大利亚联邦。其国名源自

拉丁文，意为“南方之地”。欧洲人很早就意识到南半球应有一块陆地，便将想象中的大陆称为“未知的南方大陆”。虽然澳大利亚土地十分古老，但作为一个国家的历史很短，故也称“古老土地上的年轻国家”。

澳大利亚国旗呈长方形，旗底为深蓝色，左上方是红、白“米”字，“米”字下有一颗白色七角星，旗的右边有四颗白色七角星和一颗白色五角星。“米”字为英国国旗图案，象征澳大利亚是英联邦成员国。最大一颗七角星象征组成澳联邦的6个州和联邦区（北部自治区和首都直辖区），其余5颗星代表南十字星座，是“南方大陆”之意。国旗长宽比例为2：1。

澳大利亚国花是金合欢，又称“刺槐”，有660多种，是一种经济树种，可作香水原料，可作染料，可供药用等。澳大利亚居民庭院房前屋后不用围墙而用金合欢作刺篱，盛开时节，大片金黄色带着浓郁的花香。

澳大利亚国树是桉树。在澳大利亚广袤的森林中90%是桉树，桉树能生存于十分干旱恶劣的自然环境，有500多个品种，高度可达100多米。桉树为了生存，在长期进化过程中形成许多独特的生长特点，如为了避开灼热的阳光，减少水分蒸发，桉树的叶子都是下垂并侧面向阳。为对付频繁的森林火灾，桉树的营养输送管道都深藏在木质层的深部，种子包在厚厚的木质外壳里，桉树种子不怕火，可借助大火把木质外壳烤裂，雨季到时便生根发芽。桉树树叶含芳香油，有杀菌驱蚊作用，可提炼香油，还是疗养区、住宅区、医院和公共绿地的良好绿化树种。其嫩枝和树皮中含有单宁，可以提炼烤胶，树皮和木材还可用来造纸浆、盖房子、做家具、制电线杆、制成铁路枕木等。

澳大利亚国鸟是琴鸟和鸸鹋。琴鸟象征美丽、机智、真诚和吉祥。鸸鹋又称澳洲鸵鸟，是澳大利亚最大的鸟，也是世界上最大的陆地鸟之一，体重可达60千克，身高2米，嘴短且扁，翅膀退化，已经丧失飞行功能，奔跑速度极快。鸸鹋和袋鼠均在澳大利亚国徽上，是澳大利亚特有的动物，是国家的标志和民族的象征。

澳大利亚国兽是袋鼠，袋鼠被澳大利亚人

视为国家的象征，也象征着澳大利亚人上进的精神。袋鼠是食草动物，性情温和，有的家庭将其作为宠物收养。袋鼠体型大小不一，后肢长且强壮，弹跳力强，幼崽娇小可爱，西部的灰袋鼠则强悍硕大。

澳大利亚国歌是《前进的澳大利亚》。

澳大利亚首都是堪培拉。

3. 发展简史

澳大利亚原是土著人居住的地区。17世纪初，西班牙人、葡萄牙人和荷兰人先后抵达澳大利亚。1770年，英国的詹姆斯·库克船长率船队抵达澳大利亚东南沿海，多地被命名，并宣布是英王的属地。1788年1月26日，英国航海家菲利普率首批移民千余人，其中有700多名流放犯，抵达杰克逊湾，建立了第一个流放犯人的英国殖民区，并以英国内政大臣悉尼的名字命名此地。1788年成为澳大利亚建国之年，1月26日成为现澳大利亚国庆日。之后英国的自由民纷纷移居澳大利亚，以悉尼为中心，不断扩展至今天的塔斯马尼亚岛。从依赖农业为主至发展畜牧业，到1850年，澳大利亚的畜牧业非常发达，当时英国进口的羊毛总量一半以上来自澳大利亚。1851年，在新南威尔士州和维多利亚州发现金矿后，移民迅速激增。19世纪末，英国先后在澳大利亚建立了6个殖民区。1901年1月1日，澳大利亚各殖民区改为州，澳大利亚联邦正式产生，成为英国的自治领地。1931年获内政和外交的独立自主权，成为英联邦内的独立国家。

1972年12月21日，中国与澳大利亚正式建交，两国关系稳步发展，两国领导人互访不断，中澳双边贸易增长迅速。

三、澳大利亚政治体制与经济发展

（一）政治制度

1900年7月，英国议会通过澳大利亚联邦宪法。宪法规定，澳大利亚联邦和各州都采用英国的议会制度，实行政党政治和责任内阁制。英国女王是澳大利亚名义上的国家元首，由女王任命的总督为法定的最高行政长官。总督由总理提名，由女王任命。澳大利亚总督代表英国女王行使在澳大利亚联邦内的职权。总督有权任免官员、统辖军队、召开和解散议会以及审批议会议案等，但在行使这些权力时须征得澳大利亚联邦总理同意。

澳大利亚联邦议会由总督、参议院和众议院组成，拥有联邦的立法权，1901年成立。议会实行普选。众议院有150名议员，按人口比例选举产生，任期3年。

1992年12月17日，澳大利亚联邦政府内阁会议决定，澳大利亚新公民不再向英国女王及其继承人宣誓效忠。澳大利亚联邦政府由众议院多数党或政党联盟组成，该党领袖任总理，各部部长

由总理任命，任期3年。

（二）经济发展

澳大利亚是一个工业化国家，是南半球发达的资本主义国家。工业以矿业、制造业和建筑业为主，制造业和高科技产业发展迅速。20世纪70年代以来，澳大利亚进行一系列经济改革，大力发展对外贸易，与全球130多个国家和地区有贸易关系。经济持续增长较快，在经济合作与发展组织（OECD）国家中名列前茅。服务业已成为国民经济主导产业，占国内生产总值的70%左右。2017年澳大利亚国内生产总值（GDP）约合1.390万亿美元，人均国内生产总值53800美元。

澳大利亚矿产资源丰富，煤、铁矿石、铝土、钽、铅、锌、铜、金、铀、镍、锰等矿产的储量均居世界前列，有“坐在矿车上的国家”之称。澳大利亚农牧业发达，农牧业产品生产和出口在国民经济中占有重要地位，主要农作物有小麦、大麦、油籽、棉花、蔗糖和水果，农牧业用地占全部国土面积59%，是世界上最大的羊毛和牛肉出口国，有“骑在羊背上的国家”之称。澳大利亚渔业资源丰富，捕鱼区面积比国土面积多16%，是世界上第三大捕鱼区，最主要的水产品有对虾、龙虾、鲍鱼、金枪鱼、扇贝、蚝、牡蛎

©视觉中国

等。国际海运和航空运输业发达，悉尼是南太平洋主要交通运输枢纽。澳大利亚旅游资源丰富，每年吸引大批国内外游客，为国家赚取大量的旅游收入。

货币名称：澳大利亚元（Australian Dollar），1澳大利亚元=100分。

参考汇率：1美元=1.4552澳大利亚元（2019年6月16日）。

四、澳大利亚教育及文化

（一）教育与留学

澳大利亚注重教育，教育主要由州政府负责。澳大利亚教育体制承袭英国传统，中学和小学是义务教育，一共12年。专科2~3年，大学3年，依据科系不同，修业年限有所差异，文科、商科、理科3年，工科4年，法律4年或5年，医科6年。

澳大利亚留学生数量仅次于美国和英国，位居世界第三位。澳大利亚60%大学入围全球500强，澳大利亚高质量的学术环境，令人震撼的科研成果，舒适的学习环境吸引大量留学生前往。著名的高等院校主要有：澳大利亚国立大学（全澳唯一享有国立大学资格的最高学府，世界著名的公立研究型大学）、墨尔本大学（世界顶尖研究型大学，全球最负盛名大学之一）、悉尼大学（世界著名公立研究型大学，澳洲历史最悠久的大学）、新南威尔士大学（世界顶尖级研究学府）、昆士兰大学（世界50强名校，澳大利亚顶尖科研学府）、西澳大学（世界100强名校，澳洲著名顶尖研究型大学之一）等。

（二）多元文化

澳大利亚是一个移民国家，自20世纪50年代以来，世界各国超过600万移民来到澳大利亚生活，出生于其他国家的澳大利亚人近20%，混血近40%。澳大利亚政府鼓励各族居民使用自己的母语，语言约有226种。各民族的传统习惯、民俗风情、宗教信仰、节日庆典、教育、美食、戏

剧、电影、舞蹈、书籍、运动等无不体现多元文化特征。澳大利亚主流文化是西方文化，生活方式与西欧和北美相似。

（三）土著文化与艺术

澳大利亚土著人一般卷发、宽鼻、厚嘴唇、棕色皮肤，讲土著语。土著人习惯游牧生活，家庭不稳定，很多人住在树枝和泥土搭成的窝棚里，即使有房子，也可能在院子里搭一个帐篷。土著人喜欢文身或在身上涂抹各种颜色，平时涂一些黄白颜色在面颊、肩和胸部，节日时彩绘全身，一般是像雨点和波纹类的粗线条。

土著人的武器是飞去来器和标枪。飞去来器用木片削成人字形，攥住一头向目标扔出去，还会飞回原地。曾是打鸟的狩猎工具，现在用作玩具。

土著人的乐器是迪吉里杜管，长1～1.5米，用白蚁蛀空或人工掏空的一段树枝做成。演奏时一头顶在地上，一头塞在嘴里。迪吉里杜管不仅是吹奏的乐器，也是土著人的精神寄托，据说跳舞时吹奏乐器，使灵魂可以听到召唤，也可向万物发号施令。

土著人的舞蹈极富有原始色彩，由男子表演，赤裸上身，下身只穿短裤，全身用白粉画许多线条、圆点，舞者手持木棍，或敲地，或相击，做出各种动作，节奏感强，铿锵有力，表现土著居民狩猎、耕种等劳动，以及与大自然搏斗情景。舞蹈有欢迎之舞、驱蚊之舞、警告之舞、沉默之舞、食火鸡之舞、袋鼠之舞等。

（四）文学名人

澳大利亚著名作家帕特里克·怀特获1973年诺贝尔文学奖，代表作品《老人树》《沃斯》《活体解剖者》《风暴眼》等，是澳大利亚第一个获得此项荣誉的作家。

五、澳大利亚民俗风情

（一）民间节日及法定节假日

澳大利亚节日众多，堪称世界之最。全国公共节假日共九个，其他各州节日少则几个，多则十几个，主要节日如下。

1．新年

1月1～12日，庆祝新的一年。

2．国庆日

1月26日，又称“澳大利亚日”。各州举行时间分别在1月26日和1月30日。

3．澳新军团日

4月25日，又称“安札克日”。安札克是澳大利亚新西兰军团的英文缩写音译，第一次世界大战中，澳新军团于1915年4月1日在土耳其加利波利半岛登陆。

4．英女王寿辰日

每年6月4日，庆祝英国女王伊丽莎白二世

诞辰。

5. 墨尔本国际电影节

每年5~6月，放映世界各国和澳大利亚最新最好的电影作品。

6. 墨尔本赛马节

每年11月第一个星期二，于墨尔本城西举行全国性的赛马锦标赛，也称“赛马狂欢节”，成为约定俗成的全国性节日。

7. 法定节假日及其他

澳大利亚法定节假日以2020年为例，如下：新年（1月1日）、国庆日/澳大利亚日（1月26日）、耶稣受难日（4月10日）、复活节翌日（4月13日）、澳新军团日（4与25日）、圣诞节（12月25日）、节礼日/圣诞节翌日（12与26日）。除以上法定节假日外，澳大利亚各州的节庆活动颇多，如悉尼狂欢节、墨尔本澳大利亚网球公开赛、西澳大利亚州杯赛马、南澳大利亚环澳洲自行车赛、塔斯马尼亚州皇家霍巴特帆船赛、西澳珀斯节、墨尔本音乐节、墨尔本国际喜剧节、南澳巴罗萨酒节、悉尼电影节、达尔文节、阿德莱德美食家节、昆士兰音乐节、悉尼风筝节、堪培拉花卉节、墨尔本国际艺术节等。

（二）社交礼仪

澳大利亚白种人约占95%以上，其中绝大多数为英国血统，其余为意大利、希腊等国移民后裔，这一人口结构决定其礼仪与英国十分相近。澳大利亚是一个非常注重文明的国家，澳大利亚人非常热情好客，喜欢细声谈话，不喜欢大声交谈。买东西、办事情排队，自觉等候。土著人交往相对保守，生活中保持着许多风俗习惯，主要以狩猎为生，部落内实行原始分配制度，盛行图腾崇拜，经过成人礼的男女均文身，作为具有宗教意义的身体装饰。

（三）禁忌

与澳大利亚人交谈时，多谈旅行、体育运动以及到澳大利亚见闻等。如希望和澳大利亚小孩合影，一定要事先征得家长的同意，切记不要随意抚摸小孩的头，忌讳与其发生身体接触，以免被误认为有骚扰的嫌疑。澳大利亚人忌讳兔子，认为兔子是一种不吉利的动物。澳大利亚的土著居民一般不喜欢游客替他们拍照，勿贸然偷拍，以免引起误会。在标有不可拍照的地方，一定要遵守规定。在澳大利亚忌随地吐痰、扔烟头、丢垃圾，会被罚款。

六、澳大利亚主要旅游城市及著名旅游景观

（一）地理坐标：堪培拉

堪培拉是澳大利亚首都，位于澳大利亚东南部墨尔本与悉尼之间的山脉区开阔谷地中，海拔760米，面积约2357平方千米。此处原为牧羊之地，是山羊和袋鼠的家园。1913年澳大利亚政府将其定为首都，1927年迁都。堪培拉是由美国著名建筑师格里芬设计规划的。堪培拉无工业、经贸和金融业等经济部门，属于政治中心。气候温和、四季常青，绿地面积占60%以上，是世界上名列前茅的花园城市，有“大洋洲花园”的美誉。市内有国家博物馆、国立美术馆、堪培拉太空中心、植物园、动物园、水族馆、恐龙博物馆等著名游览地。

©视觉中国

格里芬湖

建筑师格里芬规划的新首都是一个由澳大利亚联邦议会大厦为中心向四周辐射的方案，市中心建人工湖泊，即现在的格里芬湖。1963年，引墨累河水形成的人工湖，湖区辽阔，周长35千米，长11千米，面积约704公顷。湖心有纪念库克船长登陆澳洲200周年而建造的喷泉，喷泉水柱高达140米，颇为壮观。湖中阿斯彭岛建有3座钟塔，塔内53座钟是英国赠予堪培拉奠基50周年纪念的礼物。格里芬湖北侧属于商业区和住宅区，南侧属于政府机关、外国驻澳使领馆，属于政治和外交中心。

©视觉中国

（二）地理坐标：悉尼

悉尼是新南威尔士州首府，位于澳洲大陆的东南岸，濒临杰克逊湾，海岸线长约80千米。它是澳洲最大最古老的城市，是经济、交通、旅游、文化艺术中心，被誉为“南半球的纽约”，也是大洋洲最大最繁华的都市。1788~1840年，英国将此处作为犯人流放地长达52年时间，这些流放者成为悉尼都市建设的奠基人。第二次世界大战后至20世纪70年代中期，三次欧洲移民潮促进悉尼的发展。现有160多个民族在悉尼和谐相处。悉尼塔、悉尼歌剧院、悉尼海港大桥成为悉尼三大地标建筑。

生命有裂缝，阳光才照得进来；没有永恒的黑夜，只有未到的黎明。——《一千零一夜》

1. 悉尼海港大桥

海港大桥是悉尼标志性建筑之一，1932年建成，桥长1149米，桥面宽49米，8排机动车道，中间有双轨铁路，火车可对开，两侧人行道各3米宽。海港大桥是世界上少见的单孔拱形桥，也是当时世界上跨度最长的单孔长跨度大桥，跨度超过502米，巨大的桥体被市民称为“大衣架”，它的建成促进了悉尼北部的发展。

2. 悉尼歌剧院

悉尼歌剧院是澳洲建筑艺术杰作，也是20世纪最伟大建筑之一，2007年被联合国教科文组织评为世界文化遗产。歌剧院由丹麦建筑师约翰·乌松设计，白色外表，伫立在悉尼港如扬起的风帆，又如白色贝壳与帆船之乡悉尼融为一体。歌剧院有三栋独立建筑组成，共10个贝壳形顶盖，东部是上演歌剧、芭蕾舞等大型剧目的歌剧院，西部是音乐厅。另有电影院、小剧场、展览大厅等。每年上演3000台文艺节目。

3. 悉尼塔

悉尼塔位于悉尼市中心商业区，建于1981年，高293米，是悉尼也是南半球最高的建筑，也是悉尼最著名的观光景点之一。塔基三层，由180家商店组成的大型购物中心，底部可乘电梯到达塔楼，塔楼共四层，一层二层都设有旋转餐厅，可同时接待330名顾客，一层以澳洲菜肴为主的西餐厅，二层以欧洲和亚洲菜肴为主的自助餐厅，三层四层是瞭望层，可360度观赏悉尼市景，高倍望远镜可欣赏方圆70千米景致。

4. 蓝山

蓝山是新南威尔士州著名的景区，位于悉尼以西100多千米处，海拔1000多米，大部分地区地势险峻，1959年，开辟为国家公园，占地57万公顷。蓝山漫山遍野生长着桉树，约90多种，已被列为自然类世界遗产，桉树挥发出的桉树油会形成一层薄雾，雾气中小水珠折射出阳光呈现淡淡的蓝色，给人以神秘之感，故取名蓝山。蓝山森林茂密，山涧飞瀑，有三姐妹山峰，矿井观光铁路，吉米逊谷，野生动物等，登上300多米高的悬崖峭壁上有观景台，美景尽收眼底。1994年，公园工作人员戴维在蓝山发现了侏罗纪树种，命名为“瓦勒迈杉”，约100棵，可生长至40米高。2亿年前，恐龙以瓦勒迈杉的树叶为食，翼龙在树枝上飞行，瓦勒迈杉成为见证恐龙时代的活化石。

（三）地理坐标：墨尔本

墨尔本是维多利亚州首府，是澳大利亚第二大城市，也是澳洲金融商业中心、文化、体育、购物、餐饮中心和戏剧之都。墨尔本是澳洲最有欧洲风味的都市，也是澳洲唯一拥有有轨电车的城市，素有“电车之城”的美称。电车集运输、观光、餐饮于一体，可一边用餐一边欣赏市容和街景，是墨尔本的标志之一。墨尔本西南部有一条长达240千米的大洋路，是世界上最为壮观的沿海公路。

1. 菲利普岛

菲利普岛位于墨尔本东南128千米处，是神仙企鹅的栖息地，是澳大利亚特有动物的天然动物保护区。神仙企鹅高约30厘米，重约1千克，黑体白肚，寿命约10年，菲利普岛约有36000只小企鹅，全球每年超过50万游客前来观看小企鹅。

2. 十二使徒岩

墨尔本西南的坎贝尔国家公园，位于王子城和坎贝尔港之间，在公路位于陡峭海岸一侧排列着一群巨石，就是维多利亚州著名的景点“十二使徒岩”。经过几百万年的海水冲刷和侵蚀，将海岬水蚀成岩石堆和石柱，有的石柱高达60米。

（四）地理坐标：布里斯班

布里斯班是昆士兰州首府。昆士兰州全年阳光灿烂，被誉为“阳光之州”，是澳洲第三大城市。位于布里斯班河畔，濒临摩尔顿湾，地处南回归线附近，树木花草常年茂盛，是一个拥有古典建筑和170多个公园的花园城市，位于布里斯班以南70千米处黄金海岸，金沙滩数十个绵延42千米，是冲浪和划水的天堂。

1. 大堡礁珊瑚世界

大堡礁位于昆士兰州东海岸，北起约克角半岛，南至班达伯格，绵延2011千米，宽65千米，由2900多个珊瑚礁，1600多个岛屿组成，珊瑚礁群水域面积约35万平方千米，是世界上最大的自然珊瑚礁群水族馆和海洋公园。珊瑚有400多种，大堡礁是地球唯一能从太空看到的生物群，被称为“世界第八大奇迹”。

2. 大堡礁珊瑚礁群

珊瑚礁群是由无数珊瑚虫和共生海藻形成，大堡礁是世界最大的活体生物群。如今数以万计海洋生物栖息此地，有1500多种热带鱼类，4000多种软体动物，800多种海参等棘皮动物，500多种海藻，4000多种海绵，200多种鸟类，6种海龟，也有鲸鱼、海牛和海豚等海洋哺乳类动物。观赏大堡礁可乘坐船底透明的船或潜水观赏珊瑚丛和鱼群。

3. 摩顿岛

摩顿岛是世界第三大沙岛，距离布里斯班30千米，这座海岛形状酷似一条海豚，有得天独厚的海豚湖供游人观赏，也称海豚岛。野生海豚一年365天的每天都会如约到访海豚岛，享受人们提供的晚餐，这里可以亲手喂新鲜的小鱼给海豚，可与海豚宝宝亲密接触，岛上有四驱车、滑沙、高空拖拽伞、摩托艇、冲浪等动感项目。

（五）地理坐标：阿德莱德

阿德莱德是南澳首府，建于1836年。南澳是全澳最贫瘠干旱的州，沙漠占80%，地中海型气候，南澳葡萄酒业是澳洲最发达地区。南澳22%的土地是国家公园和野生动物保护区，举世闻名的坎加鲁岛是原始野生动物的天堂。南澳一年有400多个节日，被称为“节日之州”。阿德莱德是一个艺术之城和教堂之城，也是宝石之乡和葡萄酒乡。1864年开始鲸鱼受到保护，维克托港从血腥的捕鲸场所变成观赏鲸鱼活动的港口。每年6～10月，露脊鲸经此地迁徙，从港口悬崖可见鲸鱼活动。

坎加鲁岛

坎加鲁岛又称袋鼠岛，是观赏本土动物最佳岛屿。距南澳大陆15千米，面积4500平方千米，是澳洲第三大岛，有21个国家公园和野生动物保护区。岛的南部海豹湾有600多头海狮，占全球海狮总数的10%，也是全球最大的海狮自然生态保护区。1923年，岛上引入18只考拉，至1996年数量增多，控制在3000只左右，其余考拉搬到澳大利亚大陆。坎加鲁岛可喂鹈鹕，看大乌贼、小企鹅和海马，抱考拉和袋貂，赏海狗、针鼹、负鼠、巨蜥等，也可冲浪、潜水、探索洞穴、穿越丛林。

（六）地理坐标：珀斯

珀斯是西澳首府，是澳大利亚第五大城市，东依达令山，西濒印度洋，风景秀丽，有“黑天鹅之城”“灯光城”等美誉，珀斯是西澳的经济、文化、贸易、服务中心。每年9～12月，座头鲸在澳大利亚西北部水域过冬后，经过珀斯近海返回南极。珀斯以南184千米处的班伯里小镇，以观看海豚闻名，1989年，建立了海豚探索中心。

1. 尖峰石阵

尖峰石阵距离珀斯130多千米的塞万提斯小镇，小镇仅有几百人却声名远播，奇异的尖峰石阵是由成千上万的奇形怪状的石灰石柱组成，远远看过去，石阵像一个村庄。石柱高低错落，有的高达5米。黎明和黄昏时，阳光照在石柱上，发出紫色和橙色的光芒。

2. 波浪岩

波浪岩位于珀斯以西350千米处，是一块历经亿万年风雨洗礼的巨型花岗岩墙，高达15米，因风蚀作用，岩石表面酷似翻滚着的波浪，故名波浪岩。

（七）地理坐标：澳大利亚北领地

艾尔斯巨岩

艾尔斯巨岩位于北澳爱丽斯泉城西南320千米处，是一块历经6亿年的大型砂岩，是世界最大的单块岩石，该种构造在地质学中称为“乌山”。巨岩长3.62千米，宽2千米，高348米，周长约10千米，岩石附近草木不生，鸟兽不栖，当地土著人称之为乌鲁鲁，意为“大地之母”，这里是土著人的圣地。巨岩在一天中随着阳光方向变化其颜色不断变化，每年吸引着数十万游客前来观光。在拂晓时分呈橙黄色，清晨呈赭红色，上午渐变殷红色直至金黄色，中午呈琥珀色，下午呈棕赭色，日落呈橙色至绯红色，夜晚呈炭黑色，大雨时呈银白色，雨过天晴呈古铜色。

（八）地理坐标：塔斯马尼亚岛

霍巴特

霍巴特是塔斯马尼亚州首府，是澳大利亚历史上第二古老的城市，也是澳洲的南部重镇，市区拥有许多保存完好的古老建筑。霍巴特西北80千米处的菲尔特山国家公园，建于1916年，是澳大利亚最早的国家公园之一。这里有国家公园、草原、海岸、酒庄、苹果园区、湖泊、山峰、山岩、荒野、珍贵的动植物等，与世隔绝，风景如画。

七、澳大利亚旅游资讯

（一）旅游购物

维多利亚女王大厦是悉尼最美丽、最豪华的购物中心，也是世界最著名的商场之一，建于1898年，为纪念维多利亚女王执政50周年而建，是悉尼19世纪末期伟大建筑之一。法国时装设计师皮尔·卡丹称它是全世界最漂亮的购物中心。20世纪80年代，全面装修后成为一处规模宏大的精品购物城，这里有全澳洲甚至全世界享有盛誉的名牌商品店、服装店、咖啡店、古董店、首饰店、画廊、餐厅等。

（二）出境提示

1. 境外法规及风俗习惯

（1）澳大利亚海关检查很严，为保护本国动植物生态，澳洲不允许游客带动物类产品。

（2）澳洲酒店一般不免费提供拖鞋、牙具、毛巾、沐浴液等。澳大利亚阳光充足，需时刻做好防晒工作，即使阴天也需要注意防晒。

（3）澳大利亚法律规定，司机每行驶两小时后必须休息20分钟，每天开车时间不得超过9小时，且休息时间在12小时以上。

（4）澳大利亚政府规定，公共场合禁止吸烟，一定遵守规定。

（5）出行期间，严禁喂食野生动物；切勿擅自捡拾海边鲍鱼、贝类、珊瑚等海产，不要随便钓鱼，否则会被重罚；因为澳洲水域有鳄鱼、鲨鱼、水母等，切勿擅自下海或下河游泳，非常危险。

（6）澳大利亚有付小费的习惯，如认为服务人员表现优秀，可自愿给予小费，是对服务人员工作的肯定与感谢，例如搬运行李小费、酒店打扫小费等因地区及服务性质不同，可参考导游意见，再判断支付小费的多少。

（7）澳大利亚采用电源220~240伏特、50赫兹交流电，其三孔插座与某些国家不同，请备好转换插头。

（8）澳大利亚国际直拨电话代码为61，澳大利亚所有紧急服务电话均为000，接线员可帮助联系警察、救护车或消防队，只有在紧急情况下，才可拨打000。

（9）退税说明：退税是澳大利亚对游客在澳大利亚购物的优惠政策，退税手续及流程均由澳大利亚国家控制，可能会出现退税不成功、税单邮递过程中丢失导致无法退税等问题，购物提前咨询相应退税政策。

2. 货币兑换及时差

（1）澳大利亚主要流通货币是澳大利亚元，出国之前换好所需澳币，尽量多准备一些零钱，持中国银联卡可在澳大利亚境内部分商店刷卡消费，并可使用ATM取款。

货币汇率：1元人民币=0.2101澳大利亚元（2019年6月16日）。

（2）悉尼时间比中国北京时间早2小时，如北京时间为20:00，悉尼时间为22:00。

第二篇

牧羊国度 壮美纯净新西兰

【印象新西兰】

这里是“中土世界”的魔幻大陆，驻足在马塔马塔山丘前的霍比屯，遐想着《霍比特人》里的小矮人儿会否突然出现？徒步至鲁阿佩胡山魔戒锻造的熔岩地，惊恐着会否偶遇魔王索伦？新西兰地道的远古风貌成就了《纳尼亚传奇》《魔戒》和《霍比特人》。

俯望27万平方千米土地，它有多风的惠灵顿、古典优雅的基督城、上帝偏爱的皇后镇、野生动物之都达尼丁、海与火的天堂奥克兰，也有地热之城罗托鲁瓦那敬畏自然的毛利人，更有开启世界极限挑战运动的疯狂，这片神奇的土地承载了众多冒险者的梦想；新西兰，远古自然与现代文明相携而行。

横跨新西兰南北岛，一览雪山绵延、壮美冰川、蒸汽缭绕的火山口和倾泻而下的熔岩；纵情如画山水间，领略海的幽蓝、瑰丽的峡湾、祖母绿的湖泊、飞泻百米的瀑布和辽阔的海岸线；新西兰，每一处原始盛景里裹挟着窒息的震撼。

泛舟怀托摩虫洞，看珠帘上的流萤世界星辰点点；行至百万年前冰河切割出幽深曲折的米佛峡湾，惊叹一汪碧波铺开的唯美画卷；悠坐蒂卡波湖畔，夜幕里听精灵低语，仰望银河星团；新西兰，每一处静谧里蕴藏着纯净自然。

它为信天翁撑起一方澄净，为小蓝企鹅筑造深夜归家的路，为南秧鸡搬迁至尼尔森原始森林，新西兰，每一处风光里留存着灯火阑珊。

一、新西兰出境旅游线路参考范例

线路参考范例一

纯净百分百——新西兰南北岛 11 日自然之旅

线路参考范例二

走遍新西兰——新西兰南北岛 16 日全景之旅

线路参考范例三

新西兰南北岛 15 日户外经典体验之旅

线路参考范例四

趣游房车——新西兰南北岛中土世界 11 日房车漫游之旅

线路参考范例五

寻味时鲜——新西兰南北岛 11 日美食品鉴之旅

线路参考范例六

澳妙新世界——澳大利亚新西兰南北岛 17 日印象之旅

二、新西兰国情掠影

（一）自然地理

新西兰（New Zealand），位于南半球太平洋西南部，是一个岛国。介于南极洲和赤道之间，北邻汤加、斐济，西隔塔斯曼海与澳大利亚相望，距离澳大利亚1600千米。新西兰由北岛、南岛、斯图尔特岛、坎贝尔岛及其附近一些小岛组成，总面积约27.05万平方千米。

新西兰境内多山，山脉和丘陵约占总面积75%以上，森林面积约占总面积的29%，天然牧场或农场占国土面积的一半，广袤的森林和牧场使新西兰成为名副其实的绿色王国。北岛中部为火山平原，东岸多火山和温泉。南岛因地处南纬40°～47°，冰川与湖泊众多，弗朗茨·约瑟夫和富克斯冰川，是世界上海拔最低的冰川。萨瑟兰瀑布，落差580米，居世界前列。全国最高峰库克峰海拔3764米。北岛海岸线曲折，多半岛和良港，海岸线总长约6900千米。新西兰邻近国际日界线，许多游客曾在查塔姆群岛（Chatham Islands）和吉斯本镇（Gisborne）迎接2000年的第一缕阳光。

新西兰全境属温带海洋性气候。因位于南半球，四季刚好与北半球相反，10月～次年4月是夏季，夏季除北岛最北端外，平均气温约25℃。6～8月是冬季，冬季除南岛南端和高山区外，平均气温约10℃，年温差不超过15℃。雨量充沛，西海岸年均降水量1000～3000毫米，南岛西南沿海地区可达5000毫米以上，东海岸500毫米。

（二）人文概况

1. 人口、民族、语言及宗教

新西兰常住人口达到494.4万人（2019年3月15日），人口增长主要来自净移民，其中欧洲移民后裔占67.6%，毛利人占14.6%，亚裔占9.2%，太平洋岛国裔占8.6%。其中75%的人口居住在北岛。奥克兰地区的人口占全国总人口的30.7%，首都惠灵顿地区的人口约占全国总人口的11%。奥克兰市是全国人口最多的城市。

新西兰通用英语，官方语言是英语和毛利语。

新西兰70%的居民信奉基督新教和天主教。

2. 国旗、国徽、国花及首都

新西兰国旗呈横长方形，旗底为深蓝色，左上方为英国国旗的红、白色“米”字图案，代表着与英国的传统关系，是英联邦成员国。右边有四颗镶白边的红色五角星，四颗星排列均不对称，四颗星代表南十字星座，表明该国位于南半球，象征着独立和希望。国旗长宽之比为2∶1。

新西兰国徽，中心图案为盾徽。盾面上由五组图案构成，四颗五角星代表南十字星座，象征新西兰；麦捆代表农业；羊代表发达的畜牧业；交叉的斧头象征工业和矿业；三只扬帆的船代表海上贸易的重要性。盾徽右侧为手持武器的毛利人，左侧为持有国旗的欧洲移民妇女，上方有英国伊丽莎白女王二世加冕典礼时的王冠，象征英国女王是新西兰的国家元首，下方是新西兰蕨类植物，绶带上用英文写着“新西兰”。

新西兰国花是银蕨。新西兰毛利人称其为初露，银蕨也是新西兰国家的标志。银蕨多为野生，生长于新西兰境内的雨林地区。在毛利人传说中，银蕨原生于海洋，为指引毛利族人民，被邀请到新西兰的森林里，曾经毛利猎人和战士依靠银蕨树叶背面认路回家。因为银蕨叶子反面会反射星月的光辉，照亮穿越森林的路。新西兰人认为，银蕨体现新西兰的民族精神，将银蕨奉为新西兰独特的标志和荣誉的代表，如人们胸前的襟章，产品和服务的卷标，举国上下都可找到银蕨的图案。

新西兰国鸟是几维鸟。

新西兰国石是绿玉。

新西兰国歌是《天佑新西兰》与《天佑女王》。《天佑女王》一般作为王室颂歌使用。

新西兰首都是惠灵顿。

3. 发展简史

早在14世纪，毛利人定居新西兰。1642年，荷兰航海家在新西兰登陆。1769～1777年，英国库克船长先后5次到新西兰。此后，英国向新西兰大批移民，宣布占领新西兰。1840年2月6日，英国迫使毛利人族长签订《威坦哲条约》，新西兰沦为英国殖民地。1907年，新西兰从英国的直辖殖民地中独立，成为自治联邦。1947年，新西兰成为独立的主权国家，仍是英联邦成员国。

1972年12月22日，中国与新西兰正式建交。

三、新西兰政治体制与经济发展

（一）政治制度

新西兰实行英国式的议会民主制。英国女王是新西兰国家元首，女王任命总督作为代表行使管理权。议会实行一院制，称众议院，有议员97名，议员均由普选产生，任期3年。总督与内阁组成的行政会议是法定的最高行政机构。行政会议由总督主持。新西兰无成文宪法，其宪法是由英国议会和新西兰议会先后通过的一系列法律、修正案及英国枢密院的某些决定所构成。

（二）经济发展

新西兰是经济发达国家，工业以农林牧产品加工为主，主要有奶制品、毛毯、食品、酿酒、

皮革、烟草、造纸和木材加工等轻工业，产品主要供出口。农牧业是新西兰经济基础，农业高度机械化，主要农作物有小麦、大麦、燕麦、水果等。畜牧业发达，乳制品与肉类是新西兰最重要的出口产品，羊肉和乳制品出口量居世界前列，羊毛出口量居世界第二位，农牧产品的出口量占出口总量50%。新西兰森林与矿产资源丰富，有原木、圆木、木浆、纸及木板等，矿藏主要有煤、金、铁矿、天然气等。渔产品丰富，是世界第四大专属经济区。新西兰风景优美，有世界罕见的火山地热异常带，有沸泉、喷气孔、沸泥塘和间歇泉等奇景，每年吸引世界各地游客前来观光，旅游业是新西兰主要的经济支柱之一。2017年新西兰国内生产总值（GDP）约合1721亿美元，人均国内生产总值42941美元。

货币名称：新西兰元（New Zealand Dollar）。

参考汇率：1美元=1.5408新西兰元（2019年6月16日）。

四、新西兰教育及文化

（一）教育与留学

新西兰教育体制被视为世界上最好的教育体制之一。新西兰中、小学教育被联合国教科文组织评为全球中小学的最佳典范。全国实行统一教育体系，教育经费开支占政府开支第三位。新西兰小学、中学和高中为义务教育。公立学校遍布新西兰各地，由政府提供经费，公立学校就读的学生，19岁以前为免费教育，残疾学生、学习和行为障碍学生可延长至21岁。

新西兰稳定的社会治安，良好的英语环境，经济实惠的学费，被全世界认可及推崇的学历学位，使其备受各国留学生青睐。新西兰有8所公立大学，新西兰政府和媒体对新西兰的大学并无排名，全部8所公立大学学风严谨，很少降低招生标准。8所公立大学提供预科、本科、硕士、博士课程。一般业界将新西兰学校划分为两类：第一类是历史悠久的四所大学，奥克兰大学（被誉为新西兰“国宝级”大学）、坎特伯雷大学（University of Canterbury）、维多利亚大学

（Victoria University）、奥塔哥大学（University of Otago）；第二类是近代成立的四所大学，奥克兰理工大学（AUT University）、怀卡托大学（University of Waikato）、梅西大学（Massey University）、林肯大学（University of Lincoln）。

（二）毛利文化与艺术

新西兰人保护自然已是全民共识，他们热爱自然，亲近自然，珍视自然界馈赠的一切纯净与美好，这与千年的毛利文化息息相关。毛利文化深深影响着整个新西兰，无论街头巷尾的标识、传统建筑、或者日常问候的毛利语，处处浸透着毛利的传统文化。

1. 毛利表演

毛利表演包含传统演唱、舞蹈及哈卡舞（Haka）表演（古代战舞）。毛利人舞蹈分男女，男士跳“哈卡舞”（Haka），是一种战舞，表现骁勇善战的男人参加战斗的场景，裸露的上身，露出刺青，时不时发出震耳欲聋的吼叫声。女士跳“波伊”（Poi），舞姿优美，极其温柔。

2. 毛利雕刻

毛利人善于用天然的东西创造艺术，他们在新西兰绿石上雕刻提基神像，在矿山湾创造巨大的岩石雕刻。从传统建筑装饰到船只、传统武器、日常用品，毛利人的雕刻工艺无处不在。经过千年繁衍和传承，毛利人一直从未改变雕刻和编织的传统技艺。

3. 毛利刺青

刺青是毛利文化的传承。对于毛利人来说，刺青蕴涵着神圣的意义。每一幅刺青图案都是独一无二的，分别记载着他们的职业、地位、成就等，有地位的男士会在脸上、腿上、背部和臀部刺上柔美的曲线或漩涡状花纹，以示身份。女士只在嘴角和下巴处刺上花纹。

4. 毛利石窑大餐

毛利人占新西兰人口的14%，主要生活在罗

托鲁瓦，这是一座遍布热泉，泥浆沸腾的城市，因地热资源丰富，毛利人发明了窑烤的烹饪方法，制作毛利窑烤，需先用湿布将食物篮包裹起来，然后放入土坑，再用烧热的石块埋起来，利用被封存在地坑里的热量和蒸汽将食物慢慢地烤制成熟，耗时较长，但窑烤能够最大程度保留食材的原汁原味。

（三）文学名人

毛利女作家克丽·休姆曾获1985年布克文学奖，代表作品*The Bone People*（《骨头人》），表现了毛利文学的巨大生命力，成为当代经典之作。2013年，新西兰女作家埃莉诺·卡顿荣获布克文学奖，成为布克奖历史上最年轻的作家，代表作品《发光体》。

五、新西兰民俗风情

（一）民间节日及法定节假日

新西兰欧裔占70%以上，其节假日承袭了欧洲传统，现今新西兰华人人口增加，中国的春节也日渐成为新西兰的重要节日。其民间节日则与民间文化艺术相关，如每年4月举办的奥克兰爵士音乐节。每年2月6日的怀坦吉节与历史有关。

新西兰法定节假日以2020年为例，如下。

1. 新年

1月1~2日。

2. 国庆节 / 怀唐伊日

2月6日，纪念1840年建国。

3. 耶稣受难日

4月10日。

4. 复活节翌日

4月13日。

5. 澳新军团日

4月25日，纪念第一次世界大战中，澳新军团在加利波利半岛登陆。

6. 英女王寿辰

6月1日，庆祝英国女王伊丽莎白二世诞辰。

7. 劳动节

10月26日。

8. 圣诞节

12月25日。

9. 节礼日 / 圣诞节翌日

12月26日。

（二）社交礼仪

社交场合，新西兰人与客人见面一般行握手礼，少数行鞠躬礼。与妇女见面等待女士先伸出手再握手问好。正式场合称呼先生、夫人、女士。一般情况下，称呼比较随便，若不相熟应称呼姓。毛利人接待客人的最高礼仪是碰鼻礼，碰鼻时间越长表示对客人的礼遇越高。在最尊贵的客人到来时，由部族中最年长的人和全体男女陪同，在“马雷”（毛利人的会堂）里吟唱和交谈，通宵达旦。毛利人舞蹈别具一格，鲜艳的民族服装、美丽的花环、项上挂着的绿佩玉以及腰上系着的蒲草裙，充分展现毛利人独特的民族风情。毛利人迎宾舞蹈已成为新西兰官方迎接贵宾的最高礼仪。

（三）禁忌

新西兰人视“13”为不吉利的数字，无论做什么事情，都设法回避这个数字。忌讳男女同场活动，即使看戏或电影，通常也分为男子场和女子场。新西兰人不愿谈论有关宗教、国内政治和私人事务的话题。忌讳当众嚼口香糖或用牙签，被视为不文明的举止。当众闲聊是很失礼的行为。新西兰重视未成年人保护，法律规定严格。若未经父母同意随便碰触孩子会引起反感，情节严重者甚至以骚扰孩子为由被告上法庭，乃至驱逐出境。新西兰是禁烟的国家，所有公共场所均不准吸烟。新西兰非常注重动植物保护，即使是公园的花草、野鸭和小鸟都不得侵害，违法者将受到严厉的处罚。《休闲捕鱼规定》详细说明鱼、虾、贝等不同种类生物的捕捞数量、尺寸、季节，捕捞用具的种类、尺寸。若违反动植物保护方面的规定，有可能被判刑、遣送、罚款等。

六、新西兰主要旅游城市及著名旅游景观

（一）地理坐标：惠灵顿

惠灵顿位于新西兰北岛的南部，扼库克海峡咽喉，处于南北岛交通中心，城市三面环山，一面临海，依山而建，因地势较高且位于西风带范畴，常年刮风，被称作“风城”，所以最清洁的风能被广泛利用，风帆、冲浪等运动也颇盛行。惠灵顿市区和东方湾处于平缓地带，大多数房屋建造在山上。1965年惠灵顿正式替代奥克兰成为新西兰首都，是全国第二大城市，素有“新西兰艺术与文化之都”的美称，博物馆和美术馆数量众多，也汇集了全国表演、时装、美食、夜生活等文化精华。

1. 复古缆车

惠灵顿多数景点和住宅建于山上，著名的复古小红缆车成为当地一大特色，乘缆车不仅可从市中心抵达国会大厦、植物园、卡特天文台等各处景点，而且可以饱览海港的迷人风光。

2. 惠灵顿国会大厦

国会大厦是惠灵顿的象征，大厦建筑由三部分组成，中央是议会大楼，北边是哥特式建筑风格的国会图书馆，南边是外观形似蜂窝的行政大楼，又称蜂巢建筑，该建筑由英国建筑师巴兹尔·斯潘塞（Basil Spence）爵士设计，1971年动工，1980年建成，它成为新西兰标志性建筑，也是惠灵顿不可错过的景观。议会大楼对面是老政府大楼，该建筑是南半球最大的木结构建筑，也是世界上仅次于日本东大寺的木结构建筑物。

（二）地理坐标：奥克兰

奥克兰位于新西兰北岛西北岸，是港口、工商业和金融中心和全国最大的城市，是南太平洋重要的交通枢纽，有“帆船之都”“火山之城”的美称。奥克兰三面环海，拥有海港、火山、岛屿、波利尼西亚文化、现代大都市和19世纪建筑等景观，也是全球排名前三位的最适宜居住城市。位于奥克兰市中心的天空塔高328米，是南半球最高建筑，塔顶有多层观景台环视奥克兰，有酒店、餐厅赌场、购物等。

1. 霍比特小镇

霍比特小镇距离奥克兰车程2小时，被电影公司发掘并打造成电影中小矮人的完美家园，《霍比特人》上映后，这个小矮人童话般的栖息地、诗意的田园风光和电影中的场景吸引无数旅游者前来。

2. 奥克兰博物馆

奥克兰博物馆位于奥克兰公园内，是一所收藏历史和民族文物的博物馆，哥特式建筑风格，共三层，馆内陈设品丰富，第一层以展示毛利文化为主，有毛利人独特的民族手工艺品，经复原的毛利人集会场所及毛利人日用展览。第二层是动植物标本展，第三层是武器展。

3. 伊甸山

伊甸山位于奥克兰市中心以南约5千米处，是一座死火山，形成于2万~3万年前，高196米，是奥克兰陆地火山带中最高的火山，也是奥克兰最重要的象征之一。 火山喷发时岩浆达1.6亿立方米。山顶设有瞭望台，在这里可以欣赏火山口遗迹，也可以俯瞰奥克兰市区全景及两大港湾，火山口底部也有吃草的牛群，还可参观12世纪时期的毛利人要塞遗迹。

4. 怀托摩萤火虫洞

怀托摩萤火虫洞位于奥克兰以南168千米的蒂库伊蒂附近，是新西兰北岛西部山区一种极为罕见的活性岩石洞穴，有钟乳石和萤火虫洞，大约于1.5万年前形成，被毛利人奉为世界七大奇景之一，洞穴中萤火虫吐着一粒接一粒的黏丝，尾部发出蓝色荧光，置身其中仿佛在银河遨游。

（三）地理坐标：罗托鲁瓦

罗托鲁瓦位于新西兰北岛中部罗托鲁瓦湖畔，是一座工业城市，距奥克兰221千米，是毛利人聚居区。自18世纪成为新西兰著名的地热观光城市，蒸汽轮游湖、空中缆车、下坡滑道车、激流泛舟、骑行穿过原始森林等活动吸引大批游客。火山、地热喷泉、泥浆池、湖泊、牧场、古老的毛利文化、民族手工艺品、地热煮食等为人们展示了最地道的新西兰景观和风情。著名的自然风光有欧卡雷瀑布风景保护区、法卡雷瓦雷瓦森林公园、天际缆车重力公园等，森林中穿梭90多千米世界级山地自行车赛道，罗托鲁瓦承办众多国际和全国比赛。

1. 怀奥塔普地热世界

怀奥塔普地热世界位于罗托鲁瓦南部，车行约40分钟路程，怀奥塔普地热景观经过千万年形成，色彩绚丽宛如人间天堂。景观内有世界著名的香槟池、天然彩色温泉、气泡翻滚的泥浆池、蒸汽腾腾的地面、巨大的火山口、矿物沉淀的五彩台地。著名的诺克斯夫人间歇喷泉，每天上午十点多喷发，约持续1个小时，水柱最高可达20米，蔚为壮观，很多游客选择徒步观赏地热世界。

2. 地狱之门

地狱之门是罗托鲁瓦最活跃的地热保护区，丰富的地热景观、喷气孔、泥浆池、热水湖、硫黄晶体和沉淀物随处可见，沿着古代毛利战士行走的步道可以在保护区漫步，可欣赏南半球最大的卡卡西热水瀑布，该瀑布是毛利战士从战场归来后沐浴疗养的地方，含有硫黄的热水可治疗伤口。地狱之门的泥浆浴池也有治愈病痛的功效，游客可在古老的泥浆池中享受泥浆浴，洗去泥浆后，也可感受硫黄温泉的舒适。

©视觉中国

（四）地理坐标：基督城

基督城是新西兰南岛最大的城市，仅次于奥克兰的重要港口，这里是除英国之外，最具有英国色彩的城市。雅芳河贯穿全城，绿树花草互映，基督城被誉为“花园城市”。基督城东部的半岛地形由高耸的球形火山形成，西部可见坎特伯平原上的南阿尔卑斯山脉，1901年开始作为前往南极的出发点，成为进入南极的大门。

©视觉中国

1. 基督城大教堂

基督城大教堂位于市中心，始建于1864年，直到1904年完工，是新西兰最负盛名的文艺复兴时期哥特式教堂，高65.5米，塔内有13个钟。塔尖曾毁于三次地震中，最后修复时塔尖上半部用硬木代替并包裹铜皮。教堂内有观景平台，可俯瞰城市全景。教堂的广场上另有圣杯建筑和巨型西洋棋盘，大教堂也成为基督城地标性建筑。

2. 蒂卡波湖

蒂卡波湖位于基督城西南部，远离市区，是一个冰川堰塞湖。湖的四周有茂密的丛林和一望无际的雪山，风景如画。蒂卡波湖附近的亚历山大丽娜湖、麦克格雷湖、康威湖都是钓棕鳟和虹鳟的好地方。冬季附近的雪山是速降滑雪和越野滑雪的大本营。这里还有全球最纯净的天空和星空夜景，很多摄影爱好者来此地拍星轨。

3. 国际南极中心

国际南极中心位于基督城国际机场附近，1990年建成，因新西兰、美国、意大利南极合作建成的大型综合设施。现由基督城国际机场集团经营，不仅为南极科研项目提供支持，而且通过模拟南极地貌、气候、生态环境为游客展示南极圈大陆的知识，游客可以体验南极冰屋、南极风暴等，也能观赏40厘米高的小蓝企鹅。

4. 库克山国家公园

库克山国家公园位于基督城中心区的西部，建于1953年，与新西兰西区国家公园、亚斯派灵山国家公园、峡湾国家公园一起组成世界遗产区。新西兰全境有27座海拔超过3050米的雪山，其中22座位于该公园内，公园内拥有最高的库克山，海拔3755米，处于南阿尔卑斯山中段。著名的塔斯曼冰川，长27千米，最宽处3千米，冰层厚度达600米。

（五）地理坐标：皇后镇

皇后镇位于新西兰南岛中南部，地处南阿尔卑斯山脚下，瓦卡蒂普湖畔。1947年，皇后镇开设第一家滑雪场，此后从一座宁静小镇发展成为世界顶级的度假胜地。风景如画的上帝偏爱之地，曾经是淘金小镇，现在是通往魔幻世界的通道。搭乘拥有百年历史的老式TSS蒸汽船，饱览瓦卡蒂普湖畔景致，重温上世纪之初的优雅风情，蹦极、漂流、冲浪、汽艇等探险活动以及牧场游乐活动，皇后镇成为新西兰最受欢迎的观光地之一，每年吸引上百万游客。

1. 格林诺奇

格林诺奇位于瓦卡蒂普湖北岸，拥有新西兰多条顶级步道，是骑马远足等户外活动的天堂。这里的壮观风景也成为中土魔幻世界的门户，《魔戒》三部曲和《纳尼亚传奇》在此地大量取景。距格林诺奇20千米处的天堂镇拥有着令人窒息的美丽风光，甘道夫的扮演者伊恩·麦凯伦爵士评论天堂镇："这就是我一直幻想的中土世界"。

2. 蒂阿瑙

蒂阿瑙是一座位于蒂阿瑙湖畔的宁静小镇，它被选为《指环王》三部曲中的一个拍摄地。这里的怀奥河就是影片中安都因河，河畔高耸的山峰是影片中环境恶劣的瑞文戴尔南部地区。在安都因河可乘坐喷气式快艇体验沿途美景。

3. 米佛峡湾

米佛峡湾拥有着新西兰著名的瀑布廊，陡峭的崖壁上挂满瀑布，冰川运动形成的巨大U形山谷，被英国作家吉普林称为"世界第八大奇观"。米佛峡湾也是《魔戒》中一个重要的取景地。

（六）地理坐标：达尼丁

达尼丁位于新西兰南岛东南部，是南岛第二大城市，苏格兰人于1848年建立，这里被誉为"除苏格兰外，最具苏格兰风格的城市"，拥有着许多维多利亚时代与爱德华时代的建筑。古典建筑、现代气息、日式花园、中式园林等在这里交融。达尼丁也是濒危物种的家园，有"野生生物之都"之称，奥塔哥地区是最知名的生态旅游地，也是野生动物的天堂，有黄眼企鹅自然保护区、皇家信天翁中心，这里能最近距离看到信天翁、黄眼企鹅、小蓝企鹅、新西兰长毛海豹、胡克海狮等，黄眼企鹅是极其罕见的全球濒危动物，也是达尼丁特色之一。皇家信天翁中心位于最东端，是世界唯一的大陆皇家信天翁聚居地，每年12月至次年2月是最佳观赏时期。

有时候，我们做出的最艰难的决定，最终成为我们做过的最漂亮的事。

摩拉基大圆石

摩拉基大圆石位于新西兰南岛东海岸，是一处自然奇观。海水退潮时，50多个巨大的圆石头露出海面，被称为“东海岸巨蛋”。毛利人传说，巨蛋是一千多年前航海大战中阿雷德欧鲁号在岸边沉没时滚出来的瓜果。经科学家研究认为，这些大圆石形成于6500万年前，因饱含会结晶的钙与碳酸盐微粒的海底沉积泥而慢慢形成的巨型圆石。

七、新西兰旅游资讯

（一）娱乐活动

1. 品酒观光业

新西兰葡萄种植区主要集中在干燥、阳光充足的东部地区，如吉斯本恩、霍克斯湾以及马尔堡地区，其他主要种植区有奥克兰、马丁堡、尼尔森和中奥塔哥，这些地区位于纬度36°～45°间，纵长1600千米，马尔堡是新西兰最大红酒产区。游客多沿着“经典新西兰美酒公路”探访酒庄，参与活动。

2. 极限运动

1986年，新西兰人A.J.哈奇特躲在巴黎埃菲尔铁塔一整夜等待第二天清晨时一跃而下，虽然此举被带到警察局审问，然而这一跳，新西兰人发明的蹦极运动由此名扬世界。蹦极跳、高空跳伞、高山滑雪、峡谷秋千、悬崖跳伞、滑翔伞、喷射艇、洞穴漂流、滚球下降等丰富的挑战极限

的运动盛行，这些运动标志着新西兰是世界极限运动的始祖地点。新西兰便利的航空、方便获取的签证和不高的汇率，使新西兰成为渴望冒险和挑战自然的户外旅行者的首选地。

3. 观光列车之旅

新西兰西海岸著名的“跨越阿尔卑斯号”列车，是著名的高山观光列车，沿途经过隧道和高架桥梁，在变化的地形和美景中一直抵达南岛东部的基督城。

达尼丁泰伊里峡谷观光火车被誉为世界上最精彩的火车旅行之一，已有100多年历史，火车配有餐厅，座椅宽大且舒适，广播有实时英文讲解，窗外不断变幻的峡谷风光和壮阔的山峦，更能让游客感受神奇的新西兰。

（二）出境提示

1. 境外法规及风俗习惯

（1）携带大剂量药剂时，需携带医师证明，避免在新西兰海关遇到阻拦，部分药物需出示医生处方笺。

（2）新西兰高地地区天气变化快，预防寒湿天气。海湾地区或潮湿地区，白蛉很多，需备驱虫剂。新西兰阳光强，在户外超过15～20分钟，需做好防晒工作。

（3）新西兰许多休闲活动在水上进行，新西兰水上安全局建议在插有红黄旗帜的安全海域游泳。儿童需有成人全程看护，应接受救生员劝告，了解潮汐时间，不要独自游泳和冲浪，远离不确定水域。新西兰旅游局不提倡自由露营。

（4）新西兰政府规定，公共娱乐场合禁止吸烟，包括酒吧、餐厅、咖啡厅和赌场，如果吸烟一定在室外。

（5）新西兰人一般不收取服务小费，旅馆、餐厅和酒吧的账单不收取服务费。如果为表示谢意，可自行决定小费额度。

（6）新西兰是世界上最安全的旅游地之一，如遇紧急情况，可用任何电话拨打111求助火警、警察、救护车、搜救和救援。

2. 货币兑换及时差

（1）新西兰流通货币是新西兰元，可在银行、国际机场、部分酒店、大城市兑换处均可换取，建议携带一张国际信用卡出行。

货币汇率：1元人民币=0.2225新西兰元（2019年6月16日）。

（2）新西兰与中国时差4个小时，如中国时间为20:00，新西兰时间为00:00。

专题

南太平洋风光

蓝天白云　碧海沙滩　七彩潟湖 斑斓珊瑚海
它是世上最偏远的南太平洋　是未经文明洗礼的世外桃源
新喀孤独的灯塔　守望百年日升日落 盈盈月华
亚苏尔火山口　时而轻烟萦绕　时而沸腾咆哮 温柔幻灭
落日里斐济海天一色　醉情于波光霞光中那一影孤帆
天堂的模样 斐济的日常　南太平洋处处皆仙境
避世的天堂萨摩亚　寻一处沉潜 抛却婆娑红尘
澄澈多彩的大溪地　觅一方幽蓝 拓宽心灵边界
无际星辰与辽远海天　一直是心之所向的恒久征途
惟愿于空间之旅　可寻遍地球与宇宙　于时间之旅 能体悟信仰与终极

二维码链接PPT
专题文件详细内容

南太平洋风光专题链接详情
新喀里多尼亚 New Caledonia
斐济 The FiJi Islands
大溪地 Tahiti

创意设计

大洋洲主题旅游线路设计

通过你对大洋洲地区主要旅游目的地国家的认识与了解，自行设计一篇某国（自选国家）一地主题旅游线路或设计相邻多国主题旅游线路。要求如下。

1 线路设计题目可自拟（详情可参考出境旅游线路范例）;

2 线路设计应主题鲜明（详情可参阅附录主题旅游分类名称）;

3 线路设计内容应包含行程天数、游览项目以及吃住行游购娱六要素、温馨提示、出境旅游注意事项等信息（详情可参阅出境旅游线路范例PDF文档链接）;

4 线路行程中游览项目应体现线路主题特色，避免行程游览项目无序堆叠。

第四部分

欧洲地区

主要旅游目的地国家

第一篇 古典优雅 绅士风度之英国

【印象英国】

华灯初上的泰晤士河畔，远望古老的大本钟和威斯敏斯特宫、伦敦眼的巨大光环和尖顶塔桥，这一刻，英伦灵魂深沉地安放在静谧暮色里。

穿梭于中世纪一众顶尖学府，呼吸着牛津剑桥学海的气息，踱步在古老的小径，感受着国王学院成功的喧嚣。这一刻，英伦人文于康河微波里荡起无限涟漪，挥之不去的是徐志摩的再别康桥。

乌斯河畔两千年历史的约克，有中世纪城墙和举世闻名的约克大教堂，这里有魔法世界的霍格沃茨大厅，哈利波特的对角巷和国王十字车站，约克镇完美地平衡着古典与现代。这一刻，英伦气质于古朴中优雅地呈现。

无论撒克逊式与都铎式建筑，抑或哥特式与厚重红砖建筑，这个建筑界的贵族以各式建筑记载着盛世风云。这一刻，英伦建筑将时间的旅程完美演绎。

本初子午线穿过格林威治起伏的大草坪，喧闹的曼城令球迷热血贲张，崖壁上的爱丁堡庄严凝重地守卫苏格兰高地，原乡美景的威尔士宁静安详，索尔兹伯里平原矗立着英国人心中神圣的史前巨石阵，北爱尔兰4万根玄武岩柱汇聚成数公里巨人之路绵延入海。每处巡礼，理解了滴滴英伦时光里的岁月静好。

王室宫邸、恢宏古堡、肃穆教堂、巍峨山脉、纯净湖区、峡谷峡湾、乡村庄园、球迷圣地、哈利波特的$9\frac{3}{4}$站台，这个岛国自然含蓄、优雅高贵。世间，万千物景，总有一处能安放最纯净的心灵，总有一处可放飞最美丽的心情。

一、英国出境旅游线路参考范例

贫穷不会磨灭一个人高贵的品质，纵然你衣衫褴褛满身泥土，骨子里的教养却也让人肃然起敬。——薄伽丘

线路参考范例一

英国 10 日风情之旅

线路参考范例二

英伦 10 日集萃之旅

线路参考范例三

英国 9 日经典之旅

线路参考范例四

轻户外深旅行——北英格兰 10 日潮趣之旅

线路参考范例五

梦圆英超——英国 9 日激情观赛之旅

线路参考范例六

圣帕特里克的召唤——英国爱尔兰 14 日狂欢之旅

二、英国国情掠影

（一）自然地理

英国全称“大不列颠及北爱尔兰联合王国”（The United Kingdom of Great Britain and Northern Ireland ,UK），“不列颠”克尔特语意为“杂色多彩”，指居民喜欢以五彩文身；又因部分不列颠人移居法国，故将本土称为“大不列颠”。英国位于欧洲大陆西北部大西洋中，东濒北海，西邻爱尔兰，隔大西洋与美国和加拿大遥遥相望，南部隔多佛尔海峡、英吉利海峡与欧洲大陆相邻，北部濒大西洋与冰岛相望，地理位置优越，是进入大西洋的门户。英国由大不列颠岛（包括英格兰、苏格兰、威尔士）、爱尔兰岛东北部以及周围5000多个小岛组成，总面积24.41万平方千米。

英国西北高、东南低，全境分为四个部分，即英格兰东南部平原、中西部山区、苏格兰山区、北爱尔兰高原和山区。北部的本内维斯峰海拔1344米，为全国最高点。英格兰北部的奔宁山脉长约250千米，被誉为“英格兰的脊梁”。英国主要河流有塞文河（354千米）和泰晤士河（346千米），塞文河是大不列颠第一长河，泰晤士河终年不冻。位于北爱尔兰的内伊湖，面积居英国湖泊面积之首。英国海岸线总长11450千米。

英国受北大西洋暖流影响，属于温带海洋性阔叶林气候，终年温和湿润，多雨雾，冬暖夏凉，四季温差不大。1月平均气温4~7℃，7月平均气温13~17℃。年平均降水量约1100毫米，北部和西部山区的年降水量超过2000毫米，中部和东部则少于800毫米，每年2~3月最为干燥，10月~次年1月最为湿润。

（二）人文概况

1．人口、民族、语言及宗教

英国的人口约6600万人（英国国家统计局2018年）。主要由英格兰人、苏格兰人、威尔士人、北爱尔兰人构成。

英国官方语言和通用语言均为英语。北爱尔兰地区通用英语和爱尔兰语，少部分地区仍使用盖尔语。威尔士地区除英语外，约1/5人使用古老的威尔士语。苏格兰地区英语在用法和发音上稍有不同。

英国人多信奉基督教新教，主要分英格兰教会（也称英国国教圣公会）和苏格兰教会（也称长老会），新教徒约占总人口的60%；北爱尔兰地区部分居民信奉天主教，教徒约占总人口的9%；另有部分居民信奉伊斯兰教、印度教、佛教、锡

©视觉中国

克教和犹太教。

2. 国旗、国徽、国花及首都

英国国旗呈横长方形，由深蓝色底色和红、白“米”字形图案组成。国旗正中是带边的红色正十字，代表英格兰守护神乔治；白色的交叉十字代表苏格兰守护神安德鲁；红色交叉十字代表爱尔兰守护神圣帕特里克。国旗长宽比例为2：1。

英国国徽即英王徽，中心图案为一枚盾徽，盾面左上角和右上角为红底上三只金狮，象征英格兰；右上角为金底上站立的红狮，象征苏格兰；左下角为蓝底上金黄色竖琴，象征爱尔兰。盾徽两侧各有一只头戴王冠的狮子和独角兽，狮子代表英格兰，独角兽代表苏格兰。盾徽上端为镶有珠宝的金银色头盔、帝国王冠和头戴王冠的狮子。盾徽周围用法文写着一句格言，意为“恶有恶报”；下端悬挂着嘉德勋章，绶带上写着“天有上帝，我有权利”。

英国国花是玫瑰花。

英国国石是钻石。

英国国歌是《神佑国王》。

英国首都是伦敦。

3. 发展简史

英国上古史可追溯到旧石器时代。曾经，地中海伊比利亚人、比克人、凯尔特人先后来到不列颠。公元1~5世纪，曾沦为罗马帝国属地。罗马人撤走后，欧洲北部的盎格鲁人、萨克逊人、朱特人相继移民定居。7世纪，开始形成封建制度，王国间争雄达200年，此时称“盎格鲁·撒克逊时代”。1066年，诺曼底公爵渡海征服英格兰。1338~1453年，英法间发生“百年战争”。1588年，英国击败西班牙“无敌舰队”，从此树立海上霸权。1649年5月19日，宣布成立共和国。1660年，王朝复辟。1668年，发生“光荣革命”，确定了君主立宪制。18世纪，确立内阁负责制。1707年，英格兰与苏格兰合并，1801年，与爱尔兰合并。18世纪60年代，工业革命率先在英国发生，至19世纪30年代末，英国基本完成工业变革。至1914年，英国殖民地面积是本土的111倍，称“日不落帝国”。第二次世界大战受到重创，战后经济实力削弱，政治地位下降，英帝国殖民体系逐步瓦解。

三、英国政治体制与经济发展

（一）政治制度

英国实行君主立宪制。国王是国家元首、最高司法长官、武装部队总司令和英国圣公会的“最高领袖”，形式上有权任免首相、各部大臣、高级法官、军官、各属地的总督、外交官、主教及英国圣公会的高级神职人员等，有召集、停止、解

散议会，批准法律，宣战、媾和等权力。实权在内阁。现任国家元首为伊丽莎白二世女王。长子查尔斯王子受封为威尔士亲王，立为英国王储。

议会是最高司法和立法机构，由国王、上院和下院组成。上院（贵族院）由王室后裔、世袭贵族、新封贵族、上诉法院法官、教会大主教及主教组成。下院也叫平民院，议员由普选产生，采取最多票当选的小选区选举制度，任期5年。政府实行内阁制，由国王任命在议会选举中占多数席位的政党领袖出任首相并组阁，向议会负责。内阁由首相、枢密大臣、政府的重要大臣组成。

（二）经济发展

英国是世界经济强国之一，其经济规模居全世界第四位，国内生产总值在西方国家中居前列。英国也是世界第四大贸易国，伦敦是世界最大的国际外汇市场和国际保险中心，也是世界上最大的金融和贸易中心之一，贸易额占世界贸易总额的5%以上，商品和劳务出口约占国内生产总值的25%。英国工业有采矿、冶金机械、食品、轻纺、建筑、电子、化工等，英国工业重点是航空、国防和生物制药。此外，海底石油开采、信息工程、卫星通信、微电子等新兴技术近年有较大发展。英国农业以乳畜业为主。英国拥有大量的煤、天然气和石油储备，主要能源生产大约占总GDP的10%。服务业包括金融保险业、零售业、旅游业和商业服务（提供法律及咨询服务）等发展迅速。旅游业已经成为英国最重要的经济部门之一，收入占世界旅游收入的5%左右，其王室文化和博物馆文化是旅游观光的最大看点。2017年英国国内生产总值（GDP）约合2.622万亿美元，人均国内生产总值39720美元。

货币名称：英镑（POUND简称£，国际货币符号为GBP），1英镑=100便士。

参考汇率：1美元=0.7943英镑，1英镑=1.1234欧元（2019年6月16日）。

四、英国教育及文化

（一）教育与留学

英国教育以悠久的历史、严格的标准和过硬的教学质量著称于世。英国大不列颠岛三个地区实行5~16岁义务教育制度，北爱尔兰地区实行4~16岁义务教育。义务教育归属地方政府，高等教育由中央政府负责。

英国享誉全球的高质量教育水准，国际认可的文凭，多元化生活环境，独立自主的学习模式以及最快的学习年限，每年吸引着大量的留学生。最著名的高等学府有：剑桥大学（培养80多位诺贝尔奖得主的世界十大名校之一）、牛津大学（世界级顶尖高等学府）、帝国理工学院（英国大

学中排名三甲）、杜伦大学（英格兰最早创立的第三所大学）、伦敦大学学院（G5超级精英大学之一）、爱丁堡大学（苏格兰排名最高的大学）、伦敦大学国王学院（著名的国际顶尖大学）等。

（二）文化艺术

1. 文学巨匠

英国文学在世界文学史上占有重要地位，历经文艺复兴、新古典主义、浪漫主义、现实主义、现代主义等阶段，造就了一大批有影响力的文学巨匠。

（1）杰弗里·乔叟　“英国文学之父”，是第一个反映英国本土社会的诗人，乔叟是第一位用英语创作的宫廷作家，他的作品对现代英语形成做出巨大贡献。乔叟也是首位葬在威斯敏斯特教堂诗人之角的诗人，著名代表作品《坎特伯雷故事集》。

（2）威廉·莎士比亚　“英国戏剧之父”，最伟大的作家、杰出剧作家和诗人。莎士比亚与古希腊三大悲剧家埃斯库罗斯、索福克里斯及欧里庇得斯一同被誉为戏剧史上四大悲剧家。代表作品有四大悲剧《哈姆雷特》《奥赛罗》《李尔王》《麦克白》和四大喜剧《第十二夜》《仲夏夜之梦》《威尼斯商人》《皆大欢喜》，历史剧《亨利四世》《亨利六世》等。

（3）丹尼尔·笛福　“小说之父”，英国启蒙时期现实主义小说奠基人，代表作品《鲁滨逊漂流记》《莫尔·弗兰德斯》《杰克上校》等。

（4）查尔斯·狄更斯　英国批判现实主义小说家，为英国批判社会主义文学开拓做出卓越贡献，对英国文学发展起到深远的影响。代表作品《匹克威克外传》《雾都孤儿》《远大前程》《老古玩店》《艰难时世》《我们共同的朋友》《双城记》等。

（5）托马斯·哈代　英国批判现实主义作家和英国最杰出的乡土小说家、诗人，早期和中期创作以小说为主，晚年以诗歌开拓英国20世纪的文学，代表作品《德伯家的苔丝》《卡斯特桥市长》《无名的裘德》《远离尘嚣》等。

（6）萧伯纳　英国现代杰出的现实主义剧作家，作品具有理想主义和人道主义，曾获诺贝尔文学奖，代表作品《圣女贞德》《华伦夫人的职业》等，萧伯纳主张用渐进方法改变资本主义制度，反对暴力革命，反对“为艺术而艺术”。

（7）珀西·比希·雪莱　英国著名诗人、哲学家、改革家和散文家，最伟大的抒情诗剧《解放了的普罗米修斯》，常被誉为英语中最伟大的爱情诗《我灵中之灵》，著名代表作有《西风颂》《致云雀》和《云》等。

（8）乔治·戈登·拜伦　英国伟大的浪漫主义诗人，为民主、自由、民族解放的理想而斗争，他的作品具有重大的历史进步意义，代表作品有《恰尔德·哈洛儿德游记》《唐璜》等。

（9）约翰·济慈　欧洲浪漫主义运动的杰出代表和英国杰出的诗作家，才华横溢，与雪莱和拜伦齐名，代表作品有《伊莎贝拉》《圣亚妮节前夜》《夜莺颂》《秋颂》等。

2. 英伦建筑

英国建筑历史已有3000多年，最为古老的遗迹是史前巨石阵和卡拉尼什神秘石圈。罗马时代传承了古罗马浴场及长城防御工事。中世纪时期石匠技艺的不断完善，涌现大批罗马风格和哥特式混合的石制建筑以及古城堡。17世纪乡间豪华住宅建筑盛行，最为著名的是巴斯的皇家新月楼成为此类建筑的经典杰作。维多利亚时代是英国建筑的黄金时期，以维多利亚哥特式建筑风格盛行，多用于市政厅的建造。19世纪以后的建筑以坚固耐用和高层建筑为主要特征。

成功，是喜欢与厌倦间的螺旋式上升，最终不是喜欢而是责任，支撑我们一次次对抗厌倦，抵达柳暗花明。

3．体育运动

英国是现代足球的发源地，经过100多年发展，足球不仅是一项运动而是作为一种文化浸透英国的每个角落，英国拥有享誉世界足坛的曼联、切尔西、阿森纳、利物浦四大球队。近年各种体育赛事吸引着世界各国球迷亲临现场观看比赛，感受真正的足球激情。英国的英式橄榄球、板球、赛马、网球也拥有傲人的成绩。

4．英伦摇滚

20世纪70年代，自披头士乐队开始，偏向于流行乐的英伦摇滚音乐风格逐渐被世界熟知，乐手们演唱自己的生活及现实感受，引起了无数乐迷的共鸣和热爱。披头士之后，英伦摇滚优秀人物层出不穷，从早期的清新明媚的曲调至后期融入朋克等音乐元素的曲风，一次又一次在世界乐坛掀起狂潮。20世纪80年代，绿洲乐队、U2乐队等将英伦摇滚带入黄金时代，演绎了与众不同的英式激情。

五、英国民俗风情

（一）民间节日及法定节假日

1．民间节日

英国民间节日主要以宗教节日和各种纪念日为主。以2020年为例，如下。

（1）基督教节日　主显节（1月6日）、薄饼日（2月25日）、大斋首日（2月26日）、棕树节（4月5日）、复活节（4月11~13日）、耶稣升天节（5月21日）、圣灵降临节（5月31日）、三一节（6月7日）、圣母升天节（8月15日）、万圣节（11月1日）。

（2）穆斯林节日　登宵节（3月22日）、斋戒月（4月24日）、开斋节（5月24日）、宰牲节（7月31日）、伊斯兰新年（8月20日）、圣纪节（10月29日）。

（3）节日或纪念日　华人新年（1月25日）、情人节（2月14日）、女王寿辰（6月13日）、父亲节（6月21日）。

2．银行假日和当地假日

英国的法定节假日统一称作银行假日（Bank Holiday），即全国休息日。银行假日期间，公司、学校等机构统一放假。英国银行假日以2020年为例，如下：新年（1月1日）、耶稣受难日（4月10日）、五月初公共假日（5月4日）、春假（5月25日）、圣诞节（12月25日）、节礼日/圣诞节翌日（12月26日）。

除银行假日全国统一休假外，英国各地区假日不尽相同。以2020年为例，英国其他地区的当地假日有替代日（1月2日）、圣帕特里克日（3月17日）、博因河战役/奥兰治日（7月12日）、圣安德鲁日（11月30日）。

3．带薪假期

1998年，英国实施《工作时间条例》，全日制员工有权获得每年20天带薪假期。经劳资协商，少则3个星期，多则长达1个多月。2003年修订后条例将带薪假期制度扩大到所有行业，在各界工会的积极推动下，英国政府出台了新的《工作和家庭法》，英国员工每年依法享受20天带薪假期增至28天，于2009年4月1日起实施。

（二）社交礼仪

英国人以优雅举世闻名，英国是绅士之国。

讲究文明礼貌，注重修养，遵循“女士优先”的原则，同时也要求别人对自己有礼貌。英国人习惯以握手表示友谊，与人握手时，无论男女，无论天气多寒冷，应先将手套脱掉，以示尊重。英国人注重生活质量，追求精神享受。注重着装的得体与美观，重要场合穿着很正规，平时追求舒适简单的服饰。英国人爱好阅读、听音乐会、看戏等文化活动。喜欢养宠物。英国人性格保守，谨慎且沉默寡言。认识陌生人必须由第三者介绍。英国人生活方式和习惯比较循规蹈矩，英国家庭一般一日三餐加茶点，早餐（7~9点）、上午茶（11点）、午餐（13~14点）、下午茶（16~17点）、晚餐（19点半左右），晚餐是一天中的正餐，食物丰盛。英国交通实行“左线行驶”。英国人遵守纪律，上车或买东西等自觉排队。

（三）禁忌

英国人忌讳数字“13”，视“星期五”不吉利，最忌讳13日与星期五是同一天。忌讳谈论金钱、婚姻、职业、年龄等个人隐私。英国人谈话距离保持在50厘米以上为宜。众人面前忌讳耳语。见面或道别忌讳四人交叉式握手，认为会招致灾难。忌讳用同一根火柴给第三个人点烟，认为会招致不幸。忌讳送人百合花和菊花，认为这两种花意味着死亡。英国人购物不喜欢讨价还价，认为这是很丢面子的事情。

六、英国主要旅游城市及著名旅游景观

（一）地理坐标：伦敦

伦敦位于英格兰东南部平原，泰晤士河穿城而过，是英国首都和全国政治、金融、文化、艺术、教育中心，也是英国王室、政府、议会及各政党总部所在地。伦敦历史悠久，名胜古迹众多，是世界级的观赏胜地，拥有白金汉宫、议会大厦、伦敦塔等古典建筑群以及世界一流的博物馆、美术馆、世界著名大学和研究机构。伦敦城是一座现代与古老完美融合的城市。

这一生，我们都走在认识自己的路上。一旦真正看清楚自己，恐怕就再没有勇气去评价任何人。

我们都要学会把悲伤写在日记本里然后一把火烧掉。把快乐每天都翻出来炫耀。

1. 泰晤士河

泰晤士河是英国最著名的河流，全长约338千米。沿泰晤士河而行，入口第一处是著名的格林尼治，山巅有古天文台。自格林尼治西行，可经过伦敦的地标塔桥，塔桥西行进入伦敦市区，两岸遍布现代高楼大厦、古典建筑群、皇宫苑囿、郡政厅等紧依河滨。自1856年开始，每年牛津大学和剑桥大学的复活节赛艇比赛，夏季的皇家亨利杯划船比赛，都在泰晤士河举行。

2. 伦敦塔桥

塔桥是泰晤士河入口的第一座桥，是伦敦的象征。建成于1894年，宽约30米，长270米，连接伦敦南北区，桥上的两座桥墩建有高耸的方形尖塔，两塔间建有双层两用桥，下层活动桥面有6车道，塔桥升起时可通行万吨邮轮，上层是固定人行桥。桥塔内有楼梯上下，内设博物馆、展览厅、商店、酒吧等。登上塔桥可欣赏泰晤士河风光。

3. 伦敦眼

伦敦眼位于泰晤士河畔，是一个高135米的巨型摩天轮，1999年年底开幕，是世界上最大的第一座观景摩天轮。伦敦眼原是英国庆祝千禧年来临而兴建的临时建筑，计划5年后拆卸，但因建成后很受欢迎，最终决定长期保留。伦敦眼有32个乘坐舱，每个乘坐舱可载客约15名，一圈需30分钟，舱内可俯瞰伦敦全景。

4. 伦敦塔

伦敦塔位于泰晤士河北岸，是一座拥有900多年历史的诺曼底式城堡建筑群。1078年威廉一世建造，历时20年完成。13世纪外围增建13座塔楼，形成一圈环拱的卫城，使伦敦塔既是一座坚固的兵营城堡，又是一座富丽堂皇的宫殿，有天文台、监狱、教堂、刑场、动物园、小码头等小建筑，是英国中世纪的经典城堡。伦敦塔地下室收藏有国王的王冠、权杖、宝石、珠宝等举世闻名的珍宝。

5. 议会大厦和大本钟

议会大厦位于伦敦市中心泰晤士河畔，是英国的政治中心。议会大厦原名为威斯敏斯特宫，1834年大火几乎全被烧毁，只留下唯一的威斯敏斯特大厅。1840年重建，1860年完工后花费数年建成如今规模。议会大厦是哥特式建筑风格，占地3万多平方米，内部华丽，有1100个房间。大本钟位于议会大厦北角，钟楼高96米，钟面直径7米，重13.5吨，是议会大厦最引人注目的一部分，以负责钟塔工程的本杰明·霍尔名字命名。

©视觉中国

6. 白金汉宫

白金汉宫因1703年白金汉公爵兴建而得名，自维多利亚女王时代成为王宫，现仍是伊丽莎白女王的王室住地，英国女王召见首相、大臣和接待、宴请外宾等重要活动均在此举行。白金汉宫是一座19世纪前期的豪华式风格灰色建筑，宫前广场有胜利女神金像和维多利亚女王坐像和御花园。王宫内有典礼厅、音乐厅、宴会厅、画廊等600多个厅室，艺术馆大厅陈列英国历代王朝帝后100多幅画像和半身雕像。4~9月每天上午有皇家卫兵换岗仪式。

©视觉中国

7. 威斯敏斯特大教堂

威斯敏斯特大教堂位于议会大厦西南侧，建成于1065年，1245年亨利三世重建，以后历代都有增建，15世纪末竣工，是英国哥特式建筑的杰作。教堂平面呈拉丁十字形，长156米，宽22米，钟楼高68.5米，堂内装饰华丽。它是英国历代国王举行加冕典礼、王室成员举行婚礼的大礼堂，也是英国国王陵墓。这里也是历史文物集萃地和著名人物纪念地，英国著名的政治家、科学家、军事家、文学家也长眠于此，有丘吉尔、牛顿、达尔文、狄更斯、布朗宁等。

©视觉中国

8. 海德公园

海德公园曾是英王的狩鹿场，现在是伦敦最大的皇家公园，也是伦敦城里一片奢侈的绿地。海德公园东北角有大理石凯旋门，东南角有威灵顿拱门，园内有亚奇伯德喷泉，九曲艺廊、著名的演讲角，演讲角作为英国民主的历史象征一直延续至今。如今海德公园是伦敦市民休闲、野餐、享受美好时光的地方，同时也是夏季音乐会表演的重要场所。

9. 圣保罗大教堂

圣保罗大教堂位于泰晤士河畔的小丘上，是伦敦的宗教中心和主教座堂，也是伦敦最著名的教堂之一。始建于公元12世纪，1666年毁于大火，1697年重建。大教堂圆顶是仅次于罗马圣彼得大教堂的世界第二大圆顶教堂，圆顶直径34米、高约111米，宽约74米，纵深约157米，采用三层设计。教堂内有珍贵的镶嵌画、壁画和浮雕，有艺术宝库的美誉。

10. 大英博物馆

大英博物馆是世界上规模最大、最著名的博物馆之一，与纽约大都会艺术博物馆、巴黎卢浮宫、俄罗斯艾尔米塔什博物馆并列为世界四大博物馆。博物馆正门圆柱上方刻有巨型浮雕，整座建筑雄伟壮观。馆内藏品约800多万件，由于空间限制有大批藏品未能公开展出。博物馆以收藏古罗马遗迹、古希腊雕像、埃及木乃伊闻名于世，世界各地许多文物、手稿、图书，藏品之丰富、种类之繁多为全世界博物馆所罕见。

11. 杜莎夫人蜡像馆

杜莎夫人蜡像馆是全世界水平最高的蜡像馆之一，杜莎夫人于1835年在伦敦建立用来陈列自1789年法国大革命后所做的蜡像，有英国王室成员、历史人物、政治家、世界歌星、著名影视明星、体育明星等蜡像。蜡像馆由三层楼及地下室组成了四个展览层。除蜡像外，另有精心营造的各种情境，以恐怖屋最为著名。

（二）地理坐标：伦敦周边

1. 牛津大学

牛津大学位于伦敦西北100多千米的牛津市，是英语世界中最古老的大学，也是英国大学中的顶级综合性大学。由39个学院以及7个永久性私人学堂组成。牛津大学与牛津市融为一体，街道从校园穿过。大学没有校门和围墙。学院用教学楼围起一片庭院，回廊围绕。牛津大学以自然科学、应用经济科学、商务管理哲学三大领域的成就震撼世界，也以丰富多样的教学方法声名远扬，培养了众多牛津精英。据统计，牛津产生4位英国国王，46位诺贝尔奖获得者，25位英国首相，3位圣人，86位大主教及18位红衣主教。

2. 剑桥大学

剑桥大学位于伦敦北部约80千米的剑桥镇，是英国和全世界最顶尖的综合性大学之一。成立于1209年，最早由一批从牛津大学逃离出来的学者建立，直到1231年，亨利三世国王正式授予剑桥教学垄断权。剑桥大学没有围墙，学院、研究所、图书馆、实验室等建在剑桥镇的康河两岸和小镇的其他地方，有35个学院，各学院历史背景不同，实行独特的学院制，各学院有着高度的自主权，遵守统一的剑桥大学章程。剑桥大学为世界各国培养了众多的科学家、政治家、文学家、作家等。徐志摩曾在剑桥大学就读，写下了著名的《再别康桥》。

（三）地理坐标：伯明翰

伯明翰位于英格兰中部，是英国第二大城市和大型工业城市。工业革命后，因附近发现煤矿，经过几个世纪的发展，成为欧洲举足轻重的工业和商业中心。伯明翰市区高楼大厦较少，多数建筑是维多利亚式古朴典雅的二层楼房。伯明翰大学是英国著名的“红砖大学”之一。1990年伯明翰被正式命名为“欧洲体育之城”。伯明翰以极好的购物环境、艺术画廊、博物馆等文化吸引着世界各地游客。

（四）地理坐标：利物浦

利物浦位于英格兰西北部默西河畔，是英国第二大贸易港，素有“英西门户”之称。利物浦是英国国家旅游局认定的最佳旅游城市，利物浦孕育了许多闻名世界的艺术家、表演者、喜剧演员、发明家和政界要人。也是体育运动之城，利物浦、埃文敦足球俱乐部享誉世界。利物浦更是令无数乐迷倾倒的披头士乐队的故乡。利物大厦是利物浦的标志性建筑，利物鸟被认为是这座古老城市的守护者。

（五）地理坐标：约克

约克位于英格兰北部，公元71年罗马人为防御蛮族而建立的堡垒，之后扩大成为最重要的行政和军事重镇。现今约克城拥有欧洲现存最大的中世纪教堂和古城墙等壮观的历史遗迹，市中心是在古城的基础上发展起来的，政府保留了比较完整的中世纪英国风貌，仍有石头路道路，石头房子上布满青苔。风光秀美和古迹众多使得约克成为英国仅次于伦敦的旅游胜地。

约克大教堂

约克大教堂是英国最大的哥特式教堂。13世纪初动工，250年后完成。教堂内拥有世界上面积最大、以单扇窗镶嵌的中世纪彩绘玻璃和世界最古老的侧廊。教堂东面一整片的彩色玻璃，面积几乎相当于一个网球场的大小，玻璃染色、切割、组合工艺一流。教堂内还有一些如小天使、封建时代的盾牌和龙头的小收藏。

（六）地理坐标：巴斯

巴斯位于英格兰西南邻近威尔士，是一座集英格兰古典美与威尔士淳朴自然于一身的田园风光小城。公元1世纪，凯撒大帝横扫欧亚，罗马人入侵，被这里优美的风光和天然温泉吸引，将此地取名“巴斯”，并修建众多豪华浴池和神庙建筑，使巴斯成为举世瞩目的温泉度假胜地。18世纪后，著名的设计师约翰·伍德进行完整设计，将这个典雅的乔治建筑风格的城市再次规划为著名旅游胜地。巴斯拥有新月建筑、圆形广场、矿泉供应室、普尔特尼桥等建筑瑰宝，被联合国教科文组织列入“世界文化遗产”。

©视觉中国

1. 皇家新月王宫

皇家新月王宫是巴斯最为气势恢弘的大型古建筑群，建于1767~1775年，由30幢楼连在一起组成，采用意大利式装饰，共有114根圆柱。新月王宫道路与房屋均如新月般排列，优美的弧线尽显高雅贵族风范。其中排名第一的为皇家新月博物馆，展出有许多珍贵的文物、肖像等，还有一部分是皇家新月酒店，是当地最高级的星级酒店之一。

©视觉中国

2. 巴斯大教堂

巴斯大教堂位于市中心，是巴斯的标志性建筑。始建于公元8世纪，1499年由奥利弗主教重建，以雄伟的彩色玻璃和扇形天花板闻名，因窗户多而被称为“西方明灯”。教堂正面有奥利弗主教梦中遇到上帝指示他如何建造教堂的石刻，教堂的玻璃彩窗以56块玻璃叙述56个耶稣事迹。巴斯大教堂是巴斯国际音乐节和许多重大节日活动的举办场所，也曾是英格兰第一位皇帝的加冕地。

©视觉中国

（七）地理坐标：苏格兰

尼斯湖

尼斯湖东北连接尼斯河，经因弗内斯流向北海，是英国最大的淡水湖。湖面不宽阔却很深，平均深度约200米，最深处约293米，这里湖水终年不冻，两岸陡峭，林木茂密。困扰人们多个世纪的尼斯湖水怪消息一出，探访尼斯湖的人开始络绎不绝，直至现在，尼斯湖水怪是否存在，虽然持否定态度的人越来越多，但仍吸引很多人前来一睹尼斯湖风光。

（八）地理坐标：爱丁堡

爱丁堡位于英国北部，是苏格兰的首府，也是苏格兰政治、金融和文化中心。以其自然景观和优雅建筑被誉为“北方雅典”。市中心分为新城区和老城区，新城区以购物和休闲娱乐为主，老城区以黑灰色沙石修建的宫殿、教堂、城堡等英伦古建筑遗迹为主。中世纪以来，爱丁堡在欧洲文化交流中占有重要地位，18世纪德国著名作曲家门德尔松赞美爱丁堡的风光是他创作灵感的源泉。

爱丁堡城堡

爱丁堡城堡建在三面悬崖的小山上，前门是唯一可进城堡大门的斜坡道路称皇家一英里大道，苏格兰女王玛丽一世曾在此居住。近几年，哈利·波特电影中神秘且令人敬畏的古堡——霍格沃茨魔法学校的原型之一也是爱丁堡城堡，使其知名度直线上升。站在城堡可俯瞰整个市区，因为优越的地理位置曾是皇宫和军事要塞，现在是苏格兰战争博物馆，有整齐排放的巨炮、战车、各种兵器、战袍等，城堡中有一个王冠展室展示了苏格兰王冠、令牌和宝剑等王位继承的信物。城堡中的加农炮每天13:00鸣响，城堡的入口处，每天13:50有卫兵换岗仪式。

（九）地理坐标：北爱尔兰

巨人之路

巨人之路位于北爱尔兰贝尔法斯特西北约80千米处大西洋海岸110米的断崖上，这个奇特的景观由4万块巨大的黑色玄武岩柱组成并伸向大海，传说是由一个巨人建成。根据地质学家对巨人之路300多年的研究结果表明，它是第三纪时期活火山不断喷发而形成的，一股股玄武岩熔涌出地面冷凝后形成的六边形、五边形和四边形的棱柱。巨人之路是世界自然奇观和世界自然遗产，也是北爱尔兰最著名的旅游景观。

（十）地理坐标：索尔兹伯里

史前巨石阵

巨石阵位于索尔兹伯里以北约16千米处一个空旷的原野上，约建于公元前4000年至公元前2000年，属新石器时代末期至青铜时代，是一个谜一般的史前时代文化遗址。巨石阵主体由几十块巨大的石柱组成，石柱排成几个完整的同心圆，巨石阵的外围是直径约90米的环形土沟与土岗，内侧紧挨着56个圆形坑。石阵中心的巨石最高有8米，平均重近30吨，有不少重达7吨的巨石横架在两根竖着石柱上。至今谜云重重的巨石阵矗立在索尔兹伯里平原上，雄浑而神秘，引得许多考古学家和游客前来瞻仰。

七、英国旅游资讯

（一）旅游购物

英国伦敦是著名的购物天堂，昂贵的奢侈品、为皇室服务的百年老店、科技产品、手工艺品、大众商品等一应俱全。伦敦市内每年有两次减价，夏季从6月第四周至7月第二周，折扣为30%~50%；冬季从圣诞节至1月末，折扣为40%~60%。伦敦著名的购物区有牛津街、邦德街、摄政街、杰明街、伯灵顿市场街、皮卡迪利广场、骑士桥等，著名的大型百货公司有哈罗兹、夏菲尼高（Harvey Nichols）、塞尔福里奇（Selfridges）、利伯提（Liberty）、彼得·琼斯（Peter Jones）、约翰·路易斯（John Lewis）等。著名的品牌有柏帛丽、积家、保罗·史密斯（Paul Smith）、登喜路等。

（二）出境提示

1. 境外法规及风俗习惯

（1）欧洲法律规定，司机每行驶两小时后必须休息20分钟，每天开车时间不得超过9小时，且休息时间在12小时以上。

（2）欧洲法律规定，公共场合禁止吸烟，如被查到将会受到当地相关执法部门的重罚，罚额高达500~2000英镑不等，一定要严格遵守欧洲国家的规定，以免造成损失。

（3）欧洲各国均有付小费的习惯，是国际礼仪之一，如认为服务人员表现优秀，可自愿给予小费，是对服务人员工作的肯定与感谢，如搬运行李小费、酒店打扫小费等，因地区及服务性质不同，可先参考导游意见，再判断支付小费的多少。

（4）来自非欧盟客人在标有“Tax Free Shopping”的店内购物享受退税，关于退税详情购物前咨询旅行社工作人员，避免造成损失。

2. 货币兑换及时差

（1）英国流通货币为英镑，纸币为英镑，硬币为便士。建议出国前换好所需英镑，除准备信用卡及银联卡外，可多准备一些零钱，持中国银联卡可在英国境内部分商店刷卡消费，并可使用ATM取款。

货币汇率：1元人民币=0.1147英镑（2019年6月16日）。

（2）英国使用格林尼治时间，英国时间比中国北京时间晚8个小时，如北京时间20:00，英国时间12:00。每年3月底启用夏令时，英国夏令时时间比北京时间晚7个小时。

第二篇 转个身 看法国

【印象法国】

每个人的梦中都有一个法国，
历史的、浪漫的、静谧的、文艺的、香甜的、唯美的……
或许它是凡尔赛宫百年间更迭的那一段路易家族史，
或许它是瞭望无边的普罗旺斯那一地薰衣草的芬芳，
或许它是缱绻阳光里尼斯戛纳的那一片红瓦蓝海白沙滩金棕榈，
或许它是卢浮宫里断臂的维纳斯和蒙娜丽莎的那一抹微笑，
或许它是波尔多橡木桶里那一丝甘洌浓郁的葡萄香，
或许它是埃菲尔铁塔300米夜空华丽的烟火绽放，
也或许，它是永远留在了昨天的那一座巴黎圣母院和卡西莫多的爱。
……

世间万物虽生生不息，然都有期限，没有什么是恒久如新。人生来来往往，很多的人与物在渐行渐远中，在一个极其平淡的日子里，还没有正式告别，忽然就再也不见，于是我们懂得来日并不方长。我们穷尽一生，与一个人、一处景、一座城或这个世界，仍来得及珍惜的，只有此时此刻。

所以若心存梦想，就插上羽翼飞翔，它一直在百折不回的远方。若脚步不愿停留，就带上信念，背起行囊，去塞纳河畔小坐，到铁塔下仰望，再闻一闻阿尔卑斯雪山的味道。珍惜生命中每一个此时此刻，走出去，见天地，看众生，方可遇见那个灵魂丰盈的自己。

一、法国出境旅游线路参考范例

线路参考范例一

法兰西 10 日时尚迷情之旅

线路参考范例二

法国 7 日印象之旅

线路参考范例三

徒步全球——法国环勃朗峰（TMB）9 日徒步之旅

线路参考范例四

阿尔卑斯的召唤——法意瑞 13 日臻享之旅

线路参考范例五

法意瑞 12 日中古时光之旅

线路参考范例六

梦圆欧冠——法国意大利 13 日激情观赛之旅

二、法国国情掠影

（一）自然地理

法国，全称“法兰西共和国”（The Republic of France），位于欧洲大陆西端，西北隔拉芒什海峡（英吉利海峡）与英国相望，英法两国通过海底隧道将英国与欧洲大陆连接起来。法国北部濒北海，东北部、东部、东南部与比利时、卢森堡、德国、瑞士、意大利、摩纳哥接壤，东南濒地中海，西南与西班牙、安道尔相连，西接大西洋。法国是地中海与大西洋、南欧与西北欧、欧洲大陆与北美洲沟通的桥梁。国土略呈六边形，

总面积55.16万平方千米，不包括海外领地，法国领土除欧洲大陆外，地中海、太平洋等150多个岛屿也隶属于法国，其中最大岛屿是科西嘉岛。

法国地势东南高、西北低。地形以平原和丘陵为主，占总面积的80%。法国北部为巴黎盆地，西部和西北部是平原地区，中部为中央高原，东部有汝拉山脉和孚日山脉，东南部是阿尔卑斯山脉，主峰勃朗峰位于法意边境，海拔4810米。西南部是比利牛斯山脉，位于法西边境。法国主要河流有卢瓦尔河、罗讷河、塞纳河，运河总长约8000多千米，是欧洲运河最多的国家之一。森林面积居欧洲前列，森林覆盖率30%。最大岛屿是地中海上的科西嘉岛。法国海岸线全长3115千米。

法国大部分地区属温带海洋性阔叶林气候，气候温和，冬暖夏凉，常年有雨。中部与东部属温带大陆性气候，南部地区属亚热带地中海气候，西部属温带海洋性气候，年平均气温10~14℃，年平均降水量从西北往东南由600毫米递增至1000毫米以上。

延伸阅读

摩纳哥（Monaco）

黄金历经烧炼去掉杂质，才成纯金。沙砾历经磨难不断蜕变，才成珍珠。人也一样，忧患里获得成长，失去中学会珍惜，在不断告别中懂得放手。

（二）人文概况

1. 人口、民族、语言及宗教

法国的人口约6699万人（2019年1月1日）。主要以法兰西人为主，有少数布列塔尼人、科西嘉人、佛拉芒人、斯拉夫人、日耳曼人和巴斯克人等，另有外国侨民和犹太人。

法国的国语是法语。法语是联合国的正式语言、国际会议的工作语言，除法国外，瑞士、比利时、卢森堡、科特迪瓦、加拿大、海地等27个国家定法语为官方语言，在突尼斯、摩洛哥、阿尔及利亚等国，法语是通用语言。

法国居民主要信奉天主教，约占总人口的62%，少部分人信奉伊斯兰教、新教、犹太教，28%居民无宗教信仰。

2. 国旗、国徽、国花及首都

法国国旗呈长方形，旗面由三个平行且相等的竖长方形构成，从左至右分别为蓝、白、红三色。该旗帜首次出现于1789年法国大革命时期，巴黎国民自卫队以蓝、白、红三色旗为队旗。1848年4月20日，法兰西第三共和国将其定为法国国旗至今。三色分别代表自由、平等、博爱。国旗长宽比例为3∶2。

法国没有正式的国徽，传统上采用大革命时期的纹章作为国家的标志。纹章为椭圆形，绘有大革命时期流行的标志——束棒，是古罗马高级执法官用的权标，是权威的象征。束棒两侧饰有橄榄枝和橡树枝，其间缠绕的绶带上用法文写着“自由、平等、博爱”。整个图案由带有古罗马军团勋章的绶带环饰。

法国国歌是《马赛曲》。

法国国花是鸢尾花。

法国国鸟是公鸡。

法国首都是巴黎。

3. 发展简史

法国历史可追溯到2000多年前。公元前7世纪，高卢人在此定居。公元5世纪，法兰克人征服高卢，建立法兰克王国。10世纪末以后的几百年间，法兰西民族经长期融合基本形成，国名也由西法兰克改为法兰西。法兰西由拉丁文Francia演变而来，意为“勇敢的、自由的国家”。15世纪末16世纪初，法国形成中央集权国家。17世纪至18世纪上半叶，“太阳王”路易十四时期法国封建社会达到鼎盛时期，君主专制达到顶峰。1789年7月14日，巴黎人民攻占巴士底狱，法国大革命爆发，废除君主制，颁布了资产阶级革命纲领《人权宣言》。1792年9月22日，建立法兰西第一共和国。1799年11月9日，拿破仑·波拿巴夺取政权，1804年称帝，建立法兰西第一帝国，1814年帝国解体，波旁王朝复辟。1848年2月，爆发二月革命，建立第二共和国。1851年，拿破仑三世路易·波拿巴发动政变，于1852年，建立第二帝国。1870年，普

法战争战败后，帝国倾覆。1871年3月18日，巴黎人民举行武装起义，成立了历史上第一个无产阶级政权——巴黎公社，同年5月底，被法国军队残酷镇压。同年9月，建立法兰西第三共和国。第一次世界大战，法国是战胜国。1919年6月28日，在巴黎附近签订标志战争结束的《凡尔赛和约》。第二次世界大战期间，法国遭德国入侵，第三共和国覆灭。1944年6月，宣布成立临时政府，戴高乐将军担任首脑，国外组织“自由法国”抵抗力量，国内各民主爱国力量开展了游击战争。1944年，法国解放。1946年，通过宪法，建立第四共和国。1958年9月，通过新宪法。1959年1月，戴高乐总统就职，法兰西第五共和国诞生。

1964 年 1 月 27 日，中国与法国宣布建立大使级外交关系。法国是第一个与新中国建立外交关系和全面伙伴关系的西方大国。

三、法国政治体制与经济发展

（一）政治制度

法国是总统议会制国家。宪法规定，总统为国家元首和武装部队统帅，任期5年，由选民直接普选产生。总统代替议会成为国家的权利中心，有权行使部分立法权、任命内阁总理、批准总理提出的部长名单，有权解散议会，但一年内不得解散两次。在非常时期，总统拥有根据形势需要采取必要措施的全权。在总统不能履行职务或空缺时，由参议院议长暂行总统职权。议会为最高的立法机构，由国民议会和参议院组成，拥有制定法律、监督政府、通过预算、批准宣战等权

利。法国实行多党制，目前有30多个政党。

（二）经济发展

法国是经济发达的工业国家，主要工业有汽车制造、造船、机械、纺织、化学、电器、建筑业、日常消费品、食品加工等，其中钢铁、汽车和建筑业为工业三大经济支柱。核能、石油化工、海洋开发、航空航天等工业发展也较迅速。法国的核发电量居世界第三位，航空航天工业仅次于美国和俄罗斯，居世界第三位。钢铁工业和纺织业居世界第六位。法国也是欧盟最大的农业生产国，是世界主要农副产品出口国。粮食产量占全欧洲粮食产量的1/3，农副产品出口居世界第二位，约占世界市场的11%。法国商业较为发达，法国时装、餐饮、香水举世闻名，法国葡萄酒享誉全球，酒类出口占世界出口的一半。法国是世界著名的旅游目的地国，每年接待外国游客数量居世界首位。2017年法国国内生产总值（GDP）约合2.583万亿美元，人均国内生产总值38477美元。

货币名称：原为法国法郎，自2002年1月1日起，使用欧元（简称€）。

参考汇率：1美元= 0.8923欧元（2019年6月16日）。

四、法国教育及文化

（一）教育与留学

法国的学校教育分为初等教育、中等教育和

读懂自己的内心，承认自己、接纳自己，然后找到自己的道路，一步一个脚印往前走，这样才能获得内心的平静和充实。

高等教育三种。6~16岁为义务教育，学制5年。中等教育包含普通中等教育和职业技术教育两类，普通中等教育包括初中（学制4年）和高中（学制3年），职业技术教育包括技术高中、职业高中、艺徒培训中心、就业前教育适应班四种。高等教育分为综合性大学、高等专业学院、高等技术学校和承担教学任务的科研教育机构四类。

法国政府对教育重视程度极高，国际院校排名统计中，法国综合大学和高等专业学院均名列前茅，法国科研水平很高，曾获得60多个诺贝尔奖。法国公立大学免学费，国家也为留学生提供补贴及各种类型奖学金，学生也可以选择法语或英语授课课程。因法国是世界上贸易强国，为留学生带来无数工作和实习机会，法国备受各国留学生青睐。法国著名的大学：巴黎第一大学（世界一流综合性大学）、蒙彼利埃大学（生态学全球第一，世界最古老大学之一）、斯特拉斯堡大学（欧洲顶尖高等学府，世界学术百强大学之一）、里尔第一大学（著名的综合性大学）、里昂第一大学（里昂最大的高等学府，科研卓著）、图卢兹大学（世界著名大学）、巴黎第五大学（欧洲最古老的大学之一）等。

（二）文化艺术

1. 文学巨匠

公元842年，《斯特拉斯堡盟约》是法国文学起源的标志。11世纪的《罗兰之歌》是英雄史诗的代表作。16世纪法国文艺复兴时期的著名作家蒙田，被认为是近代第一位伟大的散文家，代表作《蒙田随笔全集》被誉为“思想的宝库”，对后世影响深远。17世纪法国文学进入古典主义时期，涌现了布莱士·帕斯卡、拉·封丹等多位伟大的思想家、散文家。18世纪是法国资产阶级启蒙文学时期，史称“光明世纪”。伏尔泰是启蒙运动的领袖和导师，是当时欧洲思想界的泰斗。狄德罗是《百科全书》派的主要代表人物，法国《百科全书》的组织者和主编。卢梭是法国18世纪最重要、最具影响力的作家、文学家和杰出的思想家，代表作品《忏悔录》。19世纪上半叶，法国的文学艺术以浪漫主义和现实主义为主要标志，维克多·雨果是这一时期的杰出代表和精神领袖，在诗歌、戏剧、小说等领域影响巨大，代表作品《巴黎圣母院》《悲惨世界》一直被后世奉为文学经典。亚历山大·大仲马是重要的通俗小说作家，代表作品《三个火枪手》赢得世界声誉。巴尔扎克、福楼拜、司汤达是现实主义文学的著名代表，巴尔扎克的著作《人间喜剧》被誉为19世纪法国社会风俗的编年史。19世纪后半叶杰出的作家有埃米尔·左拉、莫泊桑、亚历山大·小仲马。 进入20世纪，主要作家有罗曼·罗兰、菲利普·索莱尔斯、帕斯卡·吉尼亚等文学名人。

2. 绘画艺术

法国积淀了深厚的绘画艺术，中世纪哥特式的彩色玻璃窗画、壁画、细密画，文艺复兴时期诞生法国枫丹白露画派和法国肖像画，17世纪出现宫廷古典主义绘画风格，18世纪洛可可艺术诞生。19世纪著名画家雅克·路易·大卫从意大

利回国，被誉为新古典主义画派奠基人。波旁王朝复辟年代产生浪漫主义绘画。19世纪兴起写实主义绘画并影响整个欧洲，这一时期的三大绘画代表是米勒、库尔贝和杜米埃。20世纪出现野兽派，同时以毕加索和布拉克为首的立体主义画派诞生，毕加索也是法国抽象画派鼻祖。法国世界级的绘画大师有马奈、莫纳、雷·诺阿、高更、塞尚等，享誉世界的雕塑艺术家有乌东、罗丹等。

3. 音乐舞蹈艺术

法国音乐、歌剧、芭蕾舞一直在世界上享有盛誉。法国音乐以香颂和爵士最为著名，德彪西、柏辽兹是世界闻名的音乐大师。在众多音乐家和作品中，最著名的是乔治·比才的歌剧作品《卡门》，至今依然是全球上演率最高的歌剧之一。建于1669年的巴黎歌剧院，是世界上历史最悠久的歌剧院之一，巴黎歌剧院芭蕾舞团建于1661年，是享誉世界的芭蕾舞团。

4. 建筑形式

洛可可艺术风格是巴洛克风格的延伸，巴洛克建筑风格流行于意大利，从未真正风靡法国。洛可可式建筑外观与巴洛克建筑相近，但注重内部繁复装饰，雕刻与家具是室内装饰一部分，缺乏独立机能。绘画以风俗画为主，用色清淡甜美，充满优雅华丽的感觉。

罗马式建筑参考东方和蛮族建筑特色，类似古典遗迹特色，一般用于教会建筑，如厚墙、十字拱形圆顶、小窗、高耸的大厅和繁复的石工，也成为影响法国本土建筑的第一座里程碑。

哥特式艺术以教堂发展的为重心，从罗马式的厚重、结实风格转变为强调垂直向上轻盈修长的独特形式，再搭配教堂内部大量色彩装饰和彩色玻璃窗，散发着神秘壮观、恍如置身天堂的感觉。

五、法国民俗风情

（一）民间节日及法定节假日

1. 民间节日

（1）新年　1月1日，家庭团圆日，馈赠礼物，邮寄贺卡。

（2）国庆节　7月14日，1880年6月法国议会通过法令确定这一天为法国国庆节。以纪念1789年法国大革命，巴黎人民攻占巴士底狱。国庆期间有阅兵仪式、焰火表演。

（3）停战节　11月11日，纪念第一次世界大战停战。

（4）复活节　春分第一次月圆之后的第一个星期日。

（5）耶稣升天节　复活节后的第六个星期日。

（6）圣灵降临节　复活节后的第七个星期日。

（7）万圣节　11月1日，祭奠逝者，凭吊故人。

（8）圣诞节　12月25日，圣诞除夕之夜，全家团聚，准备丰盛的年夜饭。

法国的民间节日另有帝王节（1月6日）、圣蜡节（2月2日）、情人节（2月14日）、狂欢节（3月）、愚人节（4月1日）、彩车节（6月），盛大的节庆活动有环法自行车赛（7月1日开始）、巴黎时装博览会（秋冬季）等。

2. 法定节假日

法国法定节假日以2020年为例，如下：新年（1月1日）、复活节翌日（4月13日）、劳动节（5月1日）、第二次世界大战胜利日（5月8日）、耶稣升天节（5月21日）、圣灵降临节（6月1日）、巴士底日/国庆节（7月14日）、圣母升天节（8月

15日）、万圣节（11月1日）、停战节（11月11日）、圣诞节（12月25日）。

3. 带薪假期

1936年，法国在世界上率先实行工薪阶层每年享受2周带薪假期。1982年，实行5天，39.5小时周工作制，将带薪假期延长至5周，人均39天。

（二）社交礼仪

法国人日常生活服饰比较随意，讲究舒适和突出个性。正式社交场合，对着装要求较严格。法国人见面礼节主要有握手礼、拥抱礼和亲吻礼。亲吻礼是使用最多、最广泛的礼节。法国人待人接物十分注意礼节，礼貌用语不离口。法国人爱好社交，善于交际，诙谐幽默，天性浪漫，渴求自由，纪律较差，自尊心强，偏爱“国货”。法国的时装、美食和艺术等举世闻名，致使法国人有着强烈的民族自尊心和民族自豪感。与法国人交谈时，如能讲几句法语，一定会使对方热情有加。

（三）禁忌

法国人忌讳谈论收入、年龄、婚姻等个人隐私。法国人大多喜爱蓝色、白色与红色，忌讳黄色与墨绿色。忌讳“13”和“星期五”。人际交往中，法国人十分重视礼物，送礼物忌讳送菊花、牡丹、玫瑰、杜鹃、水仙、金盏花和纸花，送玫瑰花只能送单数，除表达爱情外，不能送红色花。男士向一般关系的女士赠送香水是不合适的。接受礼品时，应当面打开包装，否则认为是无礼的表现。法国人忌讳核桃，认为它不吉利，忌讳用核桃待客并且对核桃图案也深表厌恶。法国人心中，狗是家庭成员，客人到访，不可对主人的狗表现出厌恶。

六、法国主要旅游城市及著名旅游景观

（一）地理坐标：巴黎

巴黎位于法国北部盆地中央，法国首都，是法国和西欧的政治、经济、文化教育中心，也是欧洲最大的城市之一和世界历史文化名城以及最繁华的都市之一，素有“世界花都”之称。巴黎有埃菲尔铁塔、凯旋门、卢浮宫、协和广场、巴黎圣母院等众多名胜古迹，美丽的塞纳河畔旁边公园和绿地星罗棋布。巴黎有许多学术研究机构、图书馆、剧院等，活跃的街头艺术，城市西北的泰尔特尔艺术广场是闻名世界的露天画廊。

用无悔接受过去，用自信掌控现在，用无惧面对未来。

1. 埃菲尔铁塔

埃菲尔铁塔是世界上第一座钢铁结构的高塔，是巴黎的地标性建筑，也被视为巴黎和法国的象征，铁塔因庆祝法国革命100周年和举办世界博览会而建，建成于1889年，以著名建筑师居斯塔夫·埃菲尔名字命名。塔高320米，呈A字形，塔座至塔顶有上千级阶梯，塔顶观景台可俯瞰巴黎全貌。

2. 巴黎圣母院

巴黎圣母院位于塞纳河中的城岛上，是闻名世界的天主教堂，也是欧洲建筑史上具有划时代意义的中世纪哥特式大教堂。雨果形容巴黎圣母院是："巨大石头的交响乐"。圣母院自上而下分3层，棱角分明，雄伟庄严，最底层有3个桃形门洞，门洞弧形上有精美浮雕。内部祭坛、回廊、门窗大量雕刻和绘画艺术，另有大量珍稀艺术品。几百年来，巴黎圣母院一直是法国宗教、政治、重大事件、典礼仪式举行的重要场所。2019年4月15日，世界著名的巴黎圣母院遭遇大火。

3. 卢浮宫

卢浮宫位于巴黎市中心塞纳河右畔，是法国最大的王宫建筑之一，原是中世纪城堡，经多次改建和扩建，形成一座U形的宫殿建筑群，1793年改为国立美术博物馆向公众开放。卢浮宫是世界四大博物馆之一，馆内藏有17世纪和文艺复兴时期的大量艺术作品，藏品达40多万件，囊括古埃及系列、埃特鲁里亚、罗马及东方各国艺术珍品，有绘画、雕塑、圣牌、手稿等藏品，种类丰富且艺术价值高，卢浮宫有198个展厅，镇馆三宝是达·芬奇的《蒙娜丽莎》、米洛斯的《维纳斯》和《胜利女神》。

当上帝赐予你荒野时，就意味着他要你成为搏击长空的鹰。把困苦的生活活出诗意，在薄情的世界活出深情，这才是人生的意义。

4. 凯旋门

凯旋门位于巴黎市中心戴高乐广场的中央，是巴黎四大建筑代表之一。1805年，凯旋门是拿破仑为纪念奥兹特里茨战役胜利而建，1806年奠基，工程历经30多年完工，于1836年7月举行落成典礼。凯旋门外部有大型浮雕，门内刻有远征的将士名字，门前有无名烈士纪念碑，门柱可乘电梯登上拱门，内部有小型历史博物馆，陈列着拿破仑生平事迹图片和文物等，另有法语解说的电影放映室。登上凯旋门顶部可俯瞰巴黎市景，12条大街以凯旋门为中心，像星光四射，气势磅礴。

5. 香榭丽舍大街

香榭丽舍大街横贯巴黎，是最具特色的繁华街道之一，大街面向凯旋门广场。香榭丽舍大街以南北走向的隆布万街为界，形成风格迥异的东西两段，东段700米是幽静的田园风光，西段1100米是喧嚣的高级商业区，沿途梧桐树夹道，道旁有全巴黎最著名的奢侈品牌店、大银行、时装店、电影院、咖啡馆、酒吧等，是巴黎的第一商业大道。

善，是人性中所蕴藏的一种最柔软，但却也是最有力量的情怀。

6. 先贤祠

先贤祠位于巴黎市中心塞纳河左岸拉丁区。原是路易十五时代建成的圣·日内维耶夫教堂，1791年国家将其改建成纪念法国历史名人的大殿。建筑仿希腊十字形，门前有22根立柱支撑三角门楣，门楣上方有大卫·亚当斯创作的浮雕，门楣刻有铭文：“伟人，祖国感谢你们”。先贤祠内安葬着伏尔泰、卢梭、雨果、左拉、大仲马、小仲马等。

7. 协和广场

协和广场为法国最著名广场和世界上最美丽的广场之一。1763年建成，广场矗立着一尊高23米，已有3400 多年历史的埃及方尖碑，碑身古文记载着拉美西斯二世法老的事迹。广场中心曾有路易十五的骑像，1763年曾命名“路易十五广场”。大革命时期命名为革命广场，法国大革命期间，国王路易十六等人在此被送上了断头台。1795年，将其更名为“协和广场”。

8. 爱丽舍宫

爱丽舍宫位于巴黎市中心香榭丽舍大街东端，是法国总统官邸，也是法国最高权力的象征。戴佛罗伯爵于18世纪兴建，爱丽舍宫主楼是一座两层高的欧洲古典式建筑，典雅庄重，两翼是对称的两座两层高的精美建筑，中间是宽敞的矩形庭院。宫内共有369间大小不等的厅室，陈设着大量珍贵的艺术品。1879年法兰西第三共和国颁布法令，爱丽舍宫正式成为法国总统府。

9. 巴黎歌剧院

巴黎歌剧院位于巴黎市中心奥斯曼大街，又称加尼叶歌剧院，是一座新巴洛克风格歌剧院，建于19世纪中期，是拿破仑三世时期最杰出的建筑之一，也是世界上最大的抒情剧场之一，规模宏大，拥有2000多个座位。由法国著名建筑大师查尔斯·加尼叶设计，被认为是新巴洛克式建筑的典范之一，建筑将古希腊罗马式柱廊、巴洛克等几种建筑形式完美地融于一起，金碧辉煌且细致精美。

（二）地理坐标：凡尔赛镇

凡尔赛宫

凡尔赛宫位于巴黎西南郊外伊夫林省省会凡尔赛镇，17世纪法王路易十四迁都凡尔赛，将原为狩猎行宫的凡尔赛宫扩建成规模最奢华宏大的古典主义风格宫殿，立面分为纵、横三段，左右对称，造型轮廓整齐、庄严雄伟。宫殿和园林作为一个整体进行设计，喷泉、瀑布、雕塑、装饰品和各种几何形状的花坛，宫内1300间房间摆放着纯金饰品、珍稀古董、油画和雕塑。1919年6月28日，第一次世界大战中协约国在镜厅（镜廊）与德国签订《凡尔赛和约》。

现在所承受的，是起心动念所造。将来所拥有的，也是当下举手投足而来。

（三）地理坐标：枫丹白露镇

枫丹白露宫

枫丹白露宫位于法国北部法兰西岛地区的枫丹白露镇，是法国最大的王宫之一，宫殿自1137年国王路易六世建造伊始一直是法国国王狩猎的行宫。16世纪的弗朗索瓦一世起，亨利二世、路易十六和拿破仑等历代君主根据各自需要和爱好，不断改建和扩建，有中国馆、狄安娜花园、钟塔庭、宴会舞厅、弗朗索瓦一世长廊、戴安娜庭院等。1808年，拿破仑革命时期，建造了华贵的御座厅，厅内墙壁和天花板用黄色、红色、绿色调的金叶粉饰，地板用画毯覆盖，吊灯晶莹夺目。

（四）地理坐标：马赛

马赛位于法国南部地中海利翁湾东岸，三面环山，是法国第二大城市和最古老的城市之一，也是法国南部的行政、经济、文化、交通中心和欧洲第四大港口，马赛是连接南欧、北非、西亚重要的交通枢纽。马赛建于公元前6世纪古希腊时代，资源丰富、渔业和工商业发达，是全国最大的船舶修理中心，拥有众多的文物古迹。距马赛老港3千米处的伊夫岛，传说是大仲马《基督山伯爵》书中主人公被囚禁的地方，每年吸引着全球众多游客参观。

（五）地理坐标：里昂

里昂位于罗讷河和索恩河交汇处，地处地中海通往欧洲北部的战略走廊，是法国东南部大城市。建于公元前43年，19世纪开始工业发展，曾经是西方丝织业中心，全国丝织业几乎全部集中于此。里昂作为水、陆、空交通枢纽，是沟通北欧和南欧的交通要道。里昂的科研和教育事业很发达，有20所高等院校。里昂也是一座历史名城，有许多中世纪建筑和博物馆，有著名的里昂大教堂、古罗马剧场遗址等。索恩河西岸老城的历史街区于1998年被列入《世界遗产名录》。

（六）地理坐标：尼斯

尼斯位于法国东南部，濒临地中海，是法国南部地中海沿岸第二大城市。尼斯依山傍水，气候宜人，尼斯的蔚蓝海岸地区是法国和世界著名旅游度假胜地。尼斯东部是旧城和港口，西部是新城，尼斯市内有著名的阿尔贝一世公园英国滨海大道、美国滨海大道、拉斯卡里宫、圣·雷帕拉特大教堂、夏加尔博物馆、马蒂斯博物馆、现代美术画廊、考古博物馆和展览宫等众多名胜古迹。尼斯机场是仅次于巴黎和马赛的法国第三大机场，尼斯狂欢节是法国最著名的节日之一。

（七）地理坐标：戛纳

戛纳位于尼斯西南约26千米处，濒临地中海，是欧洲著名的旅游胜地和国际名流社交场所。戛纳海水蔚蓝，气候温和，阳光明媚，与尼斯和蒙特卡洛并称为南欧三大游览中心。每年戛纳电影节颁发“金棕榈奖”，被公认为电影界最高荣誉之一，吸引全球电影人、影商和影迷来此聚会。

你站在桥上看风景，看风景人在楼上看你，明月装饰了你的窗子，你装饰了别人的梦。——卞之琳《断章》

（八）地理坐标：波尔多

波尔多是法国西南部吉伦特省会，临加龙河。波尔多有着悠久的酿酒历史，早在古罗马时代就与勃艮第、莱茵河地区齐名。如今波尔多地区是世界高级葡萄酒的最主要产区。波尔多葡萄酒以美铎、格拉夫、圣爱美乐及普美乐酒等品牌最为著名。特等“波尔多红葡萄酒”则被列为世界葡萄酒皇后。

（九）地理坐标：法瑞边界

莱芒湖

莱芒湖即日内瓦湖，位于法国与瑞士交界，是阿尔卑斯湖群中最大的一个淡水湖，略呈新月形。莱芒湖是罗纳冰川形成的，新月形湖身的凹处朝南，与法国衔接。罗纳冰川消融后，形成罗纳河，它是吐纳莱芒湖湖水的主要河流。自古以来，许多著名作家和大诗人讴歌赞美莱芒湖。亨利·詹姆斯称它是“出奇的蓝色的湖”，拜伦将它比喻成一面晶莹的镜子，有着“沉思所需要的养料和空气”，巴尔扎克将它看成“爱情的同义词”。

（十）地理坐标：法国东南部

普罗旺斯地区

普罗旺斯地区，全称普罗旺斯—阿尔卑斯—蓝色海岸，原是罗马帝国的一个行省，现为法国东南部的一个地区，毗邻地中海，与意大利接壤，是从地中海沿岸延伸到内陆的丘陵地带。普罗旺斯是世界闻名的薰衣草故乡，并盛产优质葡萄酒。普罗旺斯是欧洲的“骑士之城”，是中世纪文学体裁骑士抒情诗的发源地。普罗旺斯地区有艾克斯、索村、瓦朗索勒、阿维尼翁、尼姆、马赛等著名的薰衣草小镇和名城。自古希腊、古罗马时代就已是著名的旅游胜地。

（十一）地理坐标：法意边界

沙莫尼

沙莫尼也称霞慕尼，是法国东南部临近瑞士与意大利国界的一个山中小镇，阿尔卑斯山脉环绕。因坐落于欧洲屋脊阿尔卑斯山脉最高峰勃朗峰脚下而成为举世闻名的滑雪胜地。沙莫尼的近代滑雪历史，至少可追溯到1924年第一届冬季奥林匹克运动会。每年9月~次年4月进入雪季，辽阔的雪地吸引众多运动爱好者和专业滑雪者前来，成为欧洲滑雪天堂。

（十二）地理坐标：地中海

科西嘉岛

科西嘉岛位于法国东南部地中海，是法国26个大区之一。形似一个挑起拇指的拳头，是法国最大的岛，也是地中海上的第四大岛，被誉为“美丽岛”。科西嘉岛自然风光优美且多山，山体多为绯红色、玫瑰色和绛红色的花岗岩，色彩瑰丽。岛西侧各山峰以相同的急斜坡下落，在海岸上形成陡峭的海湾，上有高耸的悬崖和地岬，山脉东侧是断裂的急斜面，下面连接大片冲积平原，平原边缘是环礁湖的海岸。

（十三）地理坐标：法西边界

比利牛斯山脉

比利牛斯山脉位于法国南部，呈东西走向，是法国与西班牙两国的界山，也是欧洲西南部最大的山脉，约形成于5亿年前古生代海西山脉的两处残留。山脉有湖泊、瀑布、岩层、冰川和峡谷等多种地貌和多种植被，以珀杜山峰为中心地区，被列为世界文化与自然双重遗产。1988年，法、西两国签订共同保护这一地区文化与自然遗存的合作协议。

七、法国旅游资讯

（一）旅游购物

法国是世界时尚之都和旅游购物地，法国各城市或乡镇都有大型购物中心或购物店，奢侈品牌、时尚品牌、家居、美容品、古董、精美工艺品、香薰、香水等产品一应俱全。较著名的购物中心有老佛爷百货、春天百货、艺术桥商业长廊等，著名的品牌商品购物街有香榭丽舍大街、乔治五世大街、蒙田大道、圣日耳曼街区、圣-奥诺雷路等，主要品牌有香奈儿（Chanel）、迪奥（Dior）、古驰（Gucci）、兰蔻（Lancome）、海蓝之谜（La Mer）、温加罗（Ungaro）、普拉达（Prada）、路易威登（Louis Vuitton）、罗意威（Loewe）、卡尔文·克莱恩（Calvin Klein）、阿玛尼（Armani）、拉尔夫·劳伦（Ralph Lauren）等，另外，法国也有折扣低的品牌直销店奥特莱斯，标价大多是商业街上同类商品价格的50%~70%。另外，法国的市中心和机场免税店也可购物。

（二）出境提示

1. 境外法规及风俗习惯

（1）欧洲法律规定，司机每行驶两小时后必须休息20分钟，每天开车时间不得超过9小时，且休息时间在12小时以上。

（2）欧洲法律规定，公共场合禁止吸烟，如被查到将会受到当地相关执法部门的重罚，罚额高达500~2000欧元不等，一定要严格遵守欧洲国家的规定，以免造成损失。

（3）欧洲各国均有付小费的习惯，是国际礼仪之一，如认为服务人员表现优秀，可自愿给予小费，是对服务人员工作的肯定与感谢，如搬运行李小费、酒店打扫小费等，因地区及服务性质不同，可先参考导游意见，再判断支付小费的多少。

（4）来自非欧盟客人在法国购物可享受12%购物退税政策，店内标有“Tax Free Shopping”的购物店均可退税，关于退税详情购物前咨询旅行社工作人员，避免造成损失。

2. 货币兑换及时差

（1）法国流通货币为欧元，其他货币在使用或兑换时都会有汇率上的损失，出国前换好所需欧元，持中国银联卡可在欧洲境内部分商店刷卡消费，并可使用ATM取款。

货币汇率：1元人民币=0.1289欧元（2019年6月16日）。

（2）法国时间比中国北京时间晚7个小时，如北京时间为20:00，法国时间为13:00；法国夏令时时间比北京时间晚6个小时。

第三篇 去欧洲走廊 追寻德国印记

【印象德国】

它是一座随处香花异草没有围墙的森林之国，古色古香的别墅、奢华浮夸的宫殿、满载童话的城堡。回眸处，这些珍宝已镌藏于盎然绿野间，错落别致了千年。

它有阿尔卑斯山顶终年的皑皑白雪，它有冰河时代遗留的湖泊沼泽，它有原始林地的广袤无边，它有无数诗人为之倾倒的莱茵河留下的华美诗篇。细思量，这一众山山水水铸就的黑森林景观，一如日耳曼人的大森林气质，深沉厚重荡气回肠。

浪漫的海德堡，绿水老桥、苍林古堡辉映着古城的魅力，石径幽深延展，废墟里攀爬满墙的常青藤成为维特尔斯巴赫王朝无上权威的庄严帷幔，硕大的酒桶满盛千年历史的醇香。哥特式建筑巅峰的科隆大教堂与霍亨索伦桥一起矗立在城市中央，直入云霄的双尖塔无所畏惧地守护着莱茵河畔这座城，为科隆赋予灵魂。中古街道的法兰克福，是莱茵河畔的曼哈顿，从《少年维特之烦恼》到《浮士德》，这里是歌德的故乡。热情好客的慕尼黑是伊萨尔河畔的雅典，这个最瑰丽的宫廷文化中心，繁华如梦，迷人恬静，它是品味德国生活之都。记载普鲁士荣耀与辉煌的波茨坦，浓墨书写弗雷德里希一世和腓特烈大帝的梦想。最生动的柏林，疯狂的两次世界大战重创，自愈的涅槃之痛，血与泪融于所剩无几的遗迹里，荣辱交错的柏林墙与威严的勃兰登堡门一道幽幽地诉说分分合合，残存和遗留的哀伤里矗立着日耳曼人的反思和30年崛起的强大意志。

历史人文、宫殿城堡、中世纪小镇、各色的群岛、美酒美食……许多地方终需亲自停停走走，感悟已知，收获未知，人生就是一场旅行。

一、德国出境旅游线路参考范例

线路参考范例一

德国 10 日全景之旅

线路参考范例二

德国 10 日集萃之旅

线路参考范例三

奇幻淘乐季——德国圣诞市场 10 日享趣之旅

线路参考范例四

德国莱茵 11 日狂欢之旅

线路参考范例五

全球跑——德国柏林马拉松 4 日自由行

线路参考范例六

摄人心动——德国荷兰 10 日浪漫之旅

二、德国国情掠影

（一）自然地理

德国，全称“德意志联邦共和国”（The Federal Republic of Germany），德国位于欧洲中部，素有“欧洲的心脏”之称。德国北部濒临北海和波罗的海，与丹麦接壤，东部接波兰、捷克，南部靠阿尔卑斯山，且与奥地利、瑞士相连，西部与荷兰、比利时、卢森堡、法国相接，是欧洲邻国第二多的国家。南北直线距离876千米，东西直线距离640千米，总面积35.71万平方千米。

德国地势南高北低，从南德的阿尔卑斯山向北倾斜，直至北海和波罗的海沿岸。地形复杂多样，北德低地为平原，属于波德平原的一部分，沿海地区多沙丘和泻湖，平均海拔不到100米；中部山地由东西走向的高地构成；西南部莱茵断裂谷地区，两旁是山地，谷壁陡峭；南部是巴伐利亚高原和阿尔卑斯山区，其中阿尔卑斯山脉的主峰楚格峰海拔2963米，为全国最高峰。德国境内主要河流有莱茵河（流经境内865千米）、易北河、威悉河、奥德河、多瑙河等，除多瑙河外，河流均向北流淌，各大河间均有运河沟通。多瑙河从西向东流经德国，最终注入黑海。德国的湖泊星罗棋布，较大湖泊有博登湖、米里茨湖、基姆湖等。森林1110万公顷，森林覆盖率约占全国面积的31%。

德国地处温带，位于大西洋和东部大陆性气候之间的西风带，属于温带海洋性向温带大陆性过渡型气候，西北部海洋性气候特征显著，向东、向南大陆性气候特征逐渐加强。德国大部分地区夏无酷暑，气候凉爽，空气湿润，全年均有降水，日照较少。大部分地区1月平均温度-5~1℃，7月平均温度14~19℃。年降水量500~1000毫米，山地则更多。巴伐利亚所处的阿尔卑斯山地区夏季凉爽，冬季多雪。

（二）人文概况

1. 人口、民族、语言及宗教

德国的人口约8298万人（2018年9月30日），是欧洲第二人口大国。主要是德意志人，有少数丹麦人、索布族人、弗里斯兰人和吉卜赛人，外籍人占人口总数的8.8%。

德国通用德语，另少数人使用丹麦语、索布语和弗里斯兰语。

德国人主要信奉基督教和罗马天主教。

2. 国旗、国徽、国花及首都

德国国旗呈横长方形，自上而下由黑、红、黄三个平行相等的横长方形相连而成。1990年10月3日，统一后的德国沿用原德意志联邦共和国国

旗。三色国旗可在机场、宾馆、宴会和其他场合悬挂。联邦政府机构和驻外使馆等悬挂带有黑鹰图案的三色国旗。国旗长宽比例为5：3。

德国国徽是金黄色的盾徽。盾面上是一头红爪红嘴、双翼展开的黑鹰，黑鹰象征着力量和勇气。

德国国花是矢车菊。

德国国鸟是白鹳。

德国国歌是《德意志之歌》。

德国首都是柏林。

3. 发展简史

公元前，德国境内居住着日耳曼人。10世纪~11世纪，德意志的封建化过程基本完成。1525~1871年，德国逐渐向资本主义社会转变，但仍然四分五裂。1862年，俾斯麦出任普鲁士首相，进行军事改革，建立了一支强大的军队。1864年，普鲁士战胜丹麦。1866年，普鲁士战胜奥地利，确立了在德意志各邦中的霸主地位。1871年，普鲁士在普法战争中获胜。通过这三次王朝战争，普鲁士统一了德国，成立德意志帝国，走上帝国主义道路。1914年，挑起第一次世界大战，1918年战败，帝国崩溃。1919年初，魏玛共和国诞生。1933年1月30日，希特勒出任德国总理，实行法西斯独裁专制政权，标志着纳粹统治的开始。1939年9月1日，德军大举进攻波兰，发动了第二次世界大战。1945年5月8日，德国战败投降。第二次世界大战后，苏、美、英、法四国根据《雅尔塔协定》和《波茨坦协定》，分区占领德国，首都柏林也由四国分区管制。最后，德国分裂为苏联支持下的民主德国和美、英、法支持下的联邦德国，史称“东德、西德”。1961年8月13日，东德修筑柏林墙，封锁了一切交通往来。1972年12月，西德和东德签署《两国关系基础条约》，确立东德、西德在平等基础上建立相互之间正常的睦邻关系。1990年10月3日，民主德国并入联邦德国，德国统一，结束了“一个民族，两个国家”的历史悲剧。

三、德国政治体制与经济发展

（一）政治制度

德国是联邦制国家，政体是议会共和制。联邦总统为国家元首，由专门的联邦大会选举产生。联邦总理为政府首脑，由议会根据总理提名选举产生。各部部长由总理提议，总统任命。联邦议会是人民代表机构，由联邦议院和联邦参议院组成。联邦议院行使立法权，监督法律的执行，选举联邦总理，参与选举联邦总统和监督联邦政府的工作等。联邦参议院代表德国16个联邦州，参与立法和协助联邦的管理，有权参与欧盟事务。议员非选举产生，由各州政府的成员或全权代表组成。联邦和各州的政治体制立法权力由《基本法》（即宪法）来明确。通常联邦的立法权限在国防、外交、海关、邮政、税收等涉及整个联邦利益的领域，而文化教育事业的立法和行政权限归各州。

（二）经济发展

德国是高度发达的资本主义工业国家。两德

统一后，德国经过短暂的社会经济结构调整，增强了经济实力。其经济实力居欧洲首位，德国工业以重工业为主，汽车、机械制造、化工电气等占全部工业产值的40%以上。食品纺织与服装、钢铁加工采矿、精密仪器、光学、航空与航天工业也很发达。德国是世界上贸易大国，同全球200多个国家和地区保持贸易关系，全国近1/3人口就业于出口行业。德国交通运输业非常发达，水路、陆路、航空运输业全面发展。德国自然资源较为贫乏，除硬煤、褐煤和盐的储量丰富外，在原料供应和能源方面很大程度上依赖进口，2/3的初级能源需进口。2017年德国国内生产总值（GDP）约合3.677万亿美元，人均国内生产总值44470美元。

货币名称：2002年2月18日24时，德国马克正式停止流通，欧元（简称€）成为德国法定货币。

参考汇率：1美元= 0.8923欧元（2019年6月16日）。

四、德国教育及文化

（一）教育与留学

德国学校教育实行12年制义务教育，公立学校免学费，教科书等费用部分减免。小学学制4~6年，中学学制5~9年，教育的立法和行政管理权归属各州负责。高等教育的院校享有一定的自主权。职业教育实行“双元制”，即理论学习与企业实践相结合。

德国以公立教育闻名于世，严谨的教学态度获得全球留学生的追崇。德国公立大学免学费，留学生与本国学生同样享受政府补贴，德语授课课程，生活成本低，打工和毕业就业便捷。德国著名的高等院校主要有：慕尼黑大学（世界顶尖高等教育机构）、汉堡大学（北德最大的学术研究和教育中心）、慕尼黑工业大学（世界顶尖大学）、海德堡大学（德国最古老大学，德国和欧洲顶尖研究型大学）、柏林洪堡大学（世界百强大学之一）、柏林自由大学（世界著名高校之一）等。

（二）文学艺术

1. 无产阶级伟大导师

马克思、恩格斯是世界著名思想家和革命家、马克思主义创始人。马克思是全世界无产阶级伟大导师，科学共产主义创始人，伟大的政治家、哲学家、经济学家、革命理论家，主要著作有《资本论》《共产党宣言》等。恩格斯是德国哲学家，马克思挚友，马克思逝世后，他帮助马克思完成《资本论》等著作，并领导了国际工人运动。

2. 文学巨匠

德国文学有着哲学与诗歌完美统一的独特魅力，端庄深沉、博大厚重、细腻典雅，被誉为“思想者的文学”。德国文学历经宗教文学、骑士文学、文艺复兴、巴洛克文学、启蒙运动、古典和浪漫主义、批判现实主义、自然主义、印象主义、表现主义、流亡文学、当代文学的1200多年里涌现大批世界闻名的思想家、文学家和艺术家。

（1）康德　伟大哲学家，主要著作有《关于自然神学和道德的原则的明确性研究》《纯粹理性

批判》《实践理性批判》《判断力批判》等系列伟大著作。

（2）黑格尔　德国哲学家，德国古典唯心主义的代表人物之一。其客观唯心主义体系包括逻辑学、自然哲学和精神哲学三个有机组成部分。主要著作有《哲学全书》《历史哲学》等。

（3）歌德　德国著名诗人、剧作家和思想家，代表作品小说《少年维特之烦恼》、诗歌《浮士德》,《浮士德》与荷马史诗《伊利亚特》、但丁《神曲》、莎士比亚《哈姆雷特》并称为欧洲文学四大古典名著。

（4）席勒　德国剧作家、诗人、哲学家、历史学家，是德国文学史上著名的“狂飙突进运动”的代表人物，被公认为德国文学史上地位仅次于歌德的伟大作家，是著名的《欢乐颂》的词作者，代表性作品有剧本《强盗》《阴谋与爱情》等。

3. 音乐

德国堪称世界著名的音乐之乡，享誉世界乐坛大师云集，在古典音乐中的王者地位和成就更是无与伦比。17世纪德国最杰出的作曲家是巴赫和亨德尔，维也纳最杰出的古典音乐大师是海顿、莫扎特和贝多芬，19世纪德国浪漫派音乐杰出代表是舒伯特和舒曼，19世纪下半叶，瓦格纳成为德国和欧洲音乐发展道路的中心人物。德国对音乐的爱好是全民性的，现德国有100多座歌剧院、约有146个职业乐队，柏林爱乐乐团在国际上极负盛名。

4. 美术

德国悠久的艺术传统是欧洲美术的重要部分。1世纪罗马美术传入德国，5世纪后逐渐形成中世纪的德国美术。16世纪文艺复兴新美术时期，丢勒成为德国美术史上具有划时代意义的艺术家。17~18世纪，德国巴洛克美术和法国洛可可美术融于一起。19世纪德国近代文化顶峰时期也滋养了美术，呈现名家辈出、百花齐放局面。

5. 竞技运动

德国足球是德国最流行的运动之一，德国国家队被誉为是世界上最成功的国家足球队之一，也是截至到目前唯一包揽男足、女足世界杯冠军的国家。在竞技体育领域，“日耳曼战车”成为了一种标志，他们所代表的不仅仅是一种强大的战斗力，更是一种令对手钦佩的拼搏精神。

五、德国民俗风情

（一）民间节日及法定节假日

1. 基本法颁布日

5月23日，纪念1949年制定的《德意志联邦共和国基本法》。

2. 国庆日

10月3日，纪念德国统一。

3. 狂欢节

11月11日11点，狂欢节持续到第二年复活节前40天为止，前后持续达两三个月，最狂欢的时间在最后一个星期的星期一、星期二和星期日三天里，推选出狂欢节中最英俊的“王子”和最美丽的“公主”，另有盛大的化妆舞会和游行。

4. 慕尼黑啤酒节

9月18日~10月初，是德国规模最大的民间节日。慕尼黑啤酒节起源于1810年，最初是为庆祝巴伐利亚储君卢德亲王与萨克森·希尔登豪森的黛丽丝公主喜结百年之好，举行的一系列庆祝活动，后来逐渐变成固定的节日。慕尼黑啤酒节完整地保留了巴伐利亚的民间风俗，中午12点，市长进行简短的节日致词，亲手打开第一桶啤酒，啤酒节正式开幕。

5. 射手节

每年7~8月，是一个深受德国人喜爱的传统

节日。射手节起源于中世纪，据说是为了纪念保卫国家的战士而诞生，所有年满18周岁的男性德国公民都可以在这期间报名参加。德国各个州都会举行射手节，其中以萨克森州的节日规模最大。节日期间，节目表演比赛结束后，选出射手国王、射手王后和农民射手。

民间节日及节庆活动另有柏林国际电影节（2月）、慕尼黑歌剧文艺节（7～8月）、法兰克福文艺节（9月）、科隆艺术节（4月）、汉堡海港节（5月）、波恩国际贝多芬节（每3年9月举行一次）、莫扎特之夏（8～9月于奥格斯堡举行）。

6. 法定节假日

德国法定节假日以2020年为例，如下：新年（1月1日）、复活节翌日（4月13日）、劳动节（5月1日）、耶稣升天节（5月21日）、圣灵降临节周一（6月1日）、国庆日（10月3日）、圣诞节（12月25日）、节礼日（12月26日）。

7. 带薪假期

德国法定带薪休假时间为18天，劳资协议达5～6周，德国法律明文规定，假期不允许被某种形式的经济补偿所替代，员工即使放弃休假，也不能得到加班工资。

（二）社交礼仪

德国人对于邀请颇为重视。邀请分为私人和官方两种，大都通过口头或打电话发出，一般包括具体时间、事由和详细地址。官方邀请往往会注明衣着要求。赴约要准时，稍晚一些可以，但不要提前抵达，否则主人可能因尚未准备就绪而感到难堪。结识新朋友时，可以自我介绍，也可以由别人介绍，一般将身份低、年纪轻的介绍给

身份高、年长的，将男性介绍给女性。介绍时，切勿指指点点。被介绍者只需点头致意或上前握手，交谈时不要手舞足蹈。三人以上交谈，要照顾大局，不要冷落任何一方。交谈时要专心，不能心不在焉，显出不耐烦，更不能假装看手表，伸懒腰，不要轻易打断别人。女士交谈，不要打听年龄，婚否。告别时，通常是握手或拥抱，若男士亲吻女士手背时，女士不要躲闪。

德国人用餐时，找服务员点菜，举手示意即可，不要大呼小叫。进餐时，首先戴好餐巾。桌上的刀叉等餐具，由外向内依次使用。喝汤时不要出声。每道饭菜吃完，刀叉并排放在盘里，暗示服务员可以撤走。若中途离席，可把刀叉在盘子里摆成八字形，以示自己还会回来。使用牙签时，要以手遮嘴，用餐中不可把卫生纸当面巾或餐巾使用。

欧洲人有付小费的习惯。在饭店用餐，一般可按2%的比例付给服务员小费。小费大都在最后结账时支付，服务员给的账单不包括小费。住旅馆时，每天可将一两个欧元放在房内显眼位置，作为给房间清洁员的小费。

（三）禁忌

德国人忌讳数字13，视13日和星期五为不

祥。送花时，禁止送菊花、蔷薇等，支数和花朵数不能是13或者双数，鲜花不用纸包扎。礼品包装纸不用黑色、白色和棕色，也不能用这些颜色的彩带包扎。握手时忌讳交叉握手。年龄、职业、婚姻状况、宗教信仰、政治面貌和个人收入都是隐私，相识或共事多年而不知对方底细是司空见惯的事。另外，别人买到一样东西，即使喜欢，也不要问价格。遇到别人生病，除伤风感冒或外伤等常见病外，不要问及病因及病情。访友时，不可"突然袭击式"的登门拜访，都要提前约定。

六、德国主要旅游城市及著名旅游景观

（一）地理坐标：柏林

柏林是德国的首都，位于德国东部。13世纪成为贸易集镇，17世纪成为地方性的政治、经济和文化中心。第二次世界大战前，柏林是德国的首都和最大城市。第二次世界大战后，东、西柏林被分区占领各自发展。1990年德国统一，柏林墙倒塌，柏林结束了一个城市、两种制度的局面，恢复首都地位。柏林是欧洲重要的交通枢纽和河港，也是德国文化最大的对外窗口。柏林重建后街道宽阔，现代化大厦、公园、绿地遍布全市，也有市政厅、圣母教堂等古迹与现代建筑融为一体。亚历山大广场的电视塔是柏林最高建筑物，曾是欧洲最高的电视塔。

1. 国会大厦

国会大厦位于柏林市中心，建于1884年，由德国建筑师保罗·瓦洛特设计的古典主义风格建筑。1933年2月27日大厦失火，部分被毁。1945年4月30日，苏联红军将红旗插上屋顶，宣布反法西斯战争的胜利。国会大厦重新修复后是联邦议会所在地，大厦穹顶成为著名的游览观光地。

2. 勃兰登堡门

勃兰登堡门位于柏林市中心，是德国统一的象征和柏林的标志性建筑。建于1788年，是一座新古典主义风格建筑，以雅典古希腊柱廊式城门为蓝本，设计了凯旋门式的城门，门顶四马战车上有张开翅膀的胜利女神雕像。勃兰登堡门是柏林唯一保存下来的城门，见证了柏林、德国、欧洲许多重要历史事件。每年12月31日晚，勃兰登堡门前举行露天新年晚会已成为柏林市的传统，举行盛大现场表演，午夜有烟火巡演迎接新年。

3. 菩提树下大街

菩提树下大街是柏林的著名街道，西起勃兰登堡门东部的巴黎广场，东部经过宫殿桥和柏林博物馆岛直至高耸的柏林电视塔，是柏林最迷人的街道之一，也是德国最庄严华贵的大街。菩提树下大街的每座建筑、每块铺路石、每个雕塑、每一处风景历经岁月洗礼沉淀后，都散发着繁华落尽的气定神闲、古朴厚重。历史为它披上了沧桑与悲壮的色彩，也是德意志民族跌宕命运的缩影。

4. 柏林大教堂

柏林大教堂位于菩提树下大街东部，始建于1894年，是文艺复兴时期圆顶教堂建筑。第二次世界大战期间，教堂毁坏严重，1975～1993年间重新修复。柏林大教堂是基督教新教的教堂，也是霍亨索伦王朝的纪念碑，这里长眠着霍亨索伦家族90多名成员，被誉为“霍亨索伦王朝的纪念碑”。现在教堂兼有礼拜堂、博物馆、音乐厅功能，教堂内部装饰华丽庄重，共四层，二层展示大教堂各时期设计方案模型。

5. 柏林墙

柏林墙也称“反法西斯防卫墙”，始建于1961年，全长155千米。它将柏林一分为二，也将世界划分为两大阵营，1989年底被推倒。现今，柏林墙保留约1.3千米的一段墙作为历史见证，被118名艺术家绘成世界最长的一段露天画廊。

6. 夏洛滕堡宫

夏洛滕堡宫位于柏林露丝广场，是腓特烈一世为王妃索菲·夏洛特建造的避暑宫殿，也是柏林地区保存最完好、最重要的普鲁士王宫建筑物，是巴洛克式宫殿。宫殿内有老宫殿、新侧楼、新亭、宫殿花园、望景楼、陵墓等，也有描述柏林街景、历史战争场面、军队凯旋等绘画作品。

7. 柏林包豪斯档案馆

包豪斯档案馆位于包豪斯建筑设计艺术学院内，由创始人沃尔特·格罗佩斯设计，是柏林最重要的文化象征，用以纪念包豪斯运动，即“20世纪最有影响力的艺术和设计运动”。始建于1976年，是世界著名的圆角形立面的建筑，档案馆珍藏着世界最全的包豪斯学校历史及囊括建筑、设计、家具、陶瓷、金属、摄影、舞台等各领域创作作品。

（二）地理坐标：汉堡

汉堡位于不来梅东北部易北河岸，是德国第二大城市、最大的外贸中心、最大的港口，被誉为“德国通往世界的大门”。汉堡港集装箱吞吐量仅次于鹿特丹，居欧洲第二位。汉堡不仅是欧洲经营中心、广告业集中地、展览和会议中心，也是德国北部的文化中心及重要媒介大都市之一。汉堡有著名的汉堡大学及艺术、航海等专业院校和众多博物馆。德意志新闻社等全国最大的杂志出版社、电视台、电影制片厂等均设在汉堡。

汉堡市政厅

汉堡市政厅位于内阿尔斯特湖边，是汉堡著名景点之一。砂岩为建筑材料的新文艺复兴风格建筑，内部是新文艺复兴、巴洛克和古典风格装饰，由16根石柱支撑起的大厅，立在石柱上的64处人像浮雕纪念各位汉堡名人。市政厅的二楼是权力机构所在地，德意志20位著名的皇帝雕像立于各窗之间。大宴会厅里，有汉堡历史发展进程的5幅巨型壁画。皇帝厅原为国王召见大臣的地方，现为贵宾接待厅。

（三）地理坐标：慕尼黑

慕尼黑是德国的第三大城市，是巴伐利亚州的首府，有“德国南都”之称，也被誉为“欧洲建筑博物馆”，市内有16世纪的哥特式、古罗马式、巴洛克式等古建筑及现代化建筑。慕尼黑现已成为国际驰名的大都会、国际展览及会议中心，常举办各种音乐会、戏剧会和博览会，每年10月举办的慕尼黑啤酒节(也称十月节)最为著名。旅游收入是慕尼黑重要的经济来源。

圣母大教堂

圣母大教堂位于德国慕尼黑市中心圣母广场，是天主教总教区的主教座堂，也是慕尼黑的标志和精神象征。圣母大教堂是欧洲最大的文艺复兴时期的教堂，始建于1486年，1525年加盖塔顶，双塔高99米，登上教堂的塔楼，可远眺慕尼黑全城风光。

（四）地理坐标：科隆

科隆位于莱茵河畔，是德国第四大城市，也是一座古老而美丽的城市。是欧洲东西、南北的交通要道，2000年前罗马人建造，曾是古罗马要塞，至今保留许多罗马帝国时代的历史遗迹。科隆自古以来是著名的香水、花露水发明地，古龙水产自科隆，法里纳香水博物馆展示了300年的香水发展历程。科隆也是德国狂欢节中心之一。

德国

这世上，没人能永生。但爱和善良，却能让人重生。

1. 霍亨索伦桥

霍亨索伦桥横跨莱茵河，始建于1907年，是德国和欧洲铁路网最重要的枢纽之一。桥中间是铁路，两边是人行道，河上有大型游船和货轮往来。霍亨索伦桥的大门是新浪漫主义风格，由著名的柏林建筑师弗朗茨·海因里希·施韦希滕设计，与哥特式的科隆大教堂呈鲜明对比。21世纪起，古老的霍亨索伦桥被爱情锁覆盖，人们相信在桥上挂上一个锁，将钥匙丢进莱茵河，爱情就能天长地久。如今，桥上五彩斑斓的各式铜锁，形成一道独特的风景线。

2. 科隆大教堂

科隆大教堂位于科隆市中心莱茵河畔，是世界上最完美的哥特式建筑，教堂黑灰色的石壁和中世纪雕刻，是欧洲中世纪建筑艺术的代表作。始建于1248年，耗时632年建成，是德国最大的教堂，也是世界最高的双尖塔教堂之一，是科隆最著名的标志。教堂内壁五彩玻璃窗讲述着圣经故事，内容丰富。1996年被联合国教科文组织列入《世界遗产名录》。

3. 大圣马丁教堂

大圣马丁教堂位于莱茵河畔，是一座罗马天主教堂，初建于12世纪，以其宏伟壮观的四分级塔顶和三叶草状的地面形状闻名。教堂曾毁于战火，19世纪教堂外观得以修复，内部仍保留旧时斑驳样貌，地下墓室仍是公元1世纪罗马时期建筑遗址。大圣马丁教堂和科隆大教堂并肩而立，是莱茵河畔最亮丽的一道风景线。

（五）地理坐标：法兰克福

法兰克福位于莱茵河的支流美因河下游两岸，是德国第五大城市，也是德国和欧洲的金融中心，欧洲中央银行总部所在地。法兰克福是国际会议中心，法兰克福机场是欧洲大陆最大的机场和全球最现代化的机场之一，法兰克福的德意志图书馆被誉为“德国最大的书柜”。法兰克福有哥特式建筑的市政厅、老尼古拉教堂、多姆大教堂、保罗教堂、歌德故居、老歌德剧院、席尔恩艺术馆等名胜古迹。

罗马广场

罗马广场曾是古代的集市中心，现今在圣诞节前夕会开设集市，是游客必去之地。罗马广场集中了法兰克福众多精华景点，广场中心有手持天平象征公正的女神像和正义喷泉，市政厅、老尼古拉教堂、席尔恩艺术馆、7座桁架房屋分布在广场周围。

（六）地理坐标：波恩

波恩是莱茵河畔的一座整洁清幽的历史名城。公元1世纪初，罗马军团曾在此设立兵营，因此，“波恩”意为“兵营”。13~18世纪，科隆作为有权选举帝王的侯国首府长达500年。1815年并入普鲁士。1949年9月成为德意志联邦共和国(联邦德国)首都。1990年德国统一，德国联邦议院于1991年6月决定将议会和政府由波恩迁往柏林。波恩有著名的巴洛克建筑风格的老市政厅、贝多芬故居、博物馆一条街等名胜古迹。

贝多芬故居

贝多芬故居坐落在市政厅北部一条小巷，1782年贝多芬迁居维也纳前一直居住在这里，故居的展厅展示贝多芬在波恩和维也纳的档案、钢琴、乐谱、手稿、肖像等。贝多芬是德国和波恩人的骄傲，在波恩姆恩斯特广场建有贝多芬纪念铜像，莱茵河畔有现代化的贝多芬音乐厅，波恩每年举办贝多芬音乐节。

（七）地理坐标：海德堡

海德堡位于法兰克福南部巴登符腾堡州的内卡河畔，是一个现代与古典的混合体。海德堡曾是科学和艺术中心，是德国浪漫主义文化的发源地。海德堡有引以为傲的中世纪城堡，德国最古老的海德堡大学。海德堡风光秀美，参差错落的尖顶、宫殿、花园，像一幅诗情画意的巨型画卷。歌德曾说“把心遗失在海德堡”。

1. 海德堡城堡

海德堡城堡位于内卡河畔的王座山，是一座美丽的红褐色古城堡，始建于13世纪，历时400年完工，是海德堡城的标志。整座城堡用红褐色的内卡尔河砂岩筑成，内部结构复杂，包括防御工事、居室和宫殿等。建造风格随时间的更迭，形成了哥特式、巴洛克式、文艺复兴式三种风格的奇妙混合，是德国文艺复兴时代建筑的代表作。17世纪时城堡曾被法国人摧毁，19世纪末主体建筑恢复原貌，保存完好的一些大厅，可举行宴会及艺术表演，未修复部分仍是断壁残垣。马克·吐温说：“海德堡城堡残破而不失王者之气，如同暴风雨中的李尔王”。

2. 海德堡古桥

海德堡古桥跨越内卡尔河南北两岸，是一座有9个桥拱的石桥，始建于1786年，是海德堡的象征。河南岸的桥头有一座桥头堡巍然屹立，与山上的海德堡古堡遥相呼应。桥头堡有两座圆塔，塔下的门洞原是海德堡老城的入城口，圆塔曾作牢房使用。桥上有两座雕像，南面是选帝侯卡尔·特奥多，北面是智慧女神雅典娜。

3. 哲学家小径

哲学家小径也称哲人之路，位于海德堡内卡河以北圣山南坡半山腰，是一条长约2千米的散步小径。它远离喧嚣，一直蜿蜒至峭壁的葡萄园，沿途可欣赏老城和宫殿。这里曾是哲学家黑格尔灵感源泉，也是众多文人到访的地方。小径途中的哲学家小花园有诗人荷尔德林纪念碑。

（八）地理坐标：特里尔

特里尔位于摩泽尔河右岸，是德国西南部历史名城，被誉为“北方的罗马”，也是德国最古老的城市之一。德国第一个隶属于古罗马帝国城市就是特里尔。特里尔有著名的马克思故居、黑门、古罗马时期的圣彼得大教堂、康斯坦丁大帝的浴宫、古罗马桥、君士坦丁大殿、圣母教堂、圆形剧场等重要古迹遗址。

黑门

尼格拉城门俗称黑门，是特里尔城市的象征。建于公元2世纪，由灰色砂岩砌成，三层双门洞，因砂岩风化后颜色变黑而得名黑门，黑门是古罗马时代重要的防御城门。11世纪曾作为教堂使用。

七、德国旅游资讯

（一）旅游购物

德国各大城市均有大型购物中心，世界大品牌一应俱全。德国特色商品如科隆香水、德国啤酒杯、柏林墙纪念块、红绿灯标志物品等。德国购物打折季节均统一在7月底8月初、1月底2月初的两周时间和圣诞节后，其他时间不允许随意打折。柏林最受欢迎的购物街有选帝侯大街、库达姆大街、弗里德里希大街、亚历山大广场购物区等，这些街区不仅有特色商品店而且有庞大的购物中心。慕尼黑是欧洲购物天堂之一，著名的购物街有马克西米利安大街、布里恩纳大街、慕尼黑机场等，特色商品有啤酒杯、瓷器、洋娃娃和Dukatz餐具等。法兰克福是德国一个非常完美的购物地，著名的购物街区有蔡尔大街、歌德大街、席勒大街和维尔特海姆购物村等。

（二）出境提示

1. 境外法规及风俗习惯

（1）欧洲法律规定，司机每行驶两小时后必须休息20分钟，每天开车时间不得超过9小时，且休息时间在12小时以上。

（2）欧洲法律规定，公共场合禁止吸烟，如被查到将会受到当地相关执法部门的重罚，罚额高达500~2000欧元不等，一定要严格遵守欧洲国家的规定，以免造成损失。

（3）欧洲各国均有付小费的习惯，是国际礼仪之一，如认为服务人员表现优秀，可自愿给予小费，是对服务人员工作的肯定与感谢，如搬运行李小费、酒店打扫小费等，因地区及服务性质不同，可先参考导游意见，再判断支付小费的多少。

（4）德国购物可享受15%购物退税政策，店内标有“Tax Free Shopping”的购物店均可退税，关于退税详情购物前咨询旅行社工作人员，避免造成损失。

2. 货币兑换及时差

（1）德国流通货币为欧元，其他货币在使用或兑换时都会有汇率上的损失，出国前换好所需欧元，持中国银联卡可在欧洲境内部分商店刷卡消费，并可使用ATM取款。

货币汇率：1元人民币=0.1289欧元（2019年6月16日）。

（2）德国时间比中国北京时间晚7个小时，如北京时间为20:00，德国时间为13:00；德国夏令时时间比北京时间晚6个小时。

第四篇 寻永恒之城背影 看文艺复兴辉煌 走进意大利

【印象意大利】

触摸2000年时光打磨的古迹，雄踞的废墟里仍留有帝国的温度和伟大的风骨。
咆哮的维苏威火山瞬间将庞贝封印千年，一并凝滞了古罗马的鼎盛。
细碎阳光下，赭石色屋顶安静呈现着中世纪的古朴，
神曲到创世纪，圣母百花大教堂到美第奇家族的荣光，
回眸间已置身文艺复兴的辉煌，这颗翡冷翠轻轻一触，文艺便倾泻而出。
坐着千年历史的贡多拉看流淌一城的波光潋滟，
妩媚又古韵十足的威尼斯，如钻石般躺在亚得里亚波涛里闪烁着光芒。
科莫湖任性地在阿尔卑斯脚下伦巴第平原延展，一座座古典别墅在湖光山色中荡漾。
临海山壁上的五渔村，斑斓十色的积木小屋兀自堆砌着世外桃源般的童话风光。
落日里漫游中世纪小镇，余辉散落的原野舒展着田园诗般百年古城的安详。
风情万种的西西里古旧建筑重叠着光影，灵动的美刹那直指柔软的内心。
不禁回想，米兰那一团兀立云霄的白色尖塔。一度威震八方的比萨，不曾被遗忘。
悠然美景里被遗弃的小镇无言诉说大地的重创。
历经岁月风霜的一山一水一城一景一废墟，沧桑古迹中留白帝国曾经的辉煌。
古罗马的荣耀、佛罗伦萨的骄傲、米兰的时尚、威尼斯的迤逦、五渔村的梦幻……
撒丁岛依然淡泊宁静，托斯卡纳旷野仍留存梦中的诗和远方。
这只地中海里微风里不语的长筒靴，一如既往地缤纷绽放。

有些城市，当你刚刚离开时，就急切地盼望着下一次和它重逢。佛罗伦萨就是这样一座城市。

一、意大利出境旅游线路参考范例

线路参考范例一

意大利 9 日印象之旅

线路参考范例二

意大利 10 日经典之旅

线路参考范例三

意往情深——意大利 12 日一国深度慢游

线路参考范例四

徒步全球——意大利多洛米蒂徒步克罗地亚海岛 12 日畅游之旅

线路参考范例五

畅享亚平宁——意大利 10 日大城小镇之旅

线路参考范例六

梦圆意甲——意大利 9 日激情观赛之旅

二、意大利国情掠影

（一）自然地理

意大利，全称“意大利共和国”（The Republic of Italy），位于欧洲南部，地中海北岸的亚平宁半岛上。北部以阿尔卑斯山脉为屏障与法国、瑞士、奥地利相邻，东北部与斯洛文尼亚接壤，东临亚德里亚海，西濒利古里亚海，南临伊奥尼亚海和第勒尼安海。领土由北部大陆部分、中部亚平宁半岛、南部地中海的西西里岛、撒丁岛和小岛屿构成，总面积30.13万平方千米。意大利境内有两个欧洲的袖珍王国，分别是圣马力诺和梵蒂冈。意大利地形似一只硕大的长筒靴伸入地中海，海岸线长7200千米。

亚平宁半岛形成于第三纪地质时期，火山地震频繁。亚平宁山脉自西北向东南斜贯亚平宁半岛，全长1270千米，构成半岛的中脊，山脉南部多火山，半岛上的维苏威火山和西西里岛上的埃特纳火山都是著名的活火山。埃特纳火山是欧洲最高最活跃的活火山，也是世界最大的活火山之一，其高度还在不断变化，目前海拔3340米。意大利北部是雄伟的阿尔卑斯山脉，平均海拔约3000米，西北边境山势高峻，东段走势低缓。阿尔卑斯山脉和亚平宁山脉间的凹地是意大利最大的波河平原，气候温和，土壤肥沃，是意大利的主要农业区，也是全国人口稠密的地区。因亚平宁山脉纵贯半岛，中部和南部为山地，全境4/5为山岳地带。境内最大河流是波河，其他河流虽多并且短小，但意大利水力资源仍相对丰富。湖泊多为冰川湖，较大湖泊有加尔达湖、马焦雷湖等。

意大利北部属温带大陆性气候，夏季炎热，冬季较冷，年降水量600~1000毫米。阿尔卑斯山区气候呈垂直变化。南部为地中海气候，冬季温和多雨，气温均在0℃以上，夏季炎热干燥，地中海气候区适宜葡萄和亚热带果树生长。地中海独特的位置与气候，为意大利发展旅游业提供了有利条件。

延伸阅读

梵蒂冈（Vatican）

即便生活给你一百个理由哭泣，也要记得上天给你一千个理由去微笑。

延伸阅读

圣马力诺（San Marino）

（二）人文概况

1. 人口、民族、语言及宗教

意大利的人口约6048万人（意大利中央统计局2018年12月31日），其中包括500多万外国公民，外籍人占居民总数的8.5%。居民主要是意大利人，另有法兰西人、加泰隆人、弗留里人等，绝大多数意大利人信奉天主教。

意大利官方语言为意大利语。除意大利外，意大利语还是圣马力诺和梵蒂冈的官方语言,也是瑞士的四种正式语言之一。

2. 国旗、国徽、国花及首都

意大利国旗是由绿、白、红三色长条纵列组成三色旗。

意大利国徽呈圆形。中心图案是一个带红边的白色五角星，象征意大利共和国；五角星背后是一个大齿轮，象征劳动者；齿轮周围由橄榄枝和橡树枝环绕，象征和平与强盛；底部的红色绶带上用意大利文写着“意大利共和国”。

意大利国花是雏菊。

意大利国歌是《马梅利之歌》。

意大利首都是罗马。

3. 发展简史

罗马人于公元前753年建成罗马城，罗马城邦经几百年的扩张，成为地跨亚、欧、非三洲的古罗马帝国。公元395年，罗马帝国分裂成东西两部分，476年西罗马帝国灭亡。11世纪，诺曼人入侵意大利南部并建立王国。12~13世纪，分裂成许多王国、公国、自治城市和小封建领地。直到13世纪末，意大利封建关系确立并发展，但长期遭受外族入侵，处于四分五裂的状态。14~15世纪，意大利一些城市资本主义生产关系出现萌芽。具有现实主义倾向的文学艺术发展，使意大利成为欧洲文艺复兴运动的摇篮。16世纪初，意大利先后被法国、西班牙、奥地利占领。1861年3月，建立意大利王国。1870年9月王国军队攻克罗马，最终完成统一，资本主义经济迅速发展。1914年，第一次世界大战爆发，意大利先中立，后站在英、法、俄协约国方，对德国、奥匈帝国宣战并取得胜利。1922年10月31日，墨索里尼上台组成新政府，实行法西斯统治。1936年，建立“柏林—罗马轴心”。1939年，第二次世界大战爆发，意大利先中立，直到德国在法国取胜，1940年6月，加入德国一方，向英、法宣战。1943年7月，墨索里尼被推翻。同年9月3日，由国王任命的巴多利奥内阁同协约国签署停战协定，意大利无条件投降，10月对德宣战。1945年4月25日，意大利人民起义，消灭了德国法西斯军队。1946年6月18日，意大利共和国正式宣布成立。

三、意大利政治体制与经济发展

（一）政治制度

意大利宪法规定，意大利是一个建立在劳动基础上的民主共和国。该宪法于1947年12月22日由立宪大会通过。总统为国家元首和武装部队统帅，由参议院、众议院、大区代表联合选举产生，任期7年。总统颁布文件需得到有关部长签字方能生效，具有法律效力的法令需总理签署方能有效。总理由总统任命，对议会负责。议会由参议院和众议院组成，参议员和众议员多数由普选产生，少数是终身参议员，任期5年。议会拥有立法权、决定国家重大政治问题的权利、监督政府和国家机关的工作。两院有权对犯罪的总统、总理和部长提出弹劾。总统选举和宣誓就职等特殊情况下，两院举行联席会议。

（二）经济发展

意大利是发达的工业国家。意大利各区之间经济差距较大，南北差距明显。意大利主要以私有经济为主体，占国内生产总值的80%以上，有“中小企业王国”之称。意大利经济以加工业为主，经济支柱为对外贸易，外贸连年顺差。进口主要以石油、原料和食品等为主，出口以机械设备、化工产品、家用电器、纺织、服装、皮鞋、金银首饰等轻工产品为主。服务业约占国内生产总值的2/3。意大利葡萄酒产量超过法国，除水果和蔬菜外，是食品和农产品的纯进口国。2017年意大利国内生产总值（GDP）约合1.935万亿美元，人均国内生产总值31953美元。意大利旅游资源丰富，旅游业发达，是世界旅游大国。气候湿润，风景秀丽，历史文物古迹众多，目前共有49处历史文化古迹和自然景观被列入联合国教科文组织《世界遗产名录》，是世界历史文化遗产最丰富的国家之一。

货币名称：欧元（简称€）。

参考汇率：1美元=0.8923欧元（2019年6月16日）。

四、意大利教育及文化

（一）教育与留学

意大利学校教育实行8年义务教育，分为小学（学制5年）、初中（学制3年），高中分为普通中学、职业中学和技术中学三种。

意大利高等教育是欧洲乃至世界设立和发展最早的国家。意大利公立大学从本科至博士免学费，就读于意大利的国际学生有申请奖学金和助学金的权利和相应支持，意大利的高等教育质量好，入学门槛低，宽进严出，生活费用低，属于最热门的小语种国家，吸引了众多留学生。意大利著名的高等院校主要有：博洛尼亚大学（与巴黎大学、牛津大学和萨拉曼卡大学并称欧洲四大名校，誉为欧洲“大学之母”，全世界第一所大学）、罗马大学（意大利最大、欧洲第三的大学）、米兰大学（欧洲名校，意大利第四大学府）、米兰理工大学（工科是世界最优秀的大学之一）、佛罗伦萨大学（意大利四大经济名校之一）、都灵理工大学（意大利最古老的科技大学）、罗马美院（意大利的标志性艺术学院，全球美术学院排名第六）等。

（二）文学艺术

1. 文艺巨匠

意大利文学艺术是西方文化艺术的集大成者，自中世纪至文艺复兴期间，意大利涌现大量文学、绘画及雕塑领域的大师级人物，意大利文坛三杰和画坛三杰撑起西方艺术半壁天空。

（1）文坛三杰　①但丁：现代意大利语奠基人，欧洲文艺复兴开拓者之一，浪漫主义文学重要的代表人物和大师级诗人。史诗巨作《神曲》被世人传唱千年，至今仍是欧洲最伟大的文学巨作。②彼得拉克：人文主义启蒙者，伟大的诗人，用拉丁文撰写大量的文学作品，以十四行诗著称于世，为欧洲抒情诗发展开辟了道路，后人尊为“诗圣”。③薄伽丘：文艺复兴时期最具特点的代表性作家，人文主义先锋。短篇小说集《十日谈》，提出文艺复兴的宣言“幸福在人间”。

（2）画坛三杰　①达·芬奇：伟大的传奇人物，在艺术、科学、医学、工程学领域的巨大贡献者，著名的代表作品《最后的晚餐》。②米开朗基罗：文艺复兴时期文艺巨匠，雕塑家、画家、建筑师、诗人，是意大利最多产的艺术家，曾主持设计恢弘壮观的圣彼得大教堂，在西斯廷礼拜堂穹顶亲手绘制《最后的审判》，著名雕塑《大卫》被认为世界上最传神的作品。③拉斐尔：画家，

所谓千里马，不一定是跑得最快的，但一定是耐力最好的。

以宗教故事为背景作画和清纯秀美的画风著称于世，著名作品《雅典学院》，是梵蒂冈博物馆镇馆之宝。

2. 歌剧

古罗马时期主要以悲剧和喜剧等戏剧作品为主。中世纪意大利音乐已取得很大成就。17世纪意大利歌剧诞生，18世纪末流行于整个欧洲。19 世纪上半叶是意大利民族复兴运动的高潮时期，当时最著名的歌剧艺术家是罗西尼和威尔第。罗西尼最著名的代表作品《塞维利亚的理发师》《威廉·退尔》，威尔第的代表作品《茶花女》《假面舞会》《奥赛罗》等。意大利是歌剧的故乡，拥有许多世界闻名的歌剧院，如罗马歌剧院、米兰的斯卡拉大歌剧院、那不勒斯的圣卡尔洛歌剧院、威尼斯的凤凰歌剧院、都灵的皇家歌剧院等。

3. 建筑

公元前8世纪~公元4世纪，意大利建筑提炼和完善了希腊人“不朽”的古典建筑风格，建成气势恢宏的剧场和教堂等。4~6世纪，意大利建筑风格转向拜占庭式，多见于十字形平面基础的教堂设计和建造。8~12世纪，罗马式建筑风格兴起，主要表现在从建筑的高度转向水平线景观，教堂设计建造独立的钟楼和洗礼堂。13~14世纪，哥特式建筑风格兴起，但没有完全被意大利接受。14世纪末~16世纪，是文艺复兴建筑风格兴盛时期。16世纪末~18世纪中期，巴洛克建筑风格崛起。19世纪，建筑形式转向新古典主义风格。

4. 足球

意大利现代足球源于19世纪末，英国商人和船员将这一运动带到意大利，迅速得到意大利人的喜爱并成为国球之一。1898年意大利足协成立，仅仅7年意大利融入世界足坛并成为国际足联一员，登上世界舞台，成为当今世界足坛领跑者。意大利拥有许多伟大的球队、球星和球场，AC米兰和国际米兰，无冕之王巴乔、门神布冯和罗马战神托蒂等，圣西罗球场更是球迷心中的圣地。

五、意大利民俗风情

（一）民间节日及法定节假日

1. 解放日

4月25日，纪念1945年4月25日北方各大城市居民举行起义，歼灭法西斯军队。

2. 国庆节

6月2日，1946年6月2日，意大利举行全国公民投票，决定废除君主制，建立共和国，此后将这一天确定为国庆日。

3. 狂欢节

每年2月或3月，复活节前40天为斋戒期，于斋戒期前数天举行。罗马、佛罗伦萨、比萨和威尼斯曾是狂欢节的中心，现在已移至中部的海滨城市维亚雷焦，它与法国的尼斯并称为欧洲狂欢节活动的两大中心。

4. 圣诞节

12月25日。在梵蒂冈，每年12月24日圣诞夜，圣彼得大教堂及教堂前广场都举行隆重的圣诞弥撒，教皇用多种语言向世界各地教徒发表演说，全世界数亿人通过电视观看盛大的宗教仪式。

5. 威尼斯划船节

每年6~9月，意大利水城威尼斯举行划船比赛，这也是当地人最崇尚的活动之一。其中以9月第一个星期日的划船比赛最为隆重，历史也最悠久，被称为“历史性的雷加塔”。

6. 法定节假日

意大利法定节假日以2020年为例，如下：新年（1月1日）、主显节（1月6日）、复活节翌日（4月13日）、解放日（4月25日）、劳动节（5月1日）、国庆日（6月2日）、圣母升天节（8月15日）、万圣节（11月1日）、圣母无罪受孕日（12月8日）、圣诞节（12月25日）、圣史蒂芬日（12月26日）。

7. 带薪假期

意大利实行由劳资双方协议确定带薪假期时间，一般为5~6周。

（二）社交礼仪

意大利人出席正式场合注重衣着整齐得体，日常衣着舒适随意。意大利人性格开朗，如拒绝意大利人的用餐邀请则被视为不礼貌的行为。去家庭赴宴时，带上小礼物，礼物无须贵重，如酒类、甜品、纪念品、鲜花，礼物应包装精美，以示尊重。主人接受礼物，应当面将礼品包装打开，加以赞美。意大利人用餐喜欢喝酒，但很少酗酒，且席间不劝酒。意大利人一般见面礼节为握手礼，拥抱礼则是比较亲近朋友之间的礼节。男女行拥抱礼，通常女士主动，男士不要主动去拥抱女士。

（三）禁忌

意大利人忌讳数字“13”和“星期五”。在参观教堂或天主教博物馆时禁止穿短裤、短裙或无袖上衣进入。四个人握手时应避免十字交叉握手，十字架形状是不吉利的象征。意大利人忌讳礼物是手帕、丝织品和亚麻织品，意大利人认为，手帕是擦眼泪的，是令人悲伤的物品。意大利人忌讳菊花，认为是丧花。送鲜花应送单数，不能送13支。忌讳一根火柴或者打火机给三个人点烟。

六、意大利主要旅游城市及著名旅游景观

（一）地理坐标：罗马

罗马位于亚平宁半岛的中南部西侧，是意大利的首都，以“七丘之城”和“永恒之城”称号闻名于世，是一座拥有2000多年辉煌历史的文明古城，是意大利的政治和文化中心，也是西方文明的摇篮和世界天主教徒的圣地。有900多座教堂与修道院，7所天主教大学，市内的国中国梵蒂冈是天主教教皇和教廷的驻地。罗马与佛罗伦萨同为意大利文艺复兴中心，仍保留着文艺复兴与巴洛克风貌，罗马城将庄严与浪漫完美结合。1980年，罗马历史城区被列入世界文化遗产。

1．罗马圆形竞技场

古罗马斗兽场也称圆形竞技场，公元80年建成，由4万名战俘历时8年建造，是古罗马的象征，也是人类建筑史上的杰作。斗兽场外形酷似现代体育场，外围墙高近50米，由砖石砌成的三层石柱拱廊，周围80个出入口可以在短时间疏散人群，斗兽场内部分竞技场、观众席和指挥台三部分，可同时容纳5万人观看猛兽与角斗士之间悲惨壮烈的角斗。文艺复兴时期，罗马大兴土木，斗兽场石块被挖走用于修建宫殿和教堂，持续破坏了几百年，19世纪政府开始采取保护措施修整残垣断壁。如今残缺的斗兽场依然壮观。

看淡过往，心向未来，让自己的心静下来，才能看到更广阔的世界。

2. 古罗马废墟遗址

古罗马废墟遗址位于斗兽场与威尼斯广场之间，曾是古罗马帝国市民生活中心，也是政治、经济、文化和宗教活动中心，称古罗马广场。古罗马人曾因修建宫殿、教堂和纪念碑搬走许多石料，这里遭受巨大破坏。文艺复兴时期，考古学家开始系统挖掘广场遗址，经过100多年挖掘重见天日。古罗马废墟广场破碎地矗立红砖建筑元老院、法庭、宫殿、萨图尔诺农神庙、维纳斯女神庙、罗莫洛神庙、恺撒神庙、塞维路斯大帝的凯旋门等，十分壮观。该遗址无论在建筑领域或考古领域都具有伟大意义。

3. 君士坦丁凯旋门

君士坦丁凯旋门位于斗兽场和废墟之间，是为庆祝君士坦丁大帝于312年打败对手马克森提并统一帝国而建，是古罗马帝王入城的必经之路，是罗马现存凯旋门中最新的一座。凯旋门高21米，宽25.7米，采用罗马水泥建成，门上描绘有历代皇帝的生平业绩和君士坦丁大帝的战斗场景的浮雕，其中最著名的顶端8块浮雕，是从马克・奥尔略皇帝纪念碑上拆卸而来，现珍藏在卡比托利欧博物馆中。君士坦丁凯旋门融合了不同时代众多雕塑风格。据说，拿破仑来到罗马时看见凯旋门大加赞赏，因而成为巴黎凯旋门的建造蓝本。

4. 万神殿

万神殿位于罗马市中心，是古罗马建筑艺术的杰作，也是现有保存最完整的古罗马帝国古迹，建于公元前27年~公元前25年，为纪念奥古斯都大帝而修建。外部有山墙和门廊，融希腊庙宇和古典罗马圆形大厅于一体，正面的8根石柱高达14米，两边有两个神龛，用于安放奥古斯都大帝和阿格里帕总督雕像。内部是圆形，四面无窗，屋顶开设直径9米的天窗，窗中透进光线照在马赛克地板上显得庄严肃穆。整个拱形建筑没有支撑，技术达到非常高的水平。米开朗基罗称它为“天使的设计”。里面安葬着意大利伟大的艺术家们。

5. 威尼斯广场

威尼斯广场位于罗马市中心，罗马的很多重要庆典活动都在此举行。广场正面是纪念意大利统一的维托里亚诺纪念堂，建于1911年，因外形酷似打字机，罗马人称为“打字机”，是一座新古典式建筑。台阶下两侧各有一座喷泉，中间是完成意大利统一的维克多·埃曼纽尔二世骑马塑像。第一次世界大战后，纪念堂前安放了无名烈士英雄墓。

6. 许愿池

许愿池又名特莱维喷泉，建于1762年，历时30年完成。喷泉的背景是波利侯爵府的一面后墙，喷泉中央是海神尼普顿指引着两个水神驾驭两匹带翼的海马雕像，两匹海马中一匹表现温顺安详，另一匹表现难以驯服，象征大海有平静与惊涛骇浪的特征，两侧各有一位象征富裕和健康的女神。海神驾战车奔行，下面是一池流淌的泉水。许愿池是罗马最后一件巴洛克式的作品。关于喷泉有一个美丽的传说：“只要背对喷泉，从肩以上抛出一枚硬币至水池中，就能再次来到罗马”。

7. 西班牙广场和台阶

西班牙广场位于罗马市中心，因西班牙驻梵蒂冈大使馆曾经位于此地而得名，是欧洲闻名的旅游胜地。广场大台阶有138级，由一位法国外交官捐助建造，由建筑师德·桑蒂斯和斯佩基设计。石阶顶端是一座教堂，台阶下是著名的破船喷泉，是贝尼尼的父亲彼得罗·贝尼尼设计，喷泉的水流入船内，再从船的四周慢慢溢出，成为西班牙广场上最著名景点。广场附近有博物馆、咖啡馆、古董店、书店等商铺，自古以来一直是大文豪和艺术家们的聚会场所。

8. 卡比托利欧广场

卡比托利欧广场最重要建筑是元老宫、保守宫和新宫。卡比托利欧广场是米开朗基罗翻建的一个十分美丽的广场，布局略呈梯形。为突显元老宫，米开朗基罗重新设计了保守宫，又新设计了新宫，目前元老宫是罗马市政府所在地，保守宫和新宫内是卡比托利欧博物馆，1735年开放，是世界上最古老的公共博物馆之一，两个宫殿地下有“宝石长廊”隧道连接。意大利铸造的50分硬币欧元反面就是该广场的几何路面和雕像。

9. 帕拉蒂尼山

帕拉蒂尼山曾是古罗马周边最豪华富丽的地方，这里是俯瞰古罗马广场(古罗马废墟遗址)和欣赏古罗马全景的最佳地方，致使历代君主和贵族们在此大兴土木建造奢侈的宫殿，奥古斯都、西塞罗、马克・安东尼都曾在山上居住过。在罗马衰落以后，帕拉蒂尼年久失修，日渐荒芜。如今图密善皇帝的行宫遗迹仍可观赏，行宫面积庞大且结构复杂，曾作为主要皇宫长达300年。

（二）地理坐标：梵蒂冈

梵蒂冈位于罗马市，称“国中国”，是世界上面积最小、人口最少的袖珍王国之一，是世界天主教的圣地，也是教廷的所在地。天主教教职分为教皇、红衣主教、大主教、主教和神父5个等级。梵蒂冈拥有独立主权，实行政教合一。圣彼得广场是用来从事大型宗教活动的地方，广场由贝尔尼尼设计，1667年建成，广场呈椭圆形，长340米，宽240米，可容纳30万人。广场周围半圆形长廊有许多圆柱，圆柱上有142个圣人像。广场左右两边有喷泉，中央矗立着高41米的埃及方尖碑。

圣彼得大教堂

圣彼得大教堂由君士坦丁大帝下令在耶稣门徒圣彼得陵墓上修建的，高46米，长187米，宽137 米，占地2万多平方米，可容纳近5万人同时祈祷，是世界上最大的天主教堂，也是意大利文艺复兴时期规模最宏大的建筑。16~17世纪历经多次修复、改建和扩建工程，达·芬奇、米开朗基罗、拉斐尔等意大利文艺复兴巨匠都参加建筑的设计、建造和装饰工作。圣彼得大教堂有教皇祭坛、圣彼得祭坛、母爱堂和珍宝馆等，内部有大量文艺复兴及古希腊罗马时期的珍贵艺术品和图书文献。大堂金碧辉煌，地板由各色大理石铺成，众多美丽的雕塑和绘画，每个细节都彰显着梵蒂冈的气派。每年元旦、复活节和圣诞节等重要节日，教皇会在会见厅、圣彼得广场或教堂会见公众。

（三）地理坐标：米兰

米兰是伦巴底大区的首府，也是意大利的第二大城市，一直是意大利北部最大的工商业中心，也是连接地中海及中欧的主要交通枢纽，是意大利金融业的中心和世界时尚中心，是世界流行的最尖端代表，米兰有艺术品诞生地、艺术家摇篮、时装之城等称号。

米兰大教堂

米兰大教堂位于米兰市中心，是欧洲最豪华的哥特式教堂，也是米兰的象征。米兰大教堂建造历经500多年，最终于1809年因拿破仑的命令完工，长158米，最宽处93米，塔尖最高处达108.5米。教堂外部有2245尊雕塑、135个尖顶、96个怪兽状滴水嘴和约1000米长的窗花格装饰。中央塔顶是圣母玛丽亚的镀金雕像，高4.2米，重700多千克，由3900多片黄金包成。教堂外表犹如一片奇妙的尖塔之林，由极其繁复华丽的白色大理石建成，雄伟典雅并且举世无双。

（四）地理坐标：佛罗伦萨

佛罗伦萨位于亚平宁山脚下阿尔诺河盆地的山丘间，是托斯卡纳区首府，是欧洲文艺复兴运动的发源地，也是著名的文化古城和艺术天堂。这座中世纪古城因强大的美蒂奇家族保护和推动而迅速崛起，文艺复兴时期涌现出世界上最伟大的作家、诗人、画家、艺术家、雕刻家、建筑师、哲学家等。佛罗伦萨浓缩了整个文艺复兴时期艺术精华，有43座博物馆、65座豪华宫殿、众多教堂，历史城区于1982年列入世界遗产名录。

1. 圣母百花大教堂

圣母百花大教堂是佛罗伦萨的地标建筑，是佛罗伦萨总教区的主教座堂。教堂建筑群以红色、白色和绿色构成主色调，由大教堂、洗礼堂和钟楼三部分组成。教堂最著名的八角形穹顶是世界上最大的穹顶之一，穹顶内径43米，高30米，历时14年完成，是文艺复兴圆顶建筑的楷模。教堂乔托钟楼，高5米，是佛罗伦萨最高建筑。圣乔万尼洗礼堂的黄铜色大门是经典之作，门上10块浮雕是著名雕塑大师季陪尔底历时21年完成的杰作。

2. 乌菲兹美术馆

乌菲兹美术馆是意大利历史最悠久最著名的一座艺术博物馆，建于1560年，也是欧洲最重要的美术馆。馆内有10万多件藏品，按创作时间和创作流派分为46个展厅，有欧洲文艺复兴期和其他各画派代表人物的作品，如达·芬奇、米开朗基罗、拉斐尔、丁托列托、伦勃朗等，以及古希腊和罗马的雕塑作品，美蒂奇家族世代收藏的艺术品大多安放于此。

3. 圣十字大教堂

圣十字教堂面向佛罗伦萨最古老的圣十字广场，与附近的僧房、庭院、帕兹家族礼拜堂共同形成一个美轮美奂的奇特空间，被称作佛罗伦萨文艺复兴建筑的浓缩与精华。圣十字教堂是圣方济各教派最大的教堂，也是一座标准的次级主座教堂，大部分欧洲天主教堂的内部结构均以圣十字教堂为基础发展。教堂里安葬着但丁、伽利略、米开朗基罗、马基维利亚、罗西尼和马可尼等276位托斯卡纳地区和意大利的文艺巨匠。

（五）地理坐标：威尼斯

威尼斯位于亚得里亚海西北端，被誉为“亚得里亚海明珠”，是意大利重要的港口，大运河是威尼斯的大街，运河将市区一分为二，城中纵横180多条大河道，400多座桥，里亚托桥最为著名，莎士比亚的《威尼斯商人》以这里为背景。威尼斯是世界上唯一没有汽车的城市。运河两岸遍布13~18世纪宫殿，有拜占庭式、哥特式、巴洛克式风格建筑。

1. 圣马可广场

圣马可广场也称威尼斯中心广场，是威尼斯的政治、宗教、传统节日的公共活动中心。广场上矗立着象征威尼斯的钟楼、圣马可教堂、科雷尔博物馆、行政官邸大楼、圣索维诺的造币厂、圣索维诺国家图书馆等建筑和大运河一起围成的长方形广场，广场四周是文艺复兴时期的精美建筑。广场上有两根圆柱，一根圆柱顶是威尼斯的飞狮城徽，另一根圆柱顶是威尼斯圣人圣狄奥多尔。

2. 圣马可大教堂

圣马可大教堂始建于829年，为收藏从埃及运来的圣马可遗体而建，是基督教世界最负盛名的大教堂之一。教堂曾遭遇大火，于1043年~1071年重建，它融合东方拜占庭艺术、古罗马艺术、中世纪哥特式艺术和文艺复兴艺术等多种艺术样式，曾是中世纪欧洲最大的教堂，也是威尼斯建筑艺术的经典之作。曾是第四次十字军东征的出发地。威尼斯的荣耀、威尼斯的富足、威尼斯的历史与信仰，尽在此地。

读书多了，容颜自然改变。许多时候，以为看过的书籍都成过眼烟云，其实他们仍是潜在的。在气质里，在谈吐上，在胸襟的无涯，也可能显露在生活和文字中。——三毛

3. 叹息桥

叹息桥建于1603年，是连接总督府和威尼斯监狱的一座著名的桥，总督府审判犯人后，重罪犯经由此桥被送往地牢，死囚被押赴刑场时也必经此桥，因桥上死囚叹息声而得名。叹息桥是一座早期巴洛克式风格的拱廊桥，呈房屋状，上部由穹隆覆盖，是威尼斯著名景点之一。

（六）地理坐标：比萨

比萨斜塔

比萨斜塔位于托斯卡纳区比萨城奇迹广场，由大教堂、洗礼堂、钟楼和墓园组成的宗教建筑群，外墙均为乳白色大理石砌成，各自独立又形成统一的罗马式风格建筑。比萨斜塔位于大教堂后方，始建于1173年，工程开始不久因地基不均匀和土层松软而倾斜，1372年完工，塔身倾斜向东南。比萨斜塔是意大利著名的古代文化遗产，是世界建筑史上的奇迹，也是比萨城标志，1987年列入世界遗产名录。

（七）地理坐标：拉斯佩齐亚省沿岸

五渔村

五渔村位于热那亚和比萨间利古里亚海滨，由蒙特罗索、韦尔纳扎、科尔尼利亚、马纳罗拉和里奥马焦雷5个静静躺在悬崖边山坳中的小渔村组成，有专门修建的徒步小路将5个村庄串联起来，这里以山为父、以海为媒、晨曦落日、观海听涛，是拥有五光十色小小阁楼的浪漫圣地，处处充满爱的信息。《国家地理》杂志称它“世外桃源”，1997年被列入世界遗产名录。

（八）地理坐标：那不勒斯

那不勒斯又称拿波里，是康帕尼亚大区的首府。历史上那不勒斯不断受到外族入侵和统治，使这座城市形成独特的文化和风格。那不勒斯有世界美港、蓝天碧海、明亮的阳光、雄伟的维苏威火山、狭窄的石板路、悠闲的那不勒斯人，被誉为“阳光和快乐之城”。从古罗马皇帝至文艺复兴的艺术家们无不为之倾倒，据说只有抵达那不勒斯，才能体会到真正的意大利风情。

庞贝古城遗址

公元79年，维苏威火山喷发，庞贝古城被火山灰掩埋在地下。目前挖掘后的整座城市保存十分完整，道路标志、车辙印迹保留完好，酒馆柜台摆放着装蜂蜜和葡萄酒的大缸，一切都是2000年前的模样。从庞贝古城遗址可以看出古罗马时代的社会生活。古城有出土文物博物馆、维纳斯神殿、当时执法机关阿波罗神殿等建筑遗址，北面的宙斯神殿可眺望维苏威火山。

（九）地理坐标：西西里岛

西西里岛是地中海上最大的岛屿，位于地中海，是文化的交叉点，因不同民族统治，融合希腊、阿拉伯和基督教文化于一体的多元文化。西西里岛以灿烂阳光、蔚蓝大海和遍地鲜花著称，被誉为“太阳与橄榄之岛”和“柑橘之岛”。岛上巴勒莫王宫、大教堂、神庙群、露天剧场等古建筑群风景和迷人的自然风光和谐地融为一体。

（十）地理坐标：撒丁岛

撒丁岛是意大利的第二大岛，数百万年前巨大的花岗岩层伸出海面，形成这座岛的框架，如今岩石仍是撒丁岛的基本组成。虽然撒丁岛不是热门旅游地，却是意大利富豪和明星们热衷的度假胜地，它拥有1600千米的海岸线、令人惊艳的沙滩和清澈的海水，安静休闲。

七、意大利旅游资讯

（一）旅游购物

四方街位于米兰，是意大利和世界最著名的奢侈品购物街之一。由蒙特拿破仑街、斯皮加路、博尔戈斯佩索路与圣安德烈亚路4条街围起来的四边形地区，又称“黄金四角区”。LV、PRADA、GUCCI、GIORGIO、AMANI等国际一线奢侈品店都集中在这里。时装、配饰和珠宝等奢侈品牌店一应俱全，也有别致的美食店和餐厅。每年9月米兰时装周期间，国际时装设计师、国际模特、各国明星聚集在这里购物。

艾玛努埃莱二世长廊，位于米兰大教堂旁边，是意大利最古老的商业街。长廊是为纪念意大利国王维托里奥·艾玛努埃莱二世而建，呈十字形，廊顶是巨大的拱形，地面由大理石铺成的马赛克图案，长廊内有金银首饰店、时装店、礼品店、咖啡厅、书店、LV和PRADA旗舰店。长廊也是政治家、文学家和艺术家的云集之地，被称为“米兰客厅”。

（二）出境提示

1. 境外法规及风俗习惯

（1）欧洲法律规定，司机每行驶两小时后必须休息20分钟，每天开车时间不得超过9小时，且休息时间在12小时以上。

（2）欧洲法律规定，公共场合禁止吸烟，如被查到将会受到当地相关执法部门的重罚，罚额高达500~2000欧元不等，一定要严格遵守欧洲国家的规定，以免造成损失。

（3）欧洲各国均有付小费的习惯，是国际礼仪之一，如认为服务人员表现优秀，可自愿给予小费，是对服务人员工作的肯定与感谢，如搬运行李小费、酒店打扫小费等，因地区及服务性质不同，可先参考导游意见，再判断支付小费的多少。

（4）来自非欧盟客人在意大利购物可享受22%购物退税政策，标有“Tax Free Shopping”的购物店均可退税，关于退税详情购物前咨询旅行社工作人员，避免造成损失。

2. 货币兑换及时差

（1）意大利流通货币为欧元，其他货币在使用或兑换时都会有汇率上的损失，出国前换好所需欧元，持中国银联卡可在境内部分商店刷卡消费，并可使用ATM取款。

货币汇率：1元人民币=0.1289欧元（2019年6月16日）。

（2）意大利时间比中国北京时间晚7个小时，如北京时间为20:00，意大利时间为13:00；意大利夏令时时间比北京时间晚6个小时。

第五篇 浩瀚北国 走进列宁的故乡 俄罗斯

【印象俄罗斯】

它地跨亚欧两洲，雄踞世界东方，
从人迹罕至的勘察加半岛至西伯利亚的冰天雪地，再延向东欧平原。
波澜壮阔的历史变幻，崇山峻岭间大河蜿蜒，
高原平原里湖泊璀璨，岛屿半岛畔海域湛蓝。
碧波连天的符拉迪沃斯托克，咽喉之地哈巴罗夫斯克；
妖娆重生的伊尔库茨克，华丽转身的叶卡捷琳堡；
桀骜不驯的民族个性，勇往直前的民族精神，圣彼得堡于狼烟中屹立；
克里姆林宫里教堂金顶闪耀，塔楼红星生辉，莫斯科的白桦林仍记忆岁月的峥嵘。
彼得大帝的夏宫，奢华的叶卡捷琳娜宫，艺术的殿堂冬宫，
寒冷辽远的东西方文化汇聚之地异彩纷呈。
舒适的季节，看一眼西伯利亚的蓝眸，观一场精美绝伦的《天鹅湖》，
听一曲《莫斯科郊外的晚上》，沉淀独具味道的北国风情。

© 视觉中国

人生最好的境界是丰富的安静。——周国平

一、俄罗斯出境旅游线路参考范例

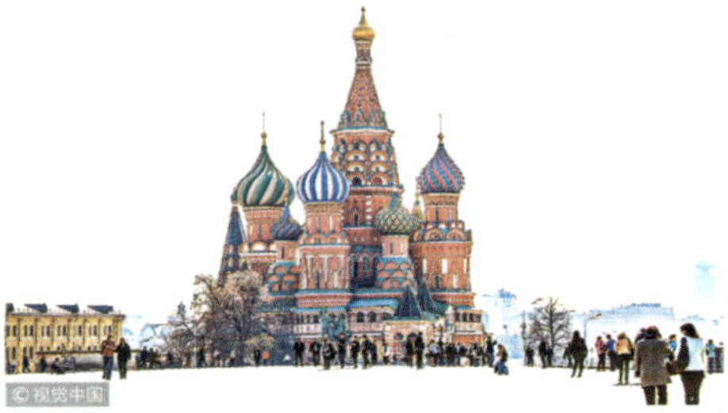

线路参考范例一

雪国童话——俄罗斯 9 日精致游

线路参考范例二

俄罗斯双首都 9 日经典之旅

线路参考范例三

贝加尔湖 5 日休闲之旅

线路参考范例四

徒步全球——贝加尔湖蓝冰之恋 5 日徒游之旅

线路参考范例五

西伯利亚的蓝眼睛——贝加尔湖 5 日冰雪之旅

线路参考范例六

极寒极美——俄罗斯 11 日邂逅极光之旅

二、俄罗斯国情掠影

（一）自然地理

俄罗斯（Russia），全称俄罗斯联邦，横跨欧亚大陆，位于欧洲东部和亚洲北部，北临北冰洋，东濒太平洋，西临波罗的海，西南连黑海和里海，海岸线长3.38万千米。俄罗斯自西向东与挪威、芬兰、爱沙尼亚、拉脱维亚、立陶宛、波兰、白俄罗斯、格鲁吉亚、阿塞拜疆、乌克兰、哈萨克斯坦、蒙古、中国、朝鲜14个国家接壤。东部与日本和美国隔海相望。俄罗斯东西最长约9000千米，南北最宽约4000千米，横跨11个时区，国土面积约1709.82万平方千米，是世界上面积最大的国家。

俄罗斯全境以南北走向的叶尼塞河为界分为东、西两部分，地势东高西低，呈梯级状，从东向西逐渐下降。地形以平原为主，平原、低地和丘陵约占国土总面积的60%，高原和山脉占20%。东部地区主要是高原和山地，有中西伯利亚高原和东西伯利亚山地。西部地区主要是平原，包括东欧平原和西西伯利亚平原。境内河流纵横交错，主要河流有鄂毕河、叶尼塞河、勒拿河，顿河、伏尔加河、乌拉尔河等。其中伏尔加河长3690千米，被誉为俄罗斯的“母亲河”，也是欧洲最长的河流。贝加尔湖是著名的高山湖，也是世界上最深、蓄水量最大的淡水湖，里海是世界最大的咸水湖，另有拉多加湖、奥涅加湖、兴凯湖等。森林面积8.67亿公顷，居世界第一位。俄罗斯海岸线约3.8万千米，濒临海域有波罗的海、黑海、亚速海、日本海、鄂霍次克海、白令海峡、楚科奇海、东西伯利亚海、拉普捷夫海、喀拉海和巴伦支海等。

俄罗斯地处寒带、亚寒带、温带和亚热带四个气候带，气候多种多样。北冰洋沿岸和岛屿约15%的领土位于北极圈内，属寒带气候，夏季自4月至9月，连续数月极昼，冬季自9月至次年4月，常伴有极光出现。北极圈至寒带边缘属于亚寒带地区，无论冬季夏季都寒冷。俄罗斯大部分地区处于亚寒带边缘至北纬50°，属于北温带，以大陆性气候为主，冬季漫长，寒冷干燥，春夏秋三季短促而温暖，温差普遍较大，1月气温平均为-40~-5℃，7月气温平均为11~27℃，年降水量平均为150~1000毫米。俄罗斯少部分南部地区属于亚热带气候，主要分布于黑海和高加索附近地区，是降雨量较多地区。

（二）人文概况

1．人口、民族、语言及宗教

俄罗斯的人口约1.467亿人（2019年1月1日），是欧洲人口最多的国家。人口分布不均衡，西部密集东部稀少。

俄罗斯有190多个民族，其中俄罗斯族占79.8%。少数民族主要有鞑靼族、乌克兰族、巴什基尔族、楚瓦什族、白俄罗斯族、犹太族、摩尔多瓦族、阿瓦尔族、哈萨克族、乌德穆尔特族、布里亚特族、马里族、图瓦族、乌兹别克族、格鲁吉亚族、涅吉达尔族、阿留申族和日耳曼族等。

俄罗斯联邦官方语言是俄语。

俄罗斯居民主要信奉东正教，其次是伊斯兰教。据近年调查，居民中53%信奉东正教，10%信奉伊斯兰教，1%信奉天主教，1%信奉犹太教，0.8%信奉佛教。

2．国旗、国徽、国花及首都

俄罗斯国旗自上而下由白、蓝、红三色相等的长方形组成。白、蓝、红三色被认为是泛斯拉

俄罗斯

人们总说时间能改变一切，事实上我们必须靠自己去改变。先改变自己，一切才会变。

夫颜色。三色旗来自于1697年彼得大帝在位期间采用的沙皇俄国的旗帜。

俄罗斯国徽是盾徽。1993年11月30日，俄罗斯决定采用十月革命前伊凡大帝时代的双头鹰图案的国徽，红色盾面上有一只金色的双头鹰，鹰头上是彼得大帝的三顶皇冠，鹰爪抓着象征皇权的权杖和金球。鹰胸前是一个小盾形，上面是一名骑士和一匹白马。

俄罗斯国花是向日葵。

俄罗斯国树是白桦树，在东斯拉夫人神话传说中是神圣的树，是祖国故乡的象征。

俄罗斯国兽是熊，被视为俄罗斯森林之主，用它比喻身强力壮、心地善良的人。

俄罗斯国歌是《俄罗斯，我们神圣的祖国》。

俄罗斯首都是莫斯科。

3. 发展简史

公元6世纪，斯拉夫族是欧洲最大的部族之一，主要分布在辽阔的欧洲东部，后来分为西斯拉夫人、南斯拉夫人、东斯拉夫人三支，是俄罗斯人的祖先。公元9世纪末期，以基辅为中心形成古罗斯国家基辅罗斯。15世纪末，大公伊凡三世建立以莫斯科为中心的统一中央集权国家莫斯科大公国。1547年，伊凡四世自封为“沙皇”，国号称俄国。17世纪末到18世纪初，彼得一世在位期间，实行一系列改革，加强中央集权，同时继续向外扩大版图。1861年，俄国进行自上而下的改革，沙皇亚历山大二世废除农奴制，加速了俄国资本主义的发展。19世纪末至20世纪初，成为军事封建帝国主义国家。1917年2月，俄国爆发了第二次资产阶级民主革命，推翻了沙皇专制制度。同年11月7日，以列宁为首的布尔什维克党领导俄国无产阶级推翻了资产阶级的统治，建立了世界上第一个社会主义国家政权——苏维埃社会主义共和国，该共和国1922年加入苏联。1922年12月30日，俄罗斯联邦、外高加索联邦、乌克兰、白俄罗斯共同成立苏维埃社会主义共和国联盟，简称苏联，之后联盟增至15个加盟共和国。1941年，德国法西斯入侵苏联，俄罗斯人民同其他各民族一起经过四年浴血奋战，取得了卫国战争的伟大胜利。

1990年6月12日，苏维埃联邦社会主义共和国最高苏维埃发表《国家主权宣言》。1991年9月6日，苏联国务委员会通过决议，承认爱沙尼亚、拉脱维亚、立陶宛3个加盟共和国独立。同年12

月8日，俄罗斯联邦、白俄罗斯、乌克兰3个加盟共和国领导人在别洛韦日签署《独立国家联合体协议》，宣布组成“独立国家联合体”。同年12月21日，除波罗的海三国（爱沙尼亚、拉脱维亚、立陶宛）和格鲁吉亚外的苏联11个加盟共和国签署《阿拉木图宣言》和《独立国家联合体协议议定书》。同年12月26日，苏联最高苏维埃共和国院举行最后一次会议，宣布苏联解体，俄罗斯联邦成为独立的国家，是苏联唯一继承国。1992年4月16日，俄罗斯第6次人代会将国名改为“俄罗斯”，恢复了历史上的名称。次日，决定使用两个同等地位的正式国名“俄罗斯联邦”和“俄罗斯”。

三、俄罗斯政治体制与经济发展

（一）政治制度

俄罗斯是共和制的民主联邦法治国家。总统具有行政权，总统是国家元首和联邦武装力量最高统帅，由选民以无记名投票方式直接选举产生。俄罗斯联邦会议是议会，是俄罗斯联邦的代表和最高立法机关，由联邦委员会（上院）和国家杜马（下院）两院构成，每届任期4年。俄罗斯联邦政府是国家权力的最高执行机关，由总理、副总理和若干名联邦部长组成。总理由总统任命并需征得国家杜马的同意。1993年2月12日，全民公决通过实施《俄罗斯联邦宪法》。

（二）经济发展

1999 年以来，俄罗斯推行稳健的社会经济政策，经济逐步复苏，稳定增长。俄罗斯有完整的工业体系和发达的农、牧、渔业以及现代化的交通运输业。俄罗斯工业基础雄厚，部门齐全，以机械、钢铁、冶金、石油、天然气、煤炭、森林工业及化工等为主，纺织、食品、木材和木材加工业也较发达。农牧业并重，主要农作物有小麦、大麦、燕麦、玉米、水稻和豆类。经济作物以亚麻、向日葵和甜菜为主。畜牧业主要为养牛、养羊、养猪业。出口商品主要有石油、天然气、电力、煤、机械设备、黑色及有色金属、交通工具、宝石及其制品、木材及纸浆等。主要进口商品有机械设备、交通工具、食品和农业原料产品、化工产品及橡胶、金属及其制品、纺织服装类商品。2017 年俄罗斯国内生产总值（GDP）约合 1.578 万亿美元，人均国内生产总值 10734 美元。

俄罗斯森林覆盖面积广，森林覆盖率世界第一位，约达到8.67亿公顷。地下资源十分丰富，种类多，储量大，自给程度高。石油占世界探明储量的12% ~13%。天然气占世界探明储量的35%，居世界第一位。黄金储藏量丰富，居世界第五位。铁蕴藏量居世界首位。铝蕴藏量居世界第二位。煤蕴藏量居世界第二位。铀蕴藏量居世界第七位。俄罗斯广袤的林区，分布着大量的普通树种、珍稀树种和药用植物。

货币名称：卢布（Rouble），1卢布=100戈比。

参考汇率：1美元=64.3675俄罗斯卢布（2019年6月16日）。

四、俄罗斯教育及文化

（一）教育与留学

俄罗斯的中小学教育是世界最全面的教育之一，普及9年制义务教育，小学学制4年、初中学制5年、高中学制2年，俄罗斯政府在中小学推广精密科学，完成9年义务教育后，学生可选择入高中，也可就读中等专业学校，高中两年为考大学做准备。

俄罗斯高等教育世界领先，入学门槛低，留

学和生活费用相对欧美低，拥有较多优势专业，吸引大量留学生。俄罗斯最著名的高等院校是莫斯科国立大学，是俄罗斯历史悠久的最高等学府，是拥有独立自治权且世界排名第七的综合性大学，俄罗斯很多著名作家和诺贝尔奖获得者都出自莫斯科大学。主楼前有俄罗斯著名学者的雕像，位于主楼正中间的雕像是莫斯科大学创始人罗蒙诺索夫，1755年，他倡议并创办莫斯科大学。

俄罗斯另有著名的圣彼得堡国立大学（俄罗斯著名综合性大学）、圣彼得堡列宾美术学院（俄罗斯美术教育最高学府，世界四大美术学院之一）、俄罗斯人民友谊大学（以研究国际关系和世界文化为主的著名学府）、下诺夫哥罗德大学（欧洲知名高等学府）、喀山国立大学（俄罗斯东部地区高等学府）、太平洋国立大学（俄罗斯重点综合性大学）等。

（二）文化艺术

1. 音乐

18世纪以前的俄罗斯音乐主要以宗教音乐为主。自18世纪初，音乐摆脱宗教束缚衍生出古典音乐、歌剧、红色音乐、流行音乐等。19世纪初期，俄罗斯古典音乐和歌剧崛起，米哈伊尔·格林卡被誉为“俄罗斯古典音乐奠基人”。柴可夫斯基被誉为古典音乐大师，享誉世界的作品有歌剧《黑桃皇后》、舞剧《天鹅湖》及交响曲等。随着20世纪初无产阶级革命运动兴起，红色音乐得到广泛传播。20世纪中后期流行音乐不断发展。

2. 芭蕾舞

芭蕾舞是俄罗斯的象征，源于民间舞蹈，16世纪形成于法国、意大利等欧洲国家。俄罗斯芭蕾舞虽起步晚，但发展迅速并形成独树一帜的风格。1670年，俄罗斯上演了第一部芭蕾舞剧。18世纪，俄罗斯芭蕾舞在西欧芭蕾舞剧基础上，注入了俄罗斯民族音乐和舞蹈，至19世纪，俄罗斯芭蕾舞的西欧巡回演出引起轰动。法国舞蹈家莫马里于斯·佩蒂帕是俄罗斯芭蕾舞之父，他成为圣彼得堡帝国剧院首席舞蹈大师，先后执导60多部芭蕾舞剧，包括《天鹅湖》。19世纪末20世纪初，是俄罗斯芭蕾舞的全盛时期，帝国芭蕾舞学校已是世界闻名，培养一大批明星，最著名的安娜·巴甫洛娃于1910年巡演圣桑的《天鹅之死》轰动世界。苏联时期的著名芭蕾舞演员是乌兰诺娃，代表剧目《天鹅湖》《灰姑娘》等。

3. 电影

俄罗斯电影在世界上一直占有重要地位。1916年，俄罗斯电影中第一批艺术片出现。1925年，爱森斯坦导演的《战舰波将金号》获得1927巴黎国际电影节大奖，被称为里程碑式的作品。20世纪30年代有声电影出现，《大雷雨》是第一批有声影片中最著名的古典戏剧名著。1937～1939年，列宁的形象出现在银幕上，主要影片有《列宁在十月》《列宁在1918》等。20世纪40年代初，大型史诗影片《彼得大帝》和《亚历山大·涅夫斯基》成为描写历史活动和宏大战争场面的战争题材电影的标杆。战争期间的影片，出现文献记录电影、历史事件、史诗片居多。20世纪80年代初的著名电影《莫斯科不相信眼泪》，获奥斯卡金像奖，成为苏联时期电影佳

作。2003年，安德烈·兹维亚金采夫的《回归》获得第60届威尼斯电影节金狮奖，标志着俄罗斯电影重回繁荣。

4．运动

俄罗斯的竞技运动成绩享誉世界，足球、网球、冰球、篮球、跳水、撑杆跳、田径等运动项目一直是世界上最具实力的体育强国之一，俄罗斯著名的足球运动员列夫·雅辛，被誉为世界最伟大的守门员；奥列格·萨连科，被誉为“闪耀世界的射手”；伊辛巴耶娃，被誉为“撑杆跳女皇”；跳水沙皇萨乌丁和跳水女皇帕卡琳娜是俄罗斯跳水的杰出代表。此外，骑马、射箭、滑雪、滑冰、摔跤、探险、狩猎等民间运动，冰雪地域探险、原始森林狩猎等挑战自我的冒险活动，无不展现了俄罗斯人强健的体魄和非凡的意志。

（三）伟大导师

弗拉基米尔·伊里奇·列宁是俄国共产主义革命政治家，马克思和恩格斯事业和学说的继承者，全世界无产阶级和劳动人民的革命导师和伟大领袖，领导了十月革命，成为苏联第一位领导人。列宁于1924年1月21日去世，遗体经防腐处理后安葬于莫斯科克里姆林宫红墙下的列宁墓中，被美国《时代》杂志评为20世纪最有影响力的100人之一。

（四）文学名人

1．文坛巨匠

19世纪，俄罗斯文学从默默无闻一跃成为世界文学中心之一，出现了一大批名垂千古的文学巨匠和经典作品，成就俄罗斯文学史的黄金时期，闪耀着世界文坛。

（1）亚历山大·普希金　世界级文学大师，俄罗斯浪漫主义文学最著名代表，被誉为“俄罗斯文学之父”，著名诗人，确立了俄罗斯语言的规范。《叶普盖尼·奥涅金》是俄罗斯现实主义的奠基之作。作品涉及诗歌、短篇小说、戏剧、童话故事等各个领域，代表作品《假如生活欺骗了你》《自由颂》《致大海》《致恰达耶夫》《乡村》《短剑》《囚徒》等诗歌名篇。

（2）尼古拉·果戈里　小说家和剧作家，继承普希金和莱蒙托夫的现实主义传统，开创了俄罗斯文学史著名的自然派，世界名著《钦差大臣》《死魂灵》《外套》等。

（3）屠格涅夫　俄罗斯著名作家，19世纪中后期现实主义文学的先锋人物，世界名著《父与子》中主角巴扎罗夫成为一个时代的象征。另著有《罗亭》《贵族之家》等作品。

（4）陀思妥耶夫斯基　俄罗斯著名作家，19世纪中后期现实主义文学的先锋人物，著有《罪与罚》《卡拉马佐夫兄弟》《群魔》等作品。

（5）列夫·托尔斯泰　堪称俄罗斯最伟大的作家之一，长篇小说《安娜·卡列尼娜》将俄罗斯现实主义文学推向了顶峰，长篇巨著《战争与和平》成为世界文学史的瑰宝。著有《复活》、短篇小说《伊凡·伊里奇之死》和《魔鬼》等作品。

（6）马克西姆·高尔基　无产阶级文学的代表，俄罗斯社会主义现实主义文学奠基人，著名小说《母亲》，自传体三部曲《童年》《在人间》《我的大学》，另著有《底层》《小市民》和《海燕之歌》等作品。

2．诺贝尔文学奖

（1）伊凡·蒲宁　被高尔基誉为“当代优秀的文体家”，作品《米佳的爱情》获1933年诺贝尔文学奖，另著有《安东诺夫的苹果》《松树》《新路》《乡村》等系列作品。

（2）帕斯捷尔纳克　长篇小说《日瓦戈医生》

获1958年诺贝尔文学奖，另著有诗集《云雾中的双子星座》《生活是我的姐妹》等作品。

（3）肖洛霍夫　著有《静静的顿河》，讲述了顿河哥萨克地区革命战争的传奇故事，该作品获1965年诺贝尔文学奖。

（4）索尔仁尼琴　著名作家、诗人、历史学家、思想家、社会活动家，作品《癌病房》获1970年诺贝尔文学奖。毕生追求正义与公平，为俄罗斯留下丰厚的文学遗产，被誉为“俄罗斯的良心”。著名作品有《伊万·杰尼索维奇的一天》、巨著《古拉格群岛》，长篇小说《第一圈》等。

（5）布罗茨基　天才诗人，作品《从彼得堡到斯德哥尔摩》获1987年诺贝尔文学奖，另著有《诗选》《言论之一部分》《致乌拉尼亚》等作品。

五、俄罗斯民俗风情

（一）民间节日及法定节假日

1. 谢肉节

每年2月末3月初，又称送冬节，是俄罗斯民间节日中最古老最盛大的传统节日。民间送冬节指送走严冬，迎来春暖花开。而谢肉节在宗教意义上是按照东正教教历规定，先尽情狂欢一周，此后持续七周的斋节期间不杀生，不吃荤，停止娱乐活动，严格禁欲等。

2. 圣诞节

1月7日，是东正教圣诞节，俄罗斯认为它是新的一年的开始，节日里装饰圣诞树，祈求新的一年幸福吉祥，因与元旦时间前后相宜，娱乐活动往往交织在一起。

3. 俄罗斯之冬艺术节

12月25日~次年1月5日，俄罗斯人以各种冬季娱乐活动迎接新年的古老传统，活动项目有赛马、滑雪、溜冰、滑雪橇等。

4. “白夜”艺术节

6月21日~6月29日，节日在圣彼得堡举办。每年入夏圣彼得堡的白天特别长，午夜非常短，夕阳迟迟不入地平线，虽日暮黄昏，天空却似白

天，此景称为“白夜”，节日期间举办各种文化娱乐活动。

5. 法定节假日

俄罗斯法定节假日以2020年为例，如下：新年（1月1日）、新年假期日（1月2日）、东正教圣诞节（1月7日）、祖国保卫日（2月23日）、国际妇女节（3月8日）、春天/五一劳动节（5月1日）、胜利日（5月9日）、国庆日（6月12日）、团结日（11月4日）。

（二）社交礼仪

俄罗斯人见面礼节行拥抱礼、亲吻礼和握手礼，视不同场合有所不同。国家领导人在隆重场合相会，行拥抱亲吻礼，亲吻礼是挨面颊两次，先右后左。在较隆重的场合，男女相见通常是男子屈身吻女子手背。在日常生活中表示亲切时，一般是长辈吻晚辈面颊3次，先右、后左、再右，有时也吻一下额头，晚辈则吻长辈面颊两次。女性朋友之间行拥抱礼或亲吻礼，男性朋友之间行拥抱礼。下级、晚辈、男子遇到上级、长辈、女

子时，应等对方先伸手方可行握手礼。男士初次与女士见面，以鞠躬礼代替握手礼。俄罗斯人热情好客，隆重场合迎接贵客时，通常捧出“面包和盐”，表示崇高的敬意。

（三）禁忌

俄罗斯人交谈时忌讳谈论政治、经济难题、宗教矛盾、民族纠纷、车臣问题、苏联解体、阿富汗战争等话题。忌讳13，喜欢7，认为7是成功美满的预兆。拜访俄罗斯人时，赠与女士的鲜花忌双数。俄罗斯人将镜子视作神圣的物品，打碎镜子意味着灵魂的毁灭。打翻盐罐视为不吉利。如果打碎碗、盘等餐具意味着富贵和幸福，隆重喜庆场合俄罗斯人有时会特意摔碎碟、盘表示庆贺。俄罗斯人传统认为，每个人都有两个神灵，左方为凶神，右方为保护神。因此不允许左手与他人握手和递送物品，学生考试不能用左手去抽签，早晨起床不可左脚先着地。

六、俄罗斯主要旅游城市及著名旅游景观

（一）地理坐标：莫斯科

俄罗斯首都莫斯科，位于俄罗斯欧洲部分的中部，因地跨莫斯科河和亚乌扎河而得名莫斯科。是全国政治、经济、文化、交通中心和最大的工业城市。始建于1147年，已有800多年历史，是俄罗斯最大的城市和绿化最好的城市之一。自15世纪末期，莫斯科成为俄罗斯国家权力象征闻名天下。莫斯科拥有许多纪念性的历史建筑和纪念碑，克里姆林宫、红场、列宁墓、教堂、凯旋门、大剧院等。莫斯科城市布局以红场为中心，环环相套向外扩散。莫斯科河，流淌其中，将莫斯科点缀得更加美丽。

1. 莫斯科地铁

莫斯科地铁被誉为“地下的艺术殿堂”，是世界上最漂亮的地铁，也是世界规模最大的地铁之一。俄罗斯地铁站由大理石、马赛克、黄岗岩石、陶瓷和五彩玻璃等原材料建成，富丽堂皇且华美典雅，有各种不同艺术风格的壁画和精美绝伦浮雕，每个地铁站都好似华丽的宫殿。

2. 克里姆林宫

克里姆林宫是俄罗斯联邦政府所在地，也是俄罗斯最著名的宫殿建筑群。始建于1156年，之后不断扩大。直至19世纪40年代，克里姆林宫大厦建成，因漫长的建造时间，宫殿内建筑融合了拜占庭、巴洛克、希腊罗马式等多种风格。宫墙四周建有20座塔楼，其中5座塔楼保留了苏联时期的红星，宫内有宝石库、历代沙皇的皇宫大克里姆林宫、圣母升天教堂、大会堂、炮王，其中的伊凡大帝钟楼是莫斯科地标性建筑，也是宫殿内部最高的建筑，钟楼右侧有世界上最大的钟王等。

克里姆林宫内的圣母升天教堂曾是历代沙皇举行加冕礼的场所。

伊凡大帝钟楼是克里姆林宫内最高的建筑，有两个金色圆顶，钟楼的一层常举办展览。

你不是我，怎知我走过的路，心中的苦与乐。——列夫·托尔斯泰

3. 红场

红场意为“美丽的广场”，是莫斯科最古老的广场。位于莫斯科市中心，地处克里姆林宫东北宫墙，呈平面长方形，占地约9万平方米，地面使用红色长条砖铺成，是俄罗斯举行大型庆典和阅兵仪式的广场。红场西侧是克里姆林宫，东侧是国营百货商店古姆，南侧是圣瓦西里大教堂，毗邻莫斯科河，北侧是国家历史博物馆。列宁墓位于红场西边，建于1924年1月27日，1930年用花岗石和大理石替代了木结构，列宁墓一半位于地下，一半露出地面，列宁安卧于水晶棺内。在列宁墓和克里姆林宫之间，是苏联其他领导人的墓地。

4. 圣瓦西里大教堂

圣瓦西里大教堂位于红场南端，是俄罗斯的象征，是为纪念伊凡大帝取得喀山战役胜利而建，原为木质结构，1555年改建成红色石头结构的石质教堂，1561年完成。教堂中央塔高46米，有9个穹顶，8个小穹顶以不同颜色和花纹错落分布在大穹顶周围，富于创意且精美无比。

5. 大彼得罗夫大剧院

大彼得罗夫大剧院又称莫斯科大剧院，位于莫斯科市中心的剧院广场，是莫斯科著名的芭蕾舞歌剧剧院，也是俄罗斯最悠久最宏伟的剧院之一，剧院拥有世界一流的歌剧团、芭蕾舞团、管弦乐团等，200多年的历史中诞生多位世界级芭蕾舞巨星。剧院始建于1776年，经过两次大火后重建，属于乳白色外表的古典主义风格建筑，柱廊式正门，门顶上方雕有阿波罗神驾驶的马车，整体造型优美壮观。

6. 凯旋门

莫斯科凯旋门位于莫斯科城西，1814年，为纪念战胜拿破仑的俄罗斯将士归来而建造的木制凯旋门。之后历经磨难，于1968年开始重建。凯旋门为古罗马康斯坦丁建筑风格，高28米，基座上竖立12根生铁铸成的圆柱，圆柱间是勇士雕像，上方是征战场景浮雕，门顶是胜利女神坐在6匹双翅马拉的凯旋车内的雕像，成为凯旋门最鲜明的标志。

成熟，是学会了接纳与隐忍，像高山树木，任凭风吹雨打，自是岿然不动。

（二）地理坐标：圣彼得堡

圣彼得堡位于波罗的海芬兰湾东岸涅瓦河河口，是俄罗斯第二大城市和中央直辖市。1703年彼得大帝修建而得名。1712年是俄国首都，是当时200多年里俄国的政治、经济、文化中心。二月革命和十月革命发生在这里，伟大的卫国战争后被誉为英雄城。1924年列宁逝世后称为列宁格勒。1991年苏联解体后恢复旧名。圣彼得堡中18世纪、19世纪古迹众多，这里诞生许多文学巨匠，风景优美，每年仲夏有“白夜”奇观。

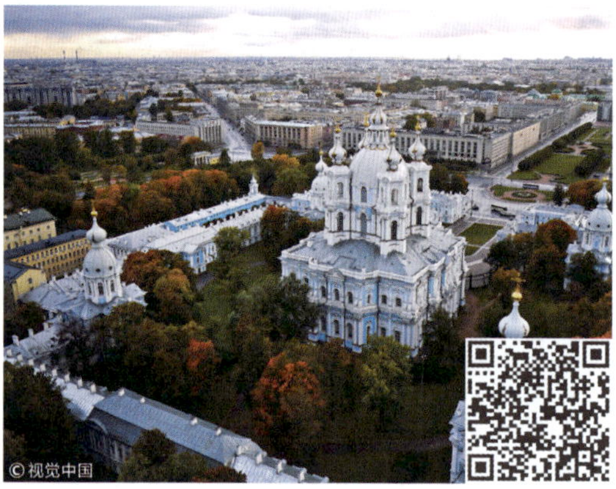

1. 冬宫

冬宫位于圣彼得堡宫殿广场，原是俄国沙皇的皇宫，十月革命后辟为艾尔米塔什博物馆的一部分。冬宫是18世纪俄国巴洛克式建筑艺术中最伟大的建筑之一，由意大利著名建筑师拉斯特雷利设计，始建于1754年，后遭到大火和战争破坏，战后修复，是圣彼得堡最优雅的建筑。冬宫是一座三层建筑，墙面由淡绿色和白色古典圆柱构成，顶端有精美雕塑，整体院落由建筑环绕呈封闭长方形。艾尔米塔什博物馆由冬宫、小艾尔米塔什、旧艾尔米塔什、新艾尔米塔什和艾尔米塔什剧院构成，藏品约270多万件。

2. 彼得保罗要塞

彼得保罗要塞是圣彼得堡著名的古建筑和标志性建筑，位于涅瓦河右岸。1703年彼得大帝下令修建，1740年完工。要塞的建造主要用以防卫，但从未用于军事，之后被用于关押政治犯而世界闻名，因而被称为“俄国的巴士底狱”。要塞中心是彼得保罗教堂，建于1703年，后改为石质教堂，教堂钟楼高122米，尖顶上天使塑像高约3米，教堂内富丽堂皇。教堂对面是造币局，俄罗斯金币和纪念币建造于这里。要塞南面是军事建筑，目前辟为博物馆。还有圣彼得门、船屋、兵工厂、炮楼和十二月革命党人纪念碑等建筑。

3. 十二月党人广场和青铜骑士

十二月党人广场位于圣彼得堡涅瓦河畔，1925年，在十二月党人起义的100周年之际，苏联政府将元老院广场更名为十二月党人广场。

广场中央的圆形草坪上竖立彼得大帝骑马雕像（又名青铜骑士），这座雕塑是圣彼得堡最著名标志之一，也是目前世界上纪念性雕塑艺术最完美作品之一。雕像中彼得大帝目视前方，马象征俄罗斯，马蹄下的蛇象征阻止彼得大帝改革维新的力量。诗人普希金曾在国家历史档案馆主编彼得大帝时代的编年史，之后注视青铜雕像时，创作了叙事长诗《青铜骑士》。

4. 喀山大教堂

喀山大教堂位于圣彼得堡涅瓦大街，沙皇保罗一世下令修建，始建于1801年，由俄罗斯著名建筑师沃罗尼欣主持设计，专为存放喀山圣母像建造而得名。该教堂有着罕见的巨大的侧面，半圆形长柱长廊环抱着广场，由94根科林斯式廊柱构成，教堂圆顶高约70米，圆顶使用金属框架，在当时建筑中第一次使用。正面有浮雕，柱廊有雕刻，教堂内部装饰华丽如同宫殿。

5. 叶卡捷琳娜宫

叶卡捷琳娜宫又称凯瑟琳宫，位于圣彼得堡以南约25千米的普希金镇，是彼得大帝为皇后叶卡捷琳娜而建的夏日别墅，也是伊丽莎白女皇、亚历山大一世、尼古拉二世最喜爱的郊外行宫。始建于1717年，7年后，16间正房的两层豪宅和周围花园竣工使用。为彰显至高无上的君权，普希金镇被称为“皇村”，意为沙皇的村落。1937年，皇家气息渐渐散去，人们为纪念普希金更名为普希金镇。整座宫殿建筑精美奢华，宫内有金碧辉煌的金色走廊、红柱厅、绿柱厅、墙壁铺满琥珀的琥珀厅、布满镀金装饰的接待大厅，极尽奢华壮观的宴会厅等。

6. 彼得大帝夏宫

夏宫又称为“彼得宫”，位于芬兰湾南岸的森林，距圣彼得堡约30千米。夏宫是历代俄国沙皇的行宫，有“俄罗斯的凡尔赛宫”之称。1714年，彼得大帝建造夏宫，召集来自法国和意大利等各国的优秀建筑师和工匠，亲自指导宫殿和园林设计规划。宫内有庆典厅堂、礼宴厅堂、皇家宫室等，宫外豪华壮美，两翼有镀金穹顶。夏宫有大宫殿、蒙普拉伊宫、夏花园、奇珍阁、玛尔丽宫、茅舍宫、亚历山大花园、150个喷泉，2000多个喷柱等。1934年，夏宫辟为民俗史博物馆。

（三）地理坐标：东西伯利亚南部

贝加尔湖

贝加尔湖是世界上年代最久远的湖泊之一，是世界第七大湖，新月形，虽为淡水湖，湖中却生活着许多海洋生物，如海豹、龙虾等。中国古代称其为北海，曾经是中国古代北方游牧民族活动地区。贝加尔湖湖水透明度深达40多米，被誉为“西伯利亚的明眸”。湖泊附近有温泉，是俄罗斯东部地区最大的疗养胜地。

（四）地理坐标：俄罗斯中西部

1. 乌拉尔山

乌拉尔山位于俄罗斯中西部，是亚欧两洲分界线，北起北冰洋喀拉海拜达拉茨湾，南至哈萨克草原地带，绵延2000多千米，山势相对平缓。乌拉尔山脉西坡与东坡地理环境差异导致植被生长不同，山脉拥有丰富矿藏、河流湖泊、茂密丛林、神秘洞穴、绿色岩崖等资源。

2. 昆古尔冰洞

乌拉尔山地区拥有许多洞穴，最为著名的是昆古尔冰洞，它是乌拉尔地区的名片，是世界上最壮观的十大洞穴之一。据地质学家考证，昆古尔冰洞已有1万多年历史，全长5000多千米，50多个冰窟，70多个河流和湖泊，垂直而立的巨大石笋冰柱、瀑布披挂、一排排冰条，现部分洞穴仍未完全探明，因冰洞内常年寒冷，被誉为“永冬”。冰洞中景色极美，有珊瑚厅、海底厅、泰坦尼克冰窟等壮丽景观。

（五）地理坐标：俄罗斯西南部

大高加索山

大高加索山位于黑海和里海中间，自西北向东南延伸绵延1100千米，是欧亚的天然界限。高加索山地质构造独具特色，从寒武纪到古生代的沉积岩、变质岩、岩浆岩是这里的代表，也有许多洞穴。以西高加索山为中心的高加索地区是中亚古文明发源地，也是语言之山和宗教之山。目前这里是著名的旅游和疗养胜地。

（六）地理坐标：俄罗斯东部

勘察加火山区

勘察加火山区位于堪察加半岛东南部，勘察加半岛拥有着高密度的活火山，也是世界上火山运动最活跃的地区，是世界著名的火山区之一。包括外轮火山、层火山和混合类型火山300多座，其欧亚大陆最高的克留赤夫火山位于此地，海拔4700米。另有许多死火山、温泉、峡谷、野生动物等。最为著名的胜地巨人泉、韦孔间歇泉和死亡谷。

七、俄罗斯旅游资讯

（一）旅游购物

“古姆”意为“国家百货商店”，俄罗斯的莫斯科、新西伯利亚、符拉迪沃斯托克等地都有古姆百货商场。莫斯科古姆百货商场历史最为悠久，典型的俄式建筑风格，外观富丽堂皇，被誉为“世界上最美的百货商店”。该商场有3条街，每条街有3层，中间以拱桥相连，是世界各大名牌汇集地，也是集购物、餐饮、娱乐于一体的大型购物中心。

俄罗斯跳蚤市场是寻找俄罗斯特色商品的好地方，最为著名的是莫斯科东郊伊斯梅洛沃跳蚤市场和圣彼得堡跳蚤市场。有特色商品、二手商品、老物件、古玩、套娃、望远镜、琥珀制品、

©视觉中国

©视觉中国

木制首饰盒、化妆盒等商品。

（二）出境提示

1．境外法规及风俗习惯

（1）俄罗斯由于历史、气候、环保等原因，当地大部分酒店无空调设备，但暖气充足。

（2）俄罗斯酒店房间不提供个人一次性洗漱用品（如拖鞋、牙膏、牙刷等）。由于生活习惯等原因，俄罗斯酒店的床尺寸较小，一般宽为90厘米或100厘米。

（3）俄罗斯当地旅游巴士多为欧洲和日韩二手巴士，但车况良好，因当地夏季短暂且较为凉爽，部分车无空调设备或空调工作效率较差；俄罗斯司机的工作时间为每日10小时（含旅途及用餐时间），超时需另付超时费。

（4）乘坐贝加尔湖游船全程务必穿救生衣，勿将身体跨过船上防护栏或登到无防护栏的夹板处，带领儿童请一定要随时保护孩子的人身安全。

2．货币兑换及时差

（1）俄罗斯流通货币为卢布，戈比通常作为收藏。俄罗斯是使用现金较多的国家，除大城市外，城镇几乎不能刷卡，携带现金出行较为方便，或抵达俄罗斯后到银行兑换卢布。

货币汇率：1元人民币=9.2953卢布（2019年6月16日）。

（2）俄罗斯以莫斯科时间为标准时间，长途列车和官网使用莫斯科时间。莫斯科时间与格林尼治时间永久相差4小时。夏令时，莫斯科时间比中国北京时间晚4个小时，如北京时间为9:08，莫斯科时间为5:08；冬令时，莫斯科时间比中国北京时间晚5个小时，如北京时间为9:08，莫斯科时间为4:08。圣彼得堡时间比北京时间晚7个小时，如北京时间为9:08，圣彼得堡时间为2:08。贝加尔湖与中国无时差。

专题

西欧　著名古堡

散落林间的瑰丽古堡
或注满浪漫传奇 或标记唯美童话
或气吞万里英雄功绩 或凄美幽怨交织恋曲
每一座古堡的故事 尽拥独家奢华姿态
每一座古堡的基石 坚硬牢固不可摧毁
每一座古堡如骑士 身披铠甲风姿飒飒
每一座古堡不曾动摇 以炙热信念抵挡沧桑岁月
每一座古堡沉默不语 用百年守望它独有的高贵与荣光

二维码链接PPT专题文件详细内容

西欧著名古堡专题链接详情
香波堡 法国 Chateau de Chambord
新天鹅堡 德国 Neuschwanstein, Germany
霍亨佐伦堡 德国 Burg Hohenzllern, Germany

创意设计

欧洲主题旅游线路设计

通过你对欧洲地区主要旅游目的地国家的认识与了解，自行设计一篇某国（自选国家）一地主题旅游线路或设计相邻多国主题旅游线路。要求如下。

1 线路设计题目可自拟（详情可参考出境旅游线路范例）；

2 线路设计应主题鲜明（详情可参阅附录主题旅游分类名称）；

3 线路设计内容应包含行程天数、游览项目以及吃住行游购娱六要素、温馨提示、出境旅游注意事项等信息（详情可参阅出境旅游线路范例PDF文档链接）；

4 线路行程中游览项目应体现线路主题特色，避免行程游览项目无序堆叠。

第五部分

北美洲地区

主要旅游目的地国家

第一篇 行走美国

【印象美国】

提起美国，想到的景致太多，象征自由的女神像，西雅图未眠夜的帝国大厦，文艺浓郁的百老汇，充斥财富的华尔街和那只帅气的牛，北部的五大湖和尼亚加拉大瀑布，南部佛罗里达温暖的阳光，太平洋里火奴鲁鲁的海滩和冲浪，西部气势磅礴的科罗拉多大峡谷和不夜城拉斯维加斯，落基山脉和黄石国家公园，飞地阿拉斯加的冰川和极光……

复杂的地形，绵长的海岸线，多变的气候，自然界赋予它无数盛大景观。

美国，适合行走。

行走，不只为看独特地貌或地域文明，不只为征服一座山巅或探索未知，行走是心灵的徒步，可捡拾理想与信念，重塑格局与勇气。行走在路上，衬托你的背景或许是大漠黄沙，或许是星空旷野，或许是密布乌云的海面，或许是蓝天峰峦，或许是森林峡湾，也或许只有风雨，我们常常沉潜背景里不自知。一路行走，看风情赏风景，繁复终将归于简单，喧嚣终将归于安宁，涤荡内心日月清明，让枯萎走向新生。每一次行走是脚步的出发，也是内心的抵达，历遍万千山水，让灵魂回归本真，行走成为一个真正的旅人，方可成为自己命运的摆渡人。其实终其一生的我们，始终都在路上，此路与彼路虽不同却相通。

一、美国出境旅游线路参考范例

线路参考范例一

环球体验季——美国东海岸 9 日印象之旅

线路参考范例二

美国东西海岸夏威夷 18 日全景之旅

线路参考范例三

美国西海岸主题乐园 1 号公路 13 日亲子之旅

线路参考范例四

美国西部八大国家公园 15 日探秘徒步之旅

线路参考范例五

绚丽星空——美国阿拉斯加西雅图 9 日探寻北极光之旅

线路参考范例六

圣诞大战——美国西海岸 NBA 9 日燃情观赛之旅

二、美国国情掠影

（一）自然地理

美国（USA），全称“美利坚合众国”（The United States of America），位于北美洲中部，东濒大西洋，西临太平洋，横跨北美洲大陆，南靠墨西哥及墨西哥湾，北与加拿大接壤，东西长4500千米，南北宽2700千米，海岸线长22680千米，总面积为937.26万平方千米，仅次于俄罗斯、加拿大和中国，居世界第四位。领土还包括北美洲西北部的阿拉斯加州和太平洋中部的夏威夷群岛。

美国地势东西两侧高，中间低。西部是科迪勒拉山系的组成部分，终年冰雪覆盖的落基山脉绵延5000多千米纵贯南北，山脉之间夹着哥伦比亚高原和科罗拉多高原，西部约占本土总面积的1/3，以山地和高原为主；中部平原位于阿巴拉契亚山脉和落基山脉之间，北起美国与加拿大交界处，南达墨西哥湾沿岸平原的格兰德河一带，中部的密西西比河自北向南流入墨西哥湾，全长3950多千米，是美国境内最长、流域面积最广、水量最大、利用价值最高的巨型河，中部平原多数土壤肥沃，是美国主要的农业区；东部阿巴拉契亚山脉由南部亚拉巴马州中部起向东北延伸，全长约2300千米，是东部地区最大的山脉。美国森林面积约44亿亩，覆盖率达31.3%。

美国各地气候差别较大。美国本土除佛罗里达半岛南端属热带外，大部分地区属暖温带和亚热带大陆性气候，气温适宜，降水丰富。东北部沿海和五大湖区属大陆性温带气候，因受寒流和北方冷空气的影响，冬季较长且寒冷，多雨雪，夏季较温暖；东南部和墨西哥湾沿岸地区属亚热带气候，温暖湿润、植物繁茂；中部平原地区春夏气温高、湿度大，冬季寒冷多雨，寒潮和飓风常造成灾难性天气；西部内陆高原冬季寒冷，夏季炎热干燥；西部太平洋沿岸地区北段全年湿润多雨，属温带海洋性气候。阿拉斯加属极圈内寒冷气候区；夏威夷位于北回归线以南，属热带气候区。

（二）人文概况

1. 人口、民族、语言及宗教

美国人口约3.29亿（2019年3月5日）。美国是一个移民国家，有“民族熔炉”之称，美利坚人主要由不同历史时期迁入移民及其后裔组成，含100多个民族，有世界三大人种和各种混合类型，非拉美裔白人约占63.8%，拉丁裔约占16.3%，非洲裔约占13.2%，亚裔约占5.3%，美国印第安人和阿拉斯加州原住民占1.2%，夏威夷和太平洋岛原住民约占0.2%。

美国通用美式英语。各民族仍讲本族语言，部分印第安人讲印第安语，墨西哥人讲西班牙语，华人讲汉语等，各国移民的后裔也有少数人讲其祖先的语言。

美国宗教信仰自由，居民信奉基督教约54.6%，信奉天主教约23.9%，信奉犹太教约1.7%，信奉东正教约1.6%，信奉佛教约0.7%，信奉伊斯兰教约0.6%，信奉其他宗教约1.2%，无宗教信仰约16.1%。

2. 国旗、国徽、国花及首都

美国国旗是星条旗，旗面左上角为蓝色星区，星区以外是红白相间的条纹。红色象征强大和勇气，白色象征纯洁和清白，蓝色象征坚忍不拔和正义。13道条纹代表最早独立的13个州，50颗星代表美国的50个州。每年6月14日为“美国国旗制定纪念日”。

美国国徽主体是一只胸前带有盾形图案的白

头海雕（秃鹰），盾面上半部为蓝色横长方形，下半部为红、白相间的竖条，寓意与国旗相同。鹰上的顶冠，象征在世界的主权国家中又诞生一个新的独立国家——美利坚合众国；顶冠内有13颗白色五角星。鹰的两爪，分别抓着橄榄枝和箭，象征和平和武力。鹰嘴叼着黄色绶带上用拉丁文写着“合众为一”，意为美利坚合众国由很多州组成，是一个完整的国家。

美国国花是玫瑰花，象征美丽芬芳、热忱和爱情。

美国国鸟是白头鹰（白头海雕），外貌美丽、性情凶猛，象征勇猛力量和胜利，有“百鸟之王”之称。

美国国歌是《星条旗之歌》，1931年正式定为美国国歌。

美国首都是华盛顿哥伦比亚特区。

3. 发展简史

美国原为印第安人聚居地。15世纪末，西班牙、荷兰、法国、英国等开始向北美移民，印第安人迁往西部。16~18世纪早期，北美大陆的殖民势力主要是西班牙、法国和英国。到1773年，英国已在大西洋沿岸建立了13个英属殖民地（即美国独立时的13个州）。1775年4月，在波士顿以北的列克星敦打响了美国独立战争的第一枪，爆发了北美人民反对英国殖民者的独立战争。1776年，大陆东部的英国移民及后裔脱离英国，同年7月4日，在费城召开了第二次大陆会议，组成“大陆军”，由乔治·华盛顿任大陆军第一总司令，通过《独立宣言》，正式宣布建立美利坚合众国。1783年，独立战争结束。1787年，制定联邦宪法。1789年，美国联邦政府正式成立，华盛顿当选为第一任总统。1860年，反对黑奴制度的共和党人亚伯拉罕·林肯当选总统。1861年4月，南部奴隶主发动叛乱，爆发了南北战争。1862年9月，林肯颁布《解放黑奴宣言》。1865年，战争以北方获胜而结束，从而为资本主义在美国的迅速发展扫清了道路。19世纪初，随着资本主义的发展，美国开始对外扩张。1776年后的100年内美国领土扩展至太平洋沿岸，增加近10倍。到19世纪80年代，美国工业生产超过英国，跃居世界

首位。进入20世纪后，美国的科学技术、文化教育、国民生产总值一直居领先地位。

三、美国政治体制与经济发展

（一）政治制度

美国是实行分权制衡最典型的国家。1787年美国制宪，1789年第一届联邦政府成立，历经200多年，美国一直保持着国会、总统、联邦法院三权分立的基本权力格局。实行联邦制，各州拥有较大的自主权，包括立法权。三权分立，即国家权力分为立法权、行政权、司法权，分别由国会、总统、法院三个不同的国家权力机关来行使。美国实行总统内阁制。总统是国家元首、政府首脑兼武装部队总司令。总统的行政命令与法律有同等效力。总统通过大选间接选举产生。政府内阁由各部部长和总统指定的其他成员组成。国会是最高立法机构，由参众两院组成。总统与国会之间互相制衡，总统可以否决国会议案，国会也可以弹劾总统。

（二）经济发展

美国具有高度发达的现代市场经济，劳动生产率、国内生产总值和对外贸易额均居世界首位，有较为完善的宏观经济调控体制。第二次世界大战以后，美国经济蓬勃发展。20世纪90年代，以信息、生物技术产业为代表的新经济蓬勃发展。美国工农业生产门类齐全，集约化程度高，钢铁、汽车和建筑业为美国经济的三大支柱。主要的工业产品有汽车、航空设备、计算机、电子和通信设备、钢铁、石油产品、化肥、水泥、塑料及新闻纸、机械等。农业高度发达，机械化程度高，主要农产品小麦、玉米、大豆等均占世界领先地位，粮食总产量占世界的1/5。美国自然资源丰富，煤、石油、天然气、铁矿石、钾盐、磷酸盐、硫黄等矿物储量均居世界前列。美国是世界上第一大进口国和第三大出口国，世界上最大的商品和服务贸易国家，对外贸易额居世界首位。美国拥有完整而便捷的交通运输网络，航空运输在交通运输中占重要比例，美国国内客货、空运居世界首位，与运输业相关的产品和服务约占美国经济总量的1/3。美国服务业非常发达，产值约占国内生产总值的一半。旅游资源丰富，旅游业发达。2017年美国国内生产总值（GDP）约合19.48万亿美元，人均国内生产总值60014美元。

货币名称：美元（简称$），1美元=100分。

参考汇率：1美元=6.9247人民币（2019年6月16日）。

四、美国教育及文化

（一）教育与留学

美国教育业是世界上最发达的国家之一。美国的中小学教育主要由各州教育委员会和地方政府管理，多数州实行10年义务教育，各州学制不同，大多数州实行小学学制6年、初中学制3年、高中学制3年。高等教育分为大学、初级学院（学制2年）、技术学院三种。

美国是世界上留学的中心，具备顶级国际教育标准，高校专业选择多，多文化、多种族交流环境及良好的语言环境，发达的科技，丰厚的奖学金等优势，吸引全球留学生趋之若鹜。美国著名的高等学府有：哈佛大学（世界最顶尖高等学府，享誉世界的私立研究型大学）、耶鲁大学（被誉为世界最好的私立大学之一）、麻省理工学院（世界顶级研究型私立大学，全球高科技先导力量）、斯坦福大学（誉为“西岸的哈佛大学”，世界顶级高等学府）、加州理工学院（全球最顶尖的大学之一，在世界科技界久负盛名）、芝加哥大学（美国最负盛名的私立大学之一）、约翰霍普金斯大学（世界顶级著名私立大学）等。

（二）文学艺术

美国的文学艺术起步晚却发展迅速，来自世界各地的移民成为美国文学艺术发展迅速的关键，美国讲究创新、自由、开放、民主的精神，更促进了文学艺术的发展，使得美国在短短200多年的时间里，为世界文学艺术界带来巨大的影响力。

1. 文学与名人

美国文学19世纪开始起步，库伯的作品《拓荒者》被称为第一部真正的美国文学作品。19世纪30年代，日益高涨的废除黑奴运动时期，最有影响力的作品是斯托夫人的《汤姆叔叔的小屋》。此后，马克·吐温以自己的作品界定了美国文学，被称为“美国文学之父”，他的《哈克贝利·芬历险记》至今影响着美国人。进入20世纪，美国文学在经历第一次世界大战、经济危机、第二次世界大战、种族主义等一系列社会背景下不断变化。至20世纪末期，美国文学个性化加强，折射了万花筒般的美国社会。以文坛硬汉著称的海明威，是20世纪美国文学史和世界文学史上有着重要影响力的著名小说家，著名的代表作品《乞力马扎罗山》《太阳照常升起》和《老人与海》。如今，《麦田里的守望者》《达·芬奇密码》《追风筝的人》等小说都是全球畅销书籍。美国自1930~2016年有多位作家获得诺贝尔文学奖，有辛克莱·刘易斯的作品《巴比特》、尤金·奥尼尔的作品《天边外》、赛珍珠的作品《大地》三部曲、威廉·福克纳的作品《我弥留之际》、欧内斯特·海明威的作品《老人与海》、约翰·斯坦贝克的作品《人鼠之间》等作品、索尔·贝娄的作品《赫索格》、艾萨克·巴什维斯·辛格的作品《魔术师·原野王》、托尼·莫里森的作品《所罗门之歌》等。

2. 电影

美国电影于19世纪末开始，仅100多年时间就已经在世界范围产生巨大影响力。好莱坞拍摄的电影大片和一年一度的奥斯卡金像奖备受全球关注。好莱坞拍摄的《变形金刚》《阿凡达》《哈利·波特》《指环王》《蜘蛛侠》《达·芬奇密码》

©视觉中国

等著名影片的上映，强烈冲击着人们的眼球。奥斯卡金像奖又称“学院奖”，是一项表彰电影业成就的年度奖项，是目前最受世界瞩目的奖项之一，该奖项于1929年设立后每年颁发一次，洛杉矶好莱坞杜比剧院于2002年第75届奥斯卡金像奖举办颁奖典礼后成为永久颁奖地点。

3. 音乐

在美国所有艺术中影响力最大的是音乐，美国音乐经历布鲁斯、爵士乐、乡村音乐、摇滚乐、嘻哈音乐一系列的流行音乐。如今美国音乐自由多元，多种风格音乐互相融合，界限日趋模糊。从格莱美奖到全美音乐奖，从“摇滚乐之王”埃尔维斯·普雷斯利（绰号“猫王”）到“流行天王”迈克尔·杰克逊的太空舞步，美国音乐的魅力对世人有着巨大的冲击力。

4. 竞技体育

体育是美国最受欢迎的业余活动。篮球是全球影响力最大的美国竞技运动，美国篮球联赛NBA拥有来自30多个国家和地区的80多名国际球员，赛事以47种语言向200多个国家和地区转播。美式橄榄球是对美国人影响最大的竞技运动；棒球是美国最大众化的运动；冰球是美国四大球之一，也是上座率非常高的运动；田径是美国在奥运会和锦标赛中实力最强的竞技项目之一；游泳拥有着世界一流水平的体育强项。

五、美国民俗风情

（一）民间节日及法定节假日

1. 独立日

7月4日，纪念1776年7月4日大陆会议在费城正式通过《独立宣言》。

2. 林肯纪念日

2月12日，纪念亚伯拉罕·林肯为废除奴隶制立下的不朽功勋，他的诞辰日2月12日，现成为美国除南部外的26个州法定纪念日。

3. 母亲节

五月的第二个星期日。母亲节的倡导者是费城的女教师安娜·扎维德。节日当天，美国各地的母亲都会收到儿女们送来的节日贺卡、鲜花和礼物，表达对母亲的爱。

4. 感恩节

11月的第四个星期四，是美国独创的具有美国特色的节日，感恩节是一个祈祷和感谢上帝的古老节日，也是美国人阖家欢聚的节日。

5. 圣诞节

12月25日，是美国最大、最热闹的节日。圣诞节原是基督教徒为庆祝耶稣诞辰的节日，现已不再只是宗教节日，成为政府规定的公众假期。节日活动从12月24日圣诞夜开始，节日期间互赠礼品，互相祝贺。

每个人出生的时候都是蝌蚪，长大了都变成井底之蛙。要想了解世界，必须到远方去。——毕淑敏

6. 万圣节

10月31日，是美国的狂欢节。万圣节夜晚，大人们准备好糖果，小孩戴上面具，提着南瓜灯，挨家挨户要糖果，如果不给糖果就捣蛋。

7. 联邦法定假日

美国联邦法定假日以2020年为例，如下：新年（1月1日）、马丁·路德·金纪念日（1月20日）、华盛顿诞辰日（2月17日）、清明节/阵亡将士纪念日（5月25日）、独立日（7月3日）、劳动节（9月7日）、哥伦布发现美洲纪念日（10月12日）、老兵节（11月11日）、感恩节（11月26日）、圣诞节（12月25日）。

8. 带薪假期

美国联邦和各州没有统一规定带薪假期休假天数，由劳资双方协商，几乎所有企业实行带薪休假，所有职工都使用带薪休假，休假天数根据资历累加，少则1周，多则3周、4周、5周不等。

（二）社交礼仪

美国人在正式场合着装正规，平时穿着无拘束，追求舒适。美国人性格开朗大方且平易近人，社交上朋友初次见面，不一定行握手礼，正式场合初次见面，将客人介绍给主人行握手礼，女士初次见面可不握手。美国人交谈不喜欢涉及个人隐私的话题。公共场合交谈，不可声音过大，不可大笑。美国人不喜欢随便送礼物，只有朋友生日、结婚时赠送有纪念意义的礼物。探望病人一般送鲜花。送礼物送单数，避开数字3和13，包装讲究。美国人热爱体育运动，如橄榄球、棒球、篮球、网球、高尔夫球、滑雪、游泳、马术、冲浪等。美国没有全国统一的婚姻法，各州拥有制定和颁布婚姻法的权利。

（三）禁忌

美国人交谈忌讳过分谦虚和客套，忌讳数字“3”和“13”，忌讳星期五，将其视为厄运和灾难的象征。忌讳黑色，认为黑色是肃穆的象征，是丧葬用的色彩。忌讳蝙蝠，认为它是吸血鬼和凶神的象征。视黑猫图案为不吉祥。送礼忌讳双数。打破镜子是大病的预兆。忌食各种动物内脏，不吃蒜，不吃过辣食品。忌讳在人前挖耳朵、抠鼻孔、打喷嚏、伸懒腰、咳嗽等行为，认为是缺乏教养、不礼貌的行为。

六、美国主要旅游城市及著名旅游景观

（一）地理坐标：华盛顿

华盛顿位于东海岸，是美国首都。为纪念开国元勋乔治·华盛顿和发现新大陆的克里斯托弗·哥伦布而命名。华盛顿在行政上不属于美国任何一个州，它与乔治镇一起组成特区，由联邦政府直辖，称为“华盛顿哥伦比亚特区”。1800年正式建都，国会大厦为市中心，市区内多数是联邦政府机构建筑，另有自然历史博物馆、自然博物馆等几十所博物馆和纪念馆，250所规模大小不等的图书馆和10多所美术馆、展览馆等，吸引着世界各地的游客。市郊有10多处风景秀丽的国家公园。

1. 白宫

白宫位于华盛顿市中心区的宾夕法尼亚大街，占地7万多平方米，是美国总统府。白宫的基址由美国开国元勋、第一任总统乔治·华盛顿选定，因施工期较长，他不是第一位入住白宫的总统。白宫分为主楼和东西配楼，主楼中有图书馆、地图室、蓝厅、金银瓷器陈列室。东楼供游客参观，西楼是办公区域。

2. 林肯纪念堂

林肯纪念堂于1922年建成，为纪念第16届总统林肯而建。整座建筑呈长方形，长约58米，宽约36米，高约25米，是一座仿古希腊帕特农神庙式大理石古典建筑。四周由高13米的36根廊柱环绕，堂内有神态庄严的林肯坐像，高约8.53米。每年2月总统节，林肯纪念堂台阶前举行纪念仪式。

夫天地者，万物之逆旅；光阴者，百代之过客。——李白

3. 华盛顿纪念碑

华盛顿纪念碑位于华盛顿市中心，在国会大厦、林肯纪念堂的轴线上，是为了纪念美国第一任总统乔治·华盛顿而建，是一座方尖碑建筑，高169米。碑身外侧没有任何文字，纪念碑内墙镶嵌有188块由各地捐赠的纪念石，包括一块中文碑，其上文字取自晚清学者徐继畬的《瀛寰志略》。纪念碑内有897级台阶盘旋通往顶端，乘电梯70秒可抵达顶端，通过瞭望窗口可将华盛顿市容尽收眼底。

4. 杰斐逊纪念堂

杰斐逊纪念堂位于华盛顿，为纪念杰斐逊诞辰200周年而建，纪念堂为大理石材质，白色廊柱、仿罗马万神殿风格的圆顶建筑。室内竖立着杰斐逊青铜像，杰斐逊起草了《独立宣言》和《权利章典》，在纪念堂石壁上雕刻有部分《独立宣言》。每年3月下旬至4月上旬，纪念堂相邻的托马克公园樱花盛开时，神圣庄严的纪念堂也多了几分柔美。

（二）地理坐标：纽约

纽约市位于纽约州东南哈德逊河口，濒临大西洋。是美国第一大城和最大海港，是美国的金融中心和文化中心，也是全世界金融中心之一，联合国总部所在地。面积828.8平方千米，分为曼哈顿、布鲁克林、布朗克斯、昆斯和斯塔滕岛五个区，曼哈顿岛是纽约的核心。华尔街是美国财富和经济实力的象征，也是美国垄断资本的大本营和金融寡头的代名词。百老汇大街是娱乐场所的集中地。

1. 自由女神像

自由女神像位于纽约港口自由岛，又称“照耀世界的自由女神”，是法国为纪念美国独立战争期间的美法联盟赠送给美国的礼物，由法国著名雕塑家巴托尔迪在巴黎设计并制作，高46米，重225吨，是一座新古典主义风格的巨型雕像。女神身着古希腊风格的服装，头冠有象征世界七大洲及五大洋的七道尖芒，右手高举火炬，左手紧抱象征美国《独立宣言》的书，脚下残留着许多打碎的脚镣，象征着民主和自由。1984年，自由女神像被列入《世界遗产名录》。

2. 联合国总部

联合国总部位于美国纽约市曼哈顿区第1街与东河之间，第42大街到第48大街之间。内部主要建筑有秘书处大楼、会议厅大楼、联合国大会厅、达格·哈马舍尔德图书馆等。秘书处大楼是联合国总部的核心建筑，大楼前方悬挂着联合国成员国192面国旗，主旗杆是蓝色的联合国国旗，上有橄榄枝围绕着地球的白色图案，象征着和平、友好、合作、协调的联合国宪章的宗旨。

3. 百老汇

百老汇是指南起巴特里公园，由南向北纵贯曼哈顿岛的百老汇大道，是美国戏剧和音乐剧的发扬地。大道上分布着几十家剧院，上演着经久不衰的经典剧目和翻新音乐剧、话剧、童话故事剧等。百老汇对于推动美国戏剧、歌舞表演艺术起到了不可估量的贡献，众多好莱坞明星都是从这里成名。百老汇大道上最著名的一条白色大道，约1000米，是纽约市大剧院的集中地。在没有霓虹灯前，因这里的夜晚白色灯光大放光芒而得名。

4. 华尔街

华尔街位于美国曼哈顿，东起东河畔南街，西至三一教堂，是一条横跨曼哈顿金融中心的狭窄街道，以号称“美国的金融中心”闻名于世，华尔街有众多高级金融公司、纳斯达克、美国证券交易所、纽约期货交易所和美国大财阀和大财团等开设的银行、保险、航运、铁路等公司。今天的华尔街不仅是街道名称，而是附近街区总称和整个美国经济具有影响力的金融市场和金融机构的代称。街道上著名的建筑有三一教堂、联邦国家纪念堂、纽约证券交易所、铜牛雕像等。

5. 帝国大厦

帝国大厦建成于1931年西方经济危机时期，是美国经济复苏的象征，是世界七大工程奇迹之一。高约381米，共102层，和自由女神像被视为纽约的标志。大厦的86楼及102楼设有瞭望台，是俯瞰纽约市和傍晚欣赏曼哈顿夜景的最佳地点。自大厦建成后，共有90多部电影选择这里作为取景点，也成为恋人求婚的好地方。

6. 大都会艺术博物馆

大都会艺术博物馆位于美国纽约第五大道82号大街，与美国自然历史博物馆相对，是美国最大的艺术博物馆，也是世界四大博物馆之一。馆内藏有300多万件展品，其中包括《加拉的玻林娜·埃莲诺尔公主》《华盛顿横渡特拉华河》、太后垂饰面具、典德尔神殿、埃及古墓等镇馆之宝。馆内展厅有服装厅、希腊罗马艺术厅、原始艺术厅、武器盔甲厅、欧洲雕塑及装饰艺术厅、美国艺术厅、古代近东艺术厅、中世纪艺术厅、远东艺术厅、伊斯兰艺术厅、19世纪欧洲绘画和雕塑厅、版画厅、素描和照片厅、20世纪艺术厅、欧洲绘画厅、乐器厅、临时展览厅等。

（三）地理坐标：旧金山

圣弗朗西斯科（旧金山）位于加利福尼亚州西北部，濒太平洋，地处圣弗朗西斯科湾沿岸城市群的中心，是美国西海岸重要海港城市和金融、贸易、文化中心。旧时许多华人随着淘金热作为“契约劳工”来此地挖金矿修铁路，称三藩市，旧译旧金山，用以区别澳大利亚的新金山。1906年旧金山大地震后重建，旧金山四季如春，是西海岸著名的旅游城市。金门大桥位于旧金山金门海峡，连接着旧金山与马林县，建于1937年，是世界最长的斜拉桥之一，鲜艳的橘红色在金门海峡常年的大雾中十分醒目。金门大桥长2789米，距水面80米，桥面宽27.5米，被誉为近代桥梁工程的一项奇迹，使它成为世界最上镜的桥梁和桥梁建造美的典范。

渔人码头

渔人码头位于旧金山市中心北部，19世纪50年代，渔人码头有许多淘金的意大利移民，淘金梦破灭后，凭借一手捕鱼的好技术，把渔人码头变成旧金山水产品的集散地。20世纪60年代后，渔人码头的渔业特色渐渐地被旅游业所取代，捕鱼船队也逐渐减少，但码头上渔民卸货的场景一如当年。巨蟹图案的圆形广告牌是渔人码头的象征，这里已成为品尝海鲜的好去处，码头附近有海洋公园博物馆等景点。

（四）地理坐标：洛杉矶

洛杉矶位于加利福尼亚州西南部盆地中，是美国第二大城市，是西海岸重要门户。西班牙语中，洛杉矶意为“天使之城”，原为印第安人住地，1821年归属墨西哥。1846年美、墨战争后割让美国。1848年西部“淘金热”吸引大批移民，成为一个国际城市。洛杉矶一年四季阳光明媚，气候宜人，电影王国好莱坞、迪士尼乐园、著名高等学府、格里菲斯公园、滨海动物自然保护区等，使洛杉矶成为美国文化娱乐中心和旅游城市。

好莱坞

好莱坞位于洛杉矶城西北郊，是西方世界的电影中心、美国影城。好莱坞原是荒凉的小村镇，1910年成为洛杉矶市的一个区，1911年建立第一家电影制片厂，1925年生产第一部有声影片，此后好莱坞逐渐发展成为举世闻名的电影中心。好莱坞著名景观有好莱坞环球影城、星光大道、标志牌、中国剧院、杜比剧院、派拉蒙电影城、葛瑞菲斯公园、日落大道、蜡像博物馆、比弗利山庄等。

（五）地理坐标：内华达州

拉斯维加斯

拉斯维加斯位于内华达州的沙漠中，因博彩业的合法化，一夜间建起这座沙漠中的不夜城，与摩纳哥蒙特卡洛、中国澳门并成为世界三大赌场。全城有赌场250多家，市区的每一栋房子都与赌博有关，金字塔饭店、恺撒大帝饭店等一家挨着一家，赌博业和豪华设施极大地刺激旅游业的发展。拉斯维加斯、里诺和塔霍湖是内华达州三个旅游业最繁盛的地方，每年有数千万人来此观光旅游。

（六）地理坐标：佛罗里达州

迈阿密海滩

迈阿密位于佛罗里达半岛最南端，与比斯坎海湾相望，迈阿密海滩水浅、浪小、涌平，白沙滩绵延数千米，是美国著名的海水浴场，也是世界名列前茅的观光胜地。每年12月举办迈阿密海滩艺术节期间有绘画、雕塑、玻璃艺术、陶器、珠宝、摄影等艺术作品展出以及表演，吸引大批游客前来。

（七）地理坐标：美国加拿大交界

尼亚加拉瀑布

尼亚加拉瀑布位于美国和加拿大交界的伊利湖和安大略湖之间的尼亚加拉河上，以其宏伟磅礴的气势、丰沛的水量而著称，是北美洲大陆最壮丽的景观，号称世界上七大奇景之一。尼亚加拉河长56千米，上下游落差达99米，距伊利湖北岸32千米处河道变窄，河水从石灰岩崖壁上骤然陡落形成51米落差的尼亚加拉瀑布。尼亚加拉瀑布为北美洲风景名胜区，美国和加拿大两国在瀑布附近建立旅游区和公园，两侧同名姐妹城，尼亚加拉瀑布城成为旅游中心。游客或乘直升机、或坐游艇、或登上专设的瞭望塔顶、或站在跨越瀑布峡谷长约300米的彩虹桥上观看瀑布奇景。

（八）地理坐标：美国中北部

五大湖

五大湖位于美国中北部边境，是世界最大的淡水湖群。自西向东依次为苏必利尔湖、密歇根湖、休伦湖、伊利湖、安大略湖。密歇根湖位于美国境内，其他4个湖泊与加拿大共有，约2/3属于美国，素有“北美大陆的地中海”之称，苏必利尔湖是世界上最大的淡水湖。五大湖间水系相通，最后从安大略湖汇集经圣劳伦斯河注入大西洋，五大湖水量丰富，与密西西比河间有多条运河相通，形成庞大的内河航运系统。五大湖是北美洲内陆渔业主要集中区，也是世界著名旅游胜地之一，每年吸引数百万游客。

（九）地理坐标：美国西南部

科罗拉多大峡谷

科罗拉多大峡谷位于亚利桑那州西北部的凯巴布高原上，是世界最有名的自然景观之一，形状极不规则，大体呈东西走向，蜿蜒曲折，总长446千米，宽约6千米至20千米。峡谷两岸北高南低，平均谷深1500米，谷底宽约762米。大峡谷是科罗拉多河多年冲刷侵蚀形成的河谷，河谷峭壁落差大，形成两崖壁立、一水中流的壮观景象，雄伟的地貌举世无双，堪称一本生动的“地质教科书”。

（十）地理坐标：美国西北部

黄石国家公园

黄石国家公园位于怀俄明州、蒙大拿州和爱达荷州交界处，占地约8956平方千米，是美国设立最早、规模最大的国家公园，也是世界最大的公园。1872年格兰特总统在任时辟为国家公园。因黄石河两旁的峡壁呈黄色而得名黄石国家公园。园内的湖泊、河流、溪涧、悬崖、峡谷、喷泉、间歇泉、瀑布等景观独特，有间歇泉300处，占全世界间歇喷泉50%以上。园内的“诚实喷泉”最为著名，平均每65分钟喷发一次，每次持续4~5分钟，将1.2万加仑的滚热泉水喷向空中，水柱高达40米，100多年来准时无误而得名“诚实喷泉”。1978年，被联合国教科文组织列入《世界遗产名录》。

（十一）地理坐标：太平洋中部

夏威夷群岛

夏威夷源于波利尼西亚语，1898年美西战争爆发，美国从西班牙手中夺取夏威夷。1900年宣布夏威夷为美国领土。1959年，成为美国第50个州。夏威夷群岛位于太平洋中部，由122个大小岛屿组成新月形岛链，从东南向西北绵延2500多千米，较大岛屿有8个，最大的是由5座火山组成的夏威夷岛，其中冒纳罗亚火山和基拉韦厄火山都是世界著名的活火山。瓦胡岛的怀基基海滩是著名的旅游胜地。瓦胡岛南部珍珠港保存有亚利桑那号战舰纪念馆。

（十二）地理坐标：北美洲西北部

阿拉斯加州

阿拉斯加州位于北美洲西北角，介于太平洋和北冰洋之间，包括大陆沿岸部分和亚历山大群岛、西南部的阿拉斯加半岛和阿留申群岛，是美国最大的州，90%的土地由联邦政府管理经营。阿拉斯加近1/3的面积在北极圈内，气候寒冷，森林茂密，有高大的针叶树种。自古以来，因纽特人、印第安人和阿留申人在此定居，以渔猎为生，人口主要分布在南鄂沿海地区。1867年美国政府向俄罗斯买下这片土地。20世纪以来，阿拉斯加采矿业在经济中仍居于突出地位。也是北美洲与亚洲远东地区航空走廊的中继站。

七、美国旅游资讯

（一）旅游购物

美国地大物博，物产丰富，农业产品、篮球用品、电脑用品、印第安人的手工艺品、国际一线品牌的最新款，处处皆可购买。奥特莱斯、购物中心、跳蚤市场或廉价商店，尤其奥特莱斯每到节日期间有打折，1月新年、3月复活节、7月独立纪念日、11月感恩节、12月圣诞节都有折扣。纽约购物基本集中在曼哈顿区，尤其第五大道及周边，如麦迪逊大道、125街、47街、SOHO区、梅西百货等集中了世界名牌，价格不菲。另外，距离纽约市中心约一个小时车程的伍德柏瑞奥特莱斯是一个大型的奥特莱斯购物中心，也是一个购物村，拥有超过220家品牌店，每天有上千种国际大牌商品以3折至7折价格销售，也是全球唯一一个CHANEL直销店。

（二）出境提示

1. 境外法规及风俗习惯

（1）美国酒店一般不免费提供拖鞋、牙具、梳子等个人物品。

（2）美国法律规定，司机每行驶两小时后必须休息20分钟，每天开车时间不得超过10小时，且休息时间在12小时以上。

（3）美国政府规定，公共场合及房间内禁止吸烟，根据各州法律规定不同，对于罚款金额各有限定，罚款金额500~3000美元不等，一定严格遵守规定。

（4）美国有付小费的习惯，如认为服务人员表现优秀，可自愿给予小费，是对服务人员工作的肯定与感谢，可参考导游意见，再判断支付小费的多少。

（5）美国采用电源110伏特、60赫兹交流电，请备好转换插头。

（6）北美洲属于加税区，购物无退税。

2. 货币兑换及时差

（1）美国主要流通货币是美元，出国之前换好所需美元，尽量多准备一些零钱，持中国银联卡可在部分商店刷卡消费，可使用ATM取款，也可携带有维萨（VISA）、万事达（MASTER）标志的国际信用卡。

货币汇率：1元人民币=0.1444美元（2019年6月16日）。

（2）美国有6个时区，与中国北京时间的时差最少13个小时，最大18个小时，夏令时，时差少1个小时。

第二篇 辽阔之地 枫之国 加拿大

【印象加拿大】

初春谷地幽幽绿野，盛夏清风惬意透凉，
深秋落枫殷红缤纷，寒冬雪落万里旷野，
极昼思念繁星点点，极夜感念阳光线线。
太平洋西海岸绵亘着北美脊梁，红砂岩东岸海岬，大鲸徜徉白浪间。
一路瞭望，从落基山脉至爱德华王子岛，从班夫公园至圣劳伦斯河，
从美洲野牛涧至磅礴之水尼亚加拉，悠远广袤天地间汇聚壮美高原、
温润湖泊、繁星岛屿、纵横河流、塌陷冰川、荒凉冰原，
仰望怀特霍斯无尽暗夜，搜寻星际间极光的魔幻。
北美的直布罗陀魁北克古城、古典与时尚交融的蒙特利尔、
文艺橱窗的渥太华、装点梦想的多伦多、温暖宜人的温哥华，
它是优雅从容绮丽的加拿大。
望恒久日落，西斜间回眸北境，痴痴凝视那一抹人世间落不尽的黄昏；
行遥远路途，微茫间踽踽而行，每片枫景镌于内心每个瞬间触动灵魂；
念浩渺天地，沉醉间温柔体悟，有道是诉不尽大自然馈赠的万千风情。

独处，让人自省，让人明白，与世俗相处，最重要的是一份波澜不惊的心态。

一、加拿大出境旅游线路参考范例

线路参考范例一

加拿大经典三城 9 日深度之旅

线路参考范例二

湖光山色——加拿大东西海岸落基山脉 12 日精粹之旅

线路参考范例三

加拿大艾伯塔省落基山四大国家公园 9 日清新自然之旅

线路参考范例四

滑遍天下——加拿大惠斯勒 9 日滑雪之旅

线路参考范例五

精灵在舞动——加拿大落基山 黄刀极光 9 日魅影之旅

线路参考范例六

加拿大温哥华迎新春——东西海岸落基山 11 日印象之旅

二、加拿大国情掠影

（一）自然地理

加拿大（Canada），位于北美洲的北半部。除阿拉斯加和格陵兰岛外，整个北半部均为加拿大领土。它东濒大西洋，西临太平洋，北靠北冰洋，东北隔巴芬湾与世界第一大岛格陵兰岛相望，西北与美国的阿拉斯加州接壤，南与美国本土相连。总面积约998.46万平方千米，仅次于俄罗斯，居世界第二位。其中陆地面积909.3万平方千米，占总面积的91%。淡水资源面积89.1万平方千米，占世界淡水资源的9%。加拿大海岸线曲折漫长，海岸线总长24.4万千米，是世界上海岸线最长的国家。

加拿大东部地区是丘陵地带，主要由古老的拉布拉多高原和阿巴拉契亚山脉北端构成；东南部地区与美国接壤的五大湖和圣劳伦斯河谷地区，地势平坦，多盆地；西部地区是年轻高大的科迪勒拉山系北段，这里是加拿大海拔最高的地区，许多山峰海拔在4000米以上；北部地区是北极群岛，多是久经侵蚀的古老山地和岛屿；中部地区是广阔的平原低地区。加拿大是世界上湖泊最多的国家之一，湖泊多属冰川湖，沿中西部至东南一带，大熊湖、大奴湖、温尼伯湖、美加边界的五大湖和著名的尼亚加拉瀑布，构成了世界上最大的淡水湖群。加拿大河流水力资源丰富且冰期较长，主要河流有马更些河、育空河、圣劳伦斯河等。加拿大林地总面积440万平方千米，覆盖率44%，仅次于俄罗斯，位居世界第二位。

加拿大多数地区位于北纬50°以北的高纬度地区，全国有1/5的地区在北极圈内，终年严寒，北部群岛和北部沿海地带占总面积的1/4，属于寒带苔原气候，最低气温可达-60℃以下，地下有永冻层，仅仅生长苔藓和地衣类植物；加拿大以南约占总面积1/2地区，属于亚寒带针叶林气候，夏季降雨较多，湿度很大；西部太平洋沿岸属温带海洋性气候，有阿拉斯加暖流经过，冬温夏凉，降水充沛，1月平均气温在0℃以上，是加拿大冬季唯一较温暖的地方；中部平原以南属温带大陆性半干旱气候，冬寒夏热，降水较少，草原广布；东南部沿大西洋及五大湖地区，属温带大陆性湿润气候，冬冷夏暖，降水较多，水利条件好，是全国工农业生产最集中的地区。

（二）人文概况

1. 人口、民族、语言及宗教

加拿大的人口约3739万人（2019年3月5日）。加拿大拥有上百个民族，是世界上民族最多最复杂的国家之一，有“民族马赛克”“文化大拼盘”之称。加拿大外来移民及其后裔约占总人口的95%，包括世界主要民族中的70多个民族。其中，加拿大裔、英国裔、苏格兰裔、法国裔、爱尔兰裔、德国裔、土著居民（印第安人、米提人和因纽特人）约占2%，现有华人约176万人，占总人口的5.1%。各民族在地区分布上，除魁北克省法裔居民近80%以外，其他各省区均以英裔居民为主。印第安人主要分布于中南部地区，因纽特人主要分布于北部地区，华人大多定居多伦多、温哥华、蒙特利尔等大城市。

加拿大官方语言是英语和法语。全国使用英语约占60%以上，使用法语约占20%以上，使用本民族的语言约占10%以上，形成双语结构下的多元文化。

加拿大宗教信仰自由，居民中信奉天主教约占45%，信奉基督教新教约占36%，宗教派别达30多个。

2. 国旗、国徽、国花及首都

加拿大国旗为长方形，自左向右由红、白、红两色组成。红色为垂直长方形，分别代表太平洋、大西洋。白色为正方形代表加拿大广阔无垠的国土。白色中央绘有一片11个角的红色枫树叶象征居住在这片土地上的加拿大人民。国旗长宽比例为2：1。

加拿大国徽，图案中间为盾形。盾面下部为一枝三片枫叶，上部的四组图案分别是三头金色的狮子、一头直立的红狮、一把竖琴、三朵百合花，分别象征加拿大在历史上与英格兰、苏格兰、爱尔兰和法国之间的联系。盾形之上有一头狮子举着一片红枫叶，既是加拿大民族的象征，也表示对第一次世界大战期间牺牲者的悼念。狮子之上是一顶金色的王冠，象征英女王是加拿大的国家元首。盾形左侧的狮子举着一面联合王国的国旗，右侧的独角兽举着一面原法国的百合花旗。底端的绶带上用拉丁文写着“从海洋到海洋”，表示加拿大的地理位置——西濒太平洋，东临大西洋。

加拿大各省有省花和省树，唯独没确定国花和国树。加拿大人将枫树、枫叶视为国树和国花来珍爱。枫树、枫叶也是国家和民族的象征，因而加拿大有“枫叶之国”之称。

加拿大国兽是水狸，1975年加拿大议会通过法案，将水狸作为国家的象征。

加拿大国歌是《啊！加拿大》。

加拿大首都是渥太华。

3. 发展简史

加拿大最早的原始居民是早已定居的印第安人和因纽特人，过着原始的渔猎、采集及农耕生活。16世纪初，加拿大沦为英、法殖民地。1663年，法国殖民者正式宣布成立“新法兰西”省，即今“魁北克地区”。1756~1763年，英法在加拿大爆发“七年战争”，法国战败，被迫与英国签订《巴黎条约》，将新法兰西及密西西比河以东的全部殖民地转让给英国。1848年，英属北美殖民地成立自治政府。1867年2月，英国议会通过《不列颠北美法案》，宣布成立“加拿大自治领”，定都渥太华，实行联邦制，英王兼加拿大国王，总督为英王代表，保证法裔加拿大人的民族权利。该法案被认为是加拿大的第一部宪法。同年7月1日，该法案生效，这一天成为加拿大建国国庆日。1870~1949年，其他省也陆续加入。1926年，英国承认加拿大的“平等地位”，加拿大获得外交独立权。1931年，英国议会通过了《威斯敏斯特法案》，正式从法律上承认各自治领在内政、外交方面拥有完全独立的地位，加拿大从此以独立国家的身份成为英联邦成员国。1982年3月，英国上院和下院通过《加拿大宪法法案》。同年4月，法案经女王批准生效，加拿大从此获得立法和修宪的全部权力，在法律上真正成为一个完全独立的国家。

三、加拿大政治体制与经济发展

（一）政治制度

加拿大是联邦议会制政体。《加拿大宪法法案》于1982年4月7日经英国女王批准正式生效。

英国女王是加拿大国家元首，总理为政府首脑。加拿大实行内阁制，由众议院中占多数席位政党组阁，其领袖任总理。议会是加拿大的立法机构，由参议院和众议院两院组成。参议员必须是年满30岁的加拿大公民，参议员可以在内阁任职。加拿大政府是加拿大的行政机构，分为联邦政府、省政府、市和市以下地方政府三级，中央政府和省政府分享权力。加拿大联邦和省均设有法院，联邦法院为加拿大最高法院。

（二）经济发展

加拿大是一个后起的工业发达国家。第二次世界大战后，经济迅猛发展。1976年，加拿大成为西方七大工业化国家之一。制造业、高科技产业、服务业较发达，资源工业、初级制造业和农业是国民经济的主要支柱。加拿大工业基础良好，以采矿业著称，大部分工业制品自给自足，是世界著名的工业国和经济富裕国家。农业高度发达，是世界上主要的粮食生产国之一，农业以麦类为主，主要种植小麦、大麦、亚麻、燕麦、油菜籽、玉米等作物，小麦出口量仅次于美国，居世界第二位。渔业很发达，出口75%的渔产品，是世界上最大的渔产品出口国。加拿大地域辽阔，森林、矿藏、能源等资源丰富。钾、钨、镍、锌铂、石棉、铀、金、镉、铋、石膏产量居世界前列。森林资源丰富，是世界三大森林大国（俄罗斯、巴西）之一，森林覆盖率达44%，每年出口大量木材、纤维板和新闻纸。加拿大以贸易立国，对外资、外贸依赖很大，是世界主要贸易国家之一，在世界贸易中占重要地位。交通运输业极为发达，海运是加拿大传统的对外运输渠道。旅游业发达。2017年加拿大国内生产总值（GDP）约合1.653万亿美元，人均国内生产总值45032美元。

货币名称：加拿大元（Can$），1加拿大元=100分。

参考汇率：1美元=1.3411加拿大元（2019年6月16日）。

四、加拿大教育及文化

（一）教育与留学

加拿大小学、中学和高中教育由各省政府负责，没有全国统一的教育制度，各省宪法对教育组织机构、学制、课程、考试制度和经费有明确规定，教育计划基本相似。全国普及中小学教育，高中教育普及率达90%以上。

加拿大全国100多所声誉良好的公立大学和学院，是由国家提供财力支持的教育机构。加拿大是全世界教育经费最高的国家之一，也是世界上教育体系最完整、教育水准最高的国家之一，加拿大多元的文化环境，高质量的生活环境，良好的语言环境，高福利的社会保障体系，吸引着来自世界各地的莘莘学子。

加拿大著名的高校有：多伦多大学（加拿大排名第一的综合类大学）、麦吉尔大学（加拿大最古老的高等学府，誉为“加拿大哈佛”）、英属哥伦比亚大学（加拿大学术类顶尖的高等学府）、阿

尔伯塔大学（加拿大排名第四的一流大学）、西安大略大学（加拿大排名前六位，商科是北美大学案例法教育的两大发源地之一）、麦克马斯特大学（加拿大排名前六位，是教育界及工业界公认的加拿大顶尖高等学府）、皇后大学（加拿大排名前八位）。

（二）文学艺术

加拿大是一个年轻的移民国家，文学艺术深受欧洲影响并呈现多元化特征，英语区文化、法语区文化、土著文化和现代多元文化艺术各有特色。

1. 文学名人

艾丽丝·门罗：被誉为“加拿大的契诃夫”。1968年，艾丽丝·门罗凭借《快乐影子之舞》获加拿大总督文学奖。之后相继推出作品《我青年时期的朋友》《你以为你是谁》《爱的进程》《公开的秘密》《一个善良女子的爱》《石城远望》等十多部作品，荣获总督奖、吉勒奖、英联邦作家奖、莱南文学奖、欧·亨利奖和全美书评人协会奖等奖项，她的作品被翻译成十几种文字传遍全球，受到读者与媒体的高度评价。2009年5月，因一贯作品的高水准和全球巨大影响力，获第3届布克国际文学奖。著名的短篇小说《逃离》自2004年推出即风靡全球，获加拿大吉勒文学奖并入选《纽约时报》年度图书，荣获2013年诺贝尔文学奖，艾丽丝·门罗也成为诺贝尔文学奖历史上第13位女性获得者。

2. 电影

加拿大电影史和世界电影史几乎同步，有着深厚的积淀。在世界第一大电影产地好莱坞，加拿大的导演更是占据了半壁江山。如好莱坞电影导演、编剧詹姆斯·卡梅隆，1981年执导首部电影《食人鱼2：繁殖》，1984年自编自导科幻电影《终结者》获得巨大成功，另有《异形2》《终结者2》《真实的谎言》《泰坦尼克号》《阿凡达》等佳作，第70届奥斯卡金像奖上《泰坦尼克号》获得最佳影片在内的11个奖项。加拿大著名导演尼尔·布洛姆坎普，以《约翰内斯堡的外星人》一举成名，2009年执导首部剧情片《第九区》，获得巨大成功。加拿大导演大卫·柯能堡，导演恐怖类型电影而著称，代表作品《毛骨悚然》《死亡禁地》《童魇》等著名影片赢得巨大声誉。导演动画著称的迪恩·德布洛斯，代表作品迪士尼动画《星际宝贝》、梦工厂动画《驯龙高手》系列，赢得全世界儿童的热爱，《驯龙高手》更是代表迪士尼动画的顶尖水平。

3. 音乐

加拿大音乐中的嘻哈（Hip-Hop）、牛仔摇滚乐、草原乐、印第安人音乐等造就绚丽多姿的加拿大音乐。加拿大大城市常有音乐庆祝活动，如蒙特利尔的世界爵士乐节盛会、温尼伯的民间音乐节、多伦多的土著音乐节等。民乐是加拿大原居民节日活动的重要部分。加拿大流行音乐取得举世瞩目的成就，诞生了一大批世界级的流行乐坛巨星，如席琳·迪翁、布莱恩·亚当斯和仙妮亚·唐恩等。

4. 竞技活动

加拿大属于高纬度寒冷地区，较长的冰雪天

气促进了冰球、冰壶、滑雪、花样滑冰等冰雪运动的开展。冰壶是加拿大在世界大赛中最强有力的竞技项目之一。冰球是加拿大国球，1920年成为冬季奥运会比赛项目，加拿大一直是冰球项目的世界霸主。

五、加拿大民俗风情

（一）民间节日及法定节假日

1. 独立日

7月1日，是加拿大国庆日，纪念1867年7月1日建立加拿大自治领，是加拿大官方的重要节日。

2. 枫糖节

3~4月初，是加拿大民族传统的节日。此时是采集糖枫叶，熬制枫糖浆时节，生产枫糖的农场节日期间向国内外游人开放，周末时一些农场还可以免费品尝枫糖糕、太妃糖和枫糖薄饼等食品，参观枫林、欣赏枫叶，品尝枫糖食品，观看民间歌舞，吸引大量游客在节日期间前来。

3. 冬季狂欢节

2月上旬~2月中旬，是魁北克省民间最盛大的节日，为期10天，活动规模盛大，内容丰富多彩，有着浓郁的法兰西色彩。

4. 郁金香花节

5月的最后两周，在加拿大首都渥太华举行，是民间盛大的节日。节日期间有花车游行，放烟火，跳舞狂欢，推选“郁金香皇后”等活动。

5. 法定节假日

加拿大法定节假日以2020年为例，如下：新年（1月1日）、耶稣受难日（4月10日）、维多利亚日（5月18日）、加拿大国庆日（7月1日）、省级日（8月3日）、劳动节（9月7日）、和平纪念日（11月11日）、圣诞节（12月25日）、节礼日/圣诞节翌日（12月26日）。

6. 带薪假期

加拿大联邦法规定，就业1年后有2周带薪休假，6年后有3周带薪休假，绝大多数企业有10～30天的带薪假期。

（二）社交礼仪

加拿大人着装以舒适美观大方为主。社交场合中，加拿大人姿态庄重，举止优雅。与客人相见时，一般行握手礼。与熟人、亲友和情人见面行亲吻礼和拥抱礼。交谈时，加拿大人常友好的面向对方，如果交谈时气氛紧张或对方遇到不幸或心情不好时，加拿大人常用两手手指交叉置于桌上等姿态来缓和气氛或表示理解和同情对方的处境。因受地理环境影响，加拿大人尤其热爱烤牛排等烤制食品，口味一般偏淡、偏甜。

（三）禁忌

加拿大人交谈时，忌讳用手指点，交谈距离远近适宜，交谈内容不涉及私生活、收入、支出、女士年龄等个人隐私，加拿大人不喜欢将加拿大与美国比较。加拿大人不喜欢肥肉、虾酱、腐乳等腥怪气味的食物，忌讳食用动物内脏和动物脚爪。加拿大人忌讳数字“13”“星期五”。忌讳黑色和紫色。忌讳送白色百合，在加拿大百合花是葬礼使用的。

六、加拿大主要旅游城市及著名旅游景观

（一）地理坐标：渥太华

渥太华位于安大略省东南部与魁北克省交界，地跨渥太华河，河流南岸是安大略省渥太华市，河流北岸是魁北克省赫尔市，两岸市区连成一片构成加拿大首都。它是全国政治、文化、交通、工业中心，是世界上最寒冷的首都之一。渥太华风景优美，春季10万株郁金香开遍全城，被誉为“郁金香城”，秋季渥太华漫山枫叶，也被誉为“加拿大最美城市”和“世界最美丽的首都”。

1. 国会大厦

国会大厦位于国会山麓渥太华河畔，由哥特式三栋建筑构成，建成于1866年，是加拿大联邦议会和政府所在地，也是渥太华最著名的标志建筑和加拿大的象征。建筑中尖顶钟楼是高约90米的和平塔，由四面钟及53个铃铛组成钟琴，和平塔为纪念第一次世界大战中被杀害的近67000名加拿大人，每日下午1点，和平塔上的大钟会发出悠扬乐声，被誉为世界上最精致的哥特式建筑，和平塔也是渥太华市最高点。每年7~8月早上10时起，每隔半小时举行皇家仪仗队换岗操练仪式。每年7月1日，国庆阅兵在国会大厦前举行。

在人世间的一切责任中，最根本的责任就是真正成为你自己，活出你独特的个性和价值来。——周国平

2. 里多运河

里多运河连接渥太华河与安大略湖，东至大西洋，西部通往五大湖，建成于1832年，是重要的运输航道。如今，运河上建起10座横跨东西两岸的大桥，大型船只无法通过，但运河仍保留水闸和水坝等，已列为世界文化遗产。每年2月，里多运河举办冬季狂欢节，以冰雪为题材，有冰雕展、雪橇、破冰船、冰上曲棍球赛、雪鞋竞走、冰上驾马比赛等活动，热闹非凡。

3. 战争纪念碑

战争纪念碑位于里多运河下游的联邦广场的中央。纪念碑由花岗岩建造，为纪念第一次世界大战时捐躯的加拿大战士而建。纪念碑圆拱形，下面有22个铜像，另有两匹马及一尊大炮。每一个铜像均代表一种军队及作战人员的身份，如空军、海军、骑兵、炮兵、步兵、工兵、通讯员等，每一个铜像仪容整齐犹如真人。纪念碑的圆拱上有两个长着翅膀的天使，代表着战士们为国捐躯换取和平与自由的崇高精神。

（二）地理坐标：多伦多

多伦多位于安大略湖西北岸的湖滨平原上，是安大略省省会，是加拿大第一大城市，也是加拿大文化、教育和艺术中心和重要湖港城市，水路交通十分发达，多伦多意为“富饶的土地”。18世纪中期，法国人在当地建起碉堡。在美国独立战争后的10年，成为了英国殖民者避难所。1787年，英国人从印第安人手中廉价购得这块土地，改称约克城。1834年恢复旧称并设市。

1. 多伦多新市政厅

多伦多新市政厅，曾被设计者誉为“属于明天的建筑”。市政厅现代化设计充满时尚气息，是多伦多市地标性建筑。新市政厅整体由3部分组成，包括东西两座弧形的大楼，分别为27层和20层，中间扁平状的是议会大楼，整体构造像两瓣贝壳呵护着一颗明珠。因从空中看像一只眼睛，因此被市民誉为“多伦多天眼”。新市政厅独特的建筑风格成为好莱坞大片《生化危机》的取景地，影片中的浣熊市市政厅即多伦多新市政厅。

2. CN 塔

CN塔是加拿大国家电视塔，俗称多伦多电视塔，位于联合车站西边西弗伦特街，于1970年建成，被誉为世界建筑史上的奇迹。全塔高553米，是全世界最高的通信塔。塔内装有多部高速玻璃外罩电梯，只要58秒即可抵达塔顶，从塔顶可远眺整个多伦多市、安大略湖、多伦多各岛屿的美丽景色，还可远眺美国。350米高处有旋转餐厅，可一边享受美食，一边观看美景。

3. 尼亚加拉瀑布

尼亚加拉瀑布位于北美东北部尼亚加拉河上，印第安语意为“雷神之水”，瀑布丰沛的水量来自伊利湖，巨大的水流冲下断崖，形成气势磅礴的大瀑布。尼亚加拉瀑布所在地表层岩石属于古生代志留纪白云岩，抗侵蚀能力极强，但这层岩石下面的页岩和砂质岩层却很脆弱，在湖水不断侵蚀下，崖壁不断塌陷形成了尼亚加拉瀑布。尼亚加拉瀑布中最大的马蹄瀑布，因形似马蹄得名，位于加拿大境内，也称加拿大瀑布，水色青碧，蔚为壮观。观赏瀑布可乘坐雾中少女号游船，它是已有百年历史的一艘船。深秋时，可站在地跨美国、加拿大的彩虹桥观看瀑布和枫叶盛景。

（三）地理坐标：蒙特利尔

蒙特利尔位于魁北克省南部圣劳伦斯河中游左岸，是加拿大第二大城市和最大河港，也是全国的金融、商业、工业中心，世界最大双语城市。蒙特利尔的古建筑、历史遗迹、人们衣食住行等深受法兰西影响，如法国常见的梧桐树林荫大道、类似巴黎圣母院高耸的哥特式大教堂、麦基尔大街，贝里大街附近保留着法兰西风貌，市内广场的大木钟脱胎于法国，城里绝大部分餐馆供应法式饭菜，人们的言谈举止富于法式浪漫，蒙特利尔大学教师全部用法语讲课等，故被誉为“北美洲巴黎”。

1. 蒙特利尔美术馆

蒙特利尔美术馆是加拿大最古老、最具影响力的美术博物馆之一，最早建于1860年，馆内有3万多件永久藏品，包括世界各地不同时代风格迥异的油画、水彩画、青铜器、石膏艺术品和陶瓷等艺术珍品，其中有著名画家毕加索、达·芬奇、伦勃朗、雷·诺阿、塞尚等名家作品。该馆定期在加拿大国内外举办各种形式的大型展览。

2. 蒙特利尔市政厅

蒙特利尔市政厅位于圣母路上，是一栋优雅宏丽的大楼，是蒙特利尔的灵魂。大楼借鉴第二帝国的建筑风格，也称为拿破仑三世建筑风格，有修长的圆柱及绿色的折线型屋顶，屋顶高耸的绿色塔楼在阳光下显得十分典雅。1967年，时任法国总统戴高乐应邀访问，在市政厅正门入口上方阳台向群众演讲时高呼“自由的魁北克万岁”，引起很大轰动，蒙特利尔市政厅从此闻名遐迩。市政厅有5层，但只有第一层大厅和部分房间对外开放，每逢节庆日，整个大楼沉浸在璀璨的灯光里，显得格外辉煌。

3. 蒙特利尔圣母大教堂

蒙特利尔圣母大教堂位于蒙特利尔市老城中心地带，是北美洲最大的教堂，重建于1824年，对面是达尔姆广场。据说圣母大教堂是参照法国巴黎圣母院的样式建造的，被人们亲切地称为“小巴黎圣母院”。新哥特式建筑风格，外表砖石建造宏伟壮观，东西两侧塔楼高大肃穆，东塔是由10只钟组成的编钟，西塔则是一尊重达11000千克北美最古老的巨钟。内部是美轮美奂的祈祷大厅和彩绘玻璃、玫瑰窗、胡桃木等雕刻。

（四）地理坐标：温哥华

温哥华位于维多利亚对岸，接近美国华盛顿州外海，是加拿大西海岸第一大城市、全国第三大城市和工业中心。1886年正式设市，市容极其整洁，除房屋和道路，几乎全部都是花草树木，是一座花园城市，温哥华度假活动主要以滑雪、出海航行和打高尔夫球为主。

斯坦利公园

斯坦利公园是温哥华最著名的公园，也是北美最大的城市公园，占地约400公顷，也是世界最闻名的公园之一。以加拿大总督斯坦利爵士名字命名，公园的入口有一座斯坦利总督昔日的铜像，公园里有三个大沙滩、动物园、水族馆、高尔夫球场、玫瑰花园、小型火车、众多巨型图腾柱。在公园山坡上，可以眺望太平洋的“狮门铁桥”和大大小小扬帆出海的渔船。

（五）地理坐标：魁北克

魁北克是魁北克省的首府，是北美洲唯一拥有城墙的城市，也是加拿大东部重要的城市和港口，有“美洲直布罗陀”之称。魁北克古城建在俯视圣劳伦斯河的陡峭高原上，分上城和下城两部分。上城建在钻石角，是宗教活动区和行政管理区，周围有城墙环绕，主要建筑是耶稣会教士修道院、清教徒修道院、乌尔苏里纳教派修道院以及神学院等。下城建在峭壁下，是港口和古老的居民区。魁北克古城的房屋依山而建，风景秀丽，透出浓郁的法兰西色彩，现今仍保留17~18世纪欧洲堡垒的风貌。城内的皇家广场四周和圣母街两旁均为古老建筑。

星形城堡

星形城堡建在哈利法克斯的城堡山，是圣劳伦斯河道咽喉地带的最佳防御地点，始建于19世纪中期，历经30多年建造完成，被公认为魁北克最坚固的要塞之一，号称是北美最大的石头堡垒。城堡为四角多边形，城堡内是16~17世纪法兰西风格建筑群和防御设施，每个角设有堡垒，有很多大炮、炮口和狙击枪口。目前已成为加拿大国家历史遗址。

（六）地理坐标：加拿大中部平原区

1. 美洲野牛涧地带

美洲野牛涧地带位于艾伯塔山西南的波丘派思丘陵中，天然植被以格兰马草、野牛草为主，适合野牛生存。在原居民心中，美洲野牛是十分神圣的动物。此地曾是史前时期最大的围猎场之一，也是目前北美大平原最古老、保存最完好的捕猎遗址之一。

2. 丘吉尔镇

丘吉尔镇位于加拿大曼尼托巴省北部、哈德孙湾西岸，是著名的北极熊之都，也是唯一在人类活动地域可以观看到野生北极熊、白鲸、北美驯鹿的地方。丘吉尔镇对于游客来说有花鸟季、白鲸季、北极熊季、北极光季。加拿大哈得孙湾西岸及北部丘吉尔港是北极熊迁徙必经之路，迁徙季节抵达此处的北极熊达1000只。

（七）地理坐标：圣劳伦斯低地

1. 枫叶走廊

枫叶走廊起于尼亚加拉瀑布的西端，止于魁北克市的东端，全长800千米，沿圣劳伦斯河曲折蜿蜒，是加拿大秋季必游景点。每到10月，整个区域都被枫叶和变叶木染成一片绚丽的红色，色彩绚烂得惊心动魄。一路上，湖光山色与枫林相辉映，仿佛风景画般引人入胜。加拿大著名的枫叶走廊还有：阿岗昆省立公园、格雷文赫斯特镇、亚加华峡谷、圣安妮大峡谷、蒙特巷布朗公园、皇家山等，都是著名的秋季赏枫圣地。

2. 千岛湖

千岛湖位于安大略省金士顿小城附近，是世界著名的旅游景点，也是加拿大的三大自然奇观之一，是大冰川时期的产物。圣劳伦斯河将千岛湖一分为二，南岸1/3岛屿在美国境内，北岸约2/3归加拿大安大略省。圣劳伦斯河与大西洋相通，1800多个大小不一的岛屿星罗棋布地分布在湖面上，从游船上远远望着郁郁葱葱的岛屿像一棵棵婀娜多姿的盆景。

（八）地理坐标：落基山脉

班夫国家公园

班夫国家公园位于班夫，是加拿大第一个国家公园，也是加拿大著名的避暑胜地。公园分布有冰河、冰川、高山、草原、温泉、湖泊等景观，有花旗松、白云杉、云杉等野生植物生长其中，还活动着棕熊、美洲黑熊、鹿、驼鹿、麋鹿、野羊、山地狮、美洲豹、大霍恩山绵羊、箭猪、猞猁等野生动物。

（九）地理坐标：北极群岛

巴芬岛

巴芬岛是加拿大北极群岛的组成部分，东隔巴芬湾和戴维斯海峡与格陵兰岛相对，又意为“巴芬兰”，是加拿大第一大岛，世界第五大岛。巴芬岛山脉均高于2000米，冰川覆盖的山脊纵贯岛东部，中西部福克斯湾沿岸为低地，海岸线曲折多峡湾。巴芬岛大部分位于北极圈内，冬季严寒漫长，为极地苔原带自然景观，巴芬岛的奥尤伊图克国家公园是加拿大最大的国家公园之一。

只有当一个人独处的时候，他才可以完全成为自己。——叔本华

七、加拿大旅游资讯

（一）旅游购物

加拿大有很多著名的商场，如多伦多的伊顿购物中心、海湾商场、圣劳伦斯市场、西部埃德蒙顿购物中心、温哥华的太平洋购物中心等，每个商场都由多家商店组成，服装、饰品、提包、珠宝、化妆品、香水、家居等物品。加拿大购物可在打折商店购买，可在免税商店购买，也可在二手货市场购买，还可在大型仓储型超市购买。另外，加拿大有很多奥特莱斯店，通常是原价的25%~65%，非常优惠。

（二）出境提示

1. 境外法规及风俗习惯

（1）加拿大法律规定，司机每行驶两小时后必须休息20分钟，每天开车时间不得超过9小时，且休息时间在12小时以上。

（2）加拿大政府规定，公共场合及房间内禁止吸烟，根据各省法律规定不同，罚款金额各有限定，罚款金额500～1500加元不等，一定严格遵守规定。

（3）加拿大有付小费的习惯，如认为服务人员表现优秀，可自愿给予小费，是对服务人员工作的肯定与感谢，可参考导游意见，再判断支付小费的多少。

（4）加拿大采用电源110伏特、60赫兹交流电，请备好转换插头。

（5）北美洲属于加税区，购物无退税。

2. 货币兑换及时差

（1）加拿大主要流通货币是加拿大元，简称加元。出国之前换好所需加元，持中国银联卡可在部分商店刷卡消费，可使用ATM取款。

货币汇率：1元人民币=0.1937加拿大元（2019年6月16日）。

（2）加拿大有6个时区，加拿大东部比中国北京时间晚13个小时，西部太平洋比中国北京时间晚16个小时。夏令时比标准时间早1个小时，则加拿大东部比中国北京时间晚12个小时，西部太平洋比中国北京时间晚15个小时。

专题

北美洲　北极光

有一束缥缈之光 呼吸间瞬息万变
有一缕绫罗绸缎 飞舞间灵动姗然
有一处华丽的绽放 于泼墨苍穹上恣意挥洒，迟迟不肯归去
有一片须臾的斑斓 于澄澈星际下照耀冰封万里莽莽苍苍
浩渺宇宙馈赠一方绚烂极美的夜空
此生 愿邂逅这份与世隔绝的遥远
此世 愿相信来自西方的古老传说
“看见极光，就会幸福一辈子”

二维码链接PPT专题文件详细内容

北美洲北极光专题链接详情
费尔班克斯 美国阿拉斯加州 Fairbanks, Alaska
耶洛奈夫 加拿大西北地区 Yellowknife, Canada
怀特霍斯 加拿大育空地区 Whitehorse, Canada

创意设计

北美洲主题旅游线路设计

通过你对北美洲地区主要旅游目的地国家的认识与了解，自行设计一篇某国（自选国家）一地主题旅游线路或设计相邻多国主题旅游线路。要求如下。

1 线路设计题目可自拟（详情可参考出境旅游线路范例）；

2 线路设计应主题鲜明（详情可参阅附录主题旅游分类名称）；

3 线路设计内容应包含行程天数、游览项目以及吃住行游购娱六要素、温馨提示、出境旅游注意事项等信息（详情可参阅出境旅游线路范例PDF文档链接）；

4 线路行程中游览项目应体现线路主题特色，避免行程游览项目无序堆叠。

第六部分

非洲地区

主要旅游目的地国家

第一篇 流沙与海洋共舞 绿洲与文明共存 走进古国埃及

【印象埃及】

数千年究竟有多久？ 数千年究竟是多长？
暖风拂过尼罗河畔黯然耸立的金字塔和满目沧桑的狮身人面像，
它用4000多年的默默守护诉说着法老时代的荣光。
踏着古老文明的沉重步履，走近从未断流的尼罗河孕育的两岸文明，
雄浑壮观的神庙，高耸的方尖碑和庞大厚重的石柱，镌刻古国数千年的曾经。
残破的孟菲斯古墓群和百门之都底比斯，于废墟里透露着一度的繁华。
帝王谷高大端坐的门农，孤单不语地注视着远方……
数千年留存，我们窥见这片文明大地无法解读的厚实灵魂。
这里曾是亚历山大大帝和拿破仑逐梦的战场，
这里曾历经法老时期、希腊时期、罗马时期与阿拉伯时期，
如今布满了美轮美奂的清真寺和随处可见的宣礼塔。
它历经几度苦难，造就几多英雄，更迭与交融的文明过往，背后是悲壮的代价。
沧海变幻几度轮回，终是一切隐匿于象形文字里，一切消散于遥远的时间里。
当晚霞为大漠披上薄翼金纱，埃及浸润在一片昏黄里愈显沧桑；
尼罗河畔数千年风沙留下诸多斑驳，却无力磨平它的魅力。
阳光、蓝天、大漠、海岸线、古墓、金字塔、木乃伊，裹着头巾的阿拉伯人和驼队，
海洋与沙漠并存的埃及，古代与现代交织的两岸文明，彼此依存。
行走中品味遗迹，巨石间徜徉慨叹，这片光景注满了时间的伟大与无情。
或许数千年只如昨，数千年或许只一瞬。

一、埃及出境旅游线路参考范例

线路参考范例一

埃及尼罗河 11 日游轮度假之旅

线路参考范例二

埃及 8 日精华之旅

线路参考范例三

埃及、迪拜 11 日之旅

二、埃及国情掠影

（一）自然地理

埃及，全称“阿拉伯埃及共和国”（The Arab Republic of Egypt），地跨亚、非两洲，大部分地区位于非洲东北部，苏伊士运河以东的西奈半岛位于亚洲西南部。埃及地处阿拉伯世界中心地带，东部濒临红海，与巴勒斯坦、以色列接壤，西部与利比亚相连，南部与苏丹交界，北部隔地中海与欧洲相望，海岸线长约2900千米。总面积100.145万平方千米，沙漠约占总面积的96%，是典型的沙漠之国，人口居住区仅占国土面积的5.5%，耕地面积人均仅0.037公顷。尼罗河纵贯埃及南北，全长约6670千米，注入地中海。作为埃及主要的淡水资源，被誉为埃及的“生命之河”。尼罗河两岸形成的狭长河谷和入海处形成的三角洲是古代埃及文明的发祥地，也是埃及最富饶的地区，约为3.3万平方千米，虽然这片地区仅占国土面积的4%，却聚居着全国99%的人口。埃及的苏伊士运河沟通着欧洲、亚洲、非洲，连接大西洋、地中海、印度洋，具有十分重要的战略位置和经济意义。

埃及全境分为尼罗河谷和三角洲地区、东部沙漠区、西部沙漠区、西奈半岛四个自然区。尼罗河谷和三角洲地区占总面积不足4%，按埃及人传统称谓，开罗以南尼罗河两岸地区称上埃及，开罗以北的尼罗河三角洲地区称下埃及。东部沙漠区也称阿拉伯沙漠，占总面积22%，在红海沿岸多山脉，地势由东向西倾斜，海拔约1500米。西部沙漠区占总面积68%，是利比亚沙漠的一部分，利比亚沙漠属于撒哈拉沙漠的一部分，由高地、洼地、连绵沙丘构成。西奈半岛区是埃及的亚洲部分，占埃及总面积的6.38%，主要由平原、沙丘、河流、河床、高原构成，有埃及最高峰凯瑟琳山峰，海拔2637米。

埃及全境干燥少雨，北部地中海沿岸地区属亚热带地中海式气候，夏季炎热干旱，冬季温暖

多雨，1月平均气温12℃，7月平均气温26℃，年均降雨量50~200毫米；其他广大地区属热带沙漠气候，炎热干燥，高温少雨，昼夜温差大，沙漠地区气温可达40℃，年平均降水量不足30毫米。

（二）人文概况

1. 人口、民族、语言及宗教

埃及的人口约9841万人（截止到2019年3月5日）。居民以阿拉伯人为主，绝大多数生活在河谷和三角洲。

伊斯兰教为国教，信徒主要是逊尼派，占总人口的84%，科普特基督徒和其他信徒约占16%。

通用英语和法语，官方语言为阿拉伯语，中上阶层通用英语，其次是法语。

2. 国旗、国徽、国花及首都

埃及国旗呈长方形，自上而下由红、白、黑三个平行相等的横长方形组成，白色部分中间有国徽图案。红色象征革命，白色象征纯洁和光明前途，黑色象征埃及过去的黑暗岁月。国旗长宽比例为3：2。

埃及国徽为一只金色的鹰，称萨拉丁雄鹰。金鹰昂首挺立舒展双翼，象征胜利、勇敢和忠诚，它是埃及人民不畏烈日风暴，在高空自由飞翔的化身。鹰胸前为盾形的红、白、黑三色国旗图案，底部基座绶带上写着“阿拉伯埃及共和国”。

埃及国花是莲花。

埃及国歌是《我的祖国》。

埃及首都是开罗。

3. 发展简史

埃及是世界四大文明古国之一，拥有5000多年的历史文明，是世界上数千年来一直保持政治和疆域不变的古国之一。公元前3200年，形成统一的奴隶制国家，经历繁荣的法老时期。大约公

元前2600年，埃及人制定了历法，创造了象形文字，建造了世界奇迹的金字塔、狮身人面像、大量雕像，并用尼罗河边的芦苇造纸。其后，埃及先后被波斯人、希腊人、罗马人、阿拉伯人、土耳其人所征服，曾沦为罗马帝国的一个行省。公元1世纪，基督教传入埃及。公元640年左右，阿拉伯人进入埃及，建立了阿拉伯国家，至9世纪中叶，埃及人的阿拉伯化进程大体完成。因受外族侵入和其他文化的影响，埃及的宗教信仰和语言文字发生过三次变化，由古老的法老崇拜到犹太教、基督教和伊斯兰教，由最初的象形文字变换到希腊文、科普特文、最后形成阿拉伯文。1822年，沦为英国殖民地。1922年独立。1952年7月23日，埃及历史最重要的领导人之一纳赛尔带领自由军官团发动革命，推翻封建王朝，掌握了国家政权，结束了外国人统治埃及的历史，建立阿拉伯埃及共和国，7月23日被定为国庆日。1953年6月18日，埃及共和国宣布成立。1970年，纳赛尔去世，他是埃及人心目中伟大的领袖，他废除帝制，收回苏伊士运河，让全世界认识了阿拉伯世界。1971年9月1日，埃及通过宪法，将总统作为国家元首和武装部队最高统帅，将国名改为“阿拉伯埃及共和国”。

三、埃及政治体制与经济发展

（一）政治制度

埃及宪法规定，埃及是“以劳动人民力量联盟为基础的民主和社会主义制度的国家”，实行建立在多党制和主权属于人民基础上的总统制。行政权，首先属于共和国总统，其次属于政府。总统是国家元首和武装部队最高统帅，由人民议会提名，公民投票选出。埃及新宪法限定总统任期4年，最多可连任一届。人民议会是最高立法机关，议员由普选产生，任期5年。协商会议员中2/3由各阶层、机构、各派别选举产生，其中1/2是工人和农民，1/3由总统任命。协商会议是与人民议会并立存在但无立法权和监督权的咨询机构。埃及的新闻独立，自主履行其使命，被认为是埃及人民的第四权力机构，对上述三项权力起到舆论监督的作用。

（二）经济发展

埃及拥有相对完整的工业、农业和服务业体系，旅游、侨汇、苏伊士运河和石油是埃及经济的四大支柱。埃及是非洲工业较发达国家之一，但工业基础较为薄弱，纺织和食品加工为传统工业，占工业总产值的50%以上。农业在国民经济中占有重要地位，尼罗河两岸谷地和三角洲作物极易生长，一年可以达到三熟，农业人口约占全国总人口的56%，产值约占国民生产总值的18%，长绒棉和稻米产量居非洲第一位，玉米、小麦、甘蔗、花生产量也相对丰富。埃及矿藏丰富，已探明和待发现的石油储量约10亿吨，其他资源有天然气、大理石、白砂、黑砂、磷酸盐、铁、锰、煤、金、锌、铬、银、铝、铜和滑石等。在西部沙漠发现迄今最大的天然气田，开通了通往约旦的天然气管道。埃及历史悠久，名胜

古迹众多，具有发展旅游业的良好条件，政府非常重视发展旅游业，旅游收入是埃及外汇收入主要来源之一。2017年埃及国内生产总值（GDP）约合4378亿美元，人均国内生产总值2413美元。

货币名称：埃及镑（Egyptian Pound）。

参考汇率：1美元=16.7100埃及镑（2019年6月16日）。

四、埃及教育及古文明

（一）学校教育

埃及的基础教育分为学前、小学、初中、高中教育4个阶段。埃及实行普及小学义务教育制度。埃及著名的大学有开罗大学、亚历山大大学、艾因·夏姆斯大学、坦塔大学、卡夫拉谢赫大学、艾斯尤特大学等。

（二）古文明

1．象形文字

象形文字是埃及古老文明的重要标志，大约形成于公元前3100年，由最初的图画演变成简单的图形和符号，经过不断发展形成了象形文字。最初这种文字用于记载历史、宗教仪式、法典、祈祷文等镌刻于石碑、石棺、器物、莎草纸、神庙和墓室的墙壁上，经过了漫长的时间，象形文字限于纪念碑上，因其体系复杂，难以书写，之后埃及的文字出现了祭司体文字、世俗体文字、科普特文字。阿拉伯人入侵埃及后，象形文字绝

©视觉中国

©视觉中国

迹。但是，象形文字作为世界上使用时间最长的文字有着深远影响，如腓尼基字母、希腊字母、拉丁字母，它为西方各国字母文字的形成与发展奠定了基础。

2．太阳历

古埃及人利用尼罗河水泛滥日与天狼星出现日期于同一天，确定了回归年算法，将这一天定为岁首，一年分为12个月，每月30天，全年为360天，剩余5天献给大地和植物之神奥西里斯家族的5位神祇。按照尼罗河水涨落与庄稼的生长，将12个月分3季，每季4个月。由此埃及人制定了世界上最早的太阳历，对后来通用的公历起到深远影响。

3．天文学

埃及自出现文字伊始就有天文学记录，约公元前3100年~公元前332年，埃及天文学不断发展，如著名的吉萨大金字塔，高度乘10亿即是地球至太阳的距离，通过金字塔的子午线将大陆和海洋平分；阿布辛贝勒神庙每年两次太阳节时，阳光精确地照射进入神庙；埃及很多神庙和墓穴中的绘画与浮雕均有猎户座、仙后座、天蝎座等星座。在埃及第三王朝文物中发现了关于旬星的记载。第九号草纸中记载了比太阳历更精准的阴阳历。古埃及也有计算昼夜的漏壶，最古老的观察子午线的圭表和日晷天文仪器。埃及对阿拉伯天文学以及人类文明进步和发展起到深远影响，中世纪时，阿拉伯天文学三大中心是开罗、巴格达、大马士革。

此外，纸草文献中记载埃及的古代数学已有10进位的象形符号，以及代数、几何学等；而埃及著名的木乃伊更是涉及到解剖学、防腐、缝合、整形等一系列医学技术；埃及举世闻名的金字塔、神庙、方尖碑等建筑，不仅是世界建筑史杰作，也推动了人类文明的进步。

（三）文学名人

（1）纳吉布·马哈福兹　1988年凭借三部曲《宫间街》《思宫街》《甘露街》获得诺贝尔文学奖，成为史上第一位获奖的阿拉伯语作家，被称为与狄更斯、巴尔扎克、托尔斯泰并肩的伟大作家，是“埃及的歌德”。

（2）艾哈迈德·邵基　是19世纪中叶埃及文学复兴时期著名诗人，少年时代就撰写讴歌国王和宫廷的诗歌。留学归国后，成为阿巴斯二世国王的御用诗人。晚年创作了世界闻名的诗剧《克娄巴特拉之死》和《莱伊拉的痴情汉》，埃及人称他为诗圣。

（3）尤瑟夫·夏因　1978年，《为什么是亚历山大》影片获得柏林国际电影节银熊奖。夏因用镜头揭露社会百态，1996年获洛迦诺国际电影节终身成就奖，成为埃及电影的一座里程碑，被人们誉为“埃及之光”。

五、埃及民俗风情

（一）民间节日及法定节假日

1. 法定节假日

埃及法定节日主要有独立日（2月28日）、西奈解放日（4月25日）、劳动节（5月1日）、共和国独立日（6月18日）、革命纪念日（7月23日即国庆日）、武装部队日（10月6日）、人民抵抗纪念日（10月24日）、胜利日（12月3日）。

2. 穆斯林节日

埃及的穆斯林节日主要有先知诞辰纪念日（伊斯兰历法3月12日）、伊斯兰教新年（5月15日）、斋月（伊斯兰历法9月）、开斋节（伊斯兰历法10月1日）、献祭节（7月14日）、穆罕默德升天日（12月8日）、宰牲节（伊斯兰历法12月10日）。

3. 科普特基督教节日

埃及科普特基督教节日主要有圣诞节（1月7日）、喜讯节（3月27日）、主显节（1月19日）、棕枝主日（复活节前的星期日）、耶稣升天节（复活节后40天的星期四）、圣灵降临节（复活节后第50天，也称五旬节）。

4. 民间节日

埃及的民间节日主要有尼罗河节（8月28日，是埃及最古老的节日）、闻风节（4月15日，相当于中国春节）。

5. 节庆活动

埃及节庆活动主要有旅游购物节（7月20日~8月20日）、地中海旅游节（9月）、国际马拉松节（1月，于吉萨举行）、国际钓鱼赛（3月，于塞得港举行）、骆驼赛（8月，于西奈举行）、国际戏剧节（9月，于开罗举行）、国际电影节（9月，于开罗举行）、国际划船节（9月，于开罗和卢克索举行）。

6. 带薪假期

埃及带薪假期制度，公务员每年夏季休假10天，企业职工每年夏季休假7~10天。

（二）社交礼仪

埃及人社交礼仪有民族传统习俗和西方握手礼，上层人士倾向于欧美社交礼仪。正式场合着装一般以西服为主。女孩儿着装一般不穿暴露过多的奇装异服。偏远地区，女子仍保留蒙面纱习俗。埃及人热情，见面礼一般行握手礼，随后亲吻对方脸颊。男士间一般先吻左颊，再吻右颊，亲戚或好友见面则再吻一下左颊。女士们见面礼一般先吻右颊，再吻左颊，亲戚或好友间，再吻右颊。埃及当地还有一种“吻手礼”，是对恩人表示感谢的礼节。男女之间见面也可不握手，男士不宜主动伸手，握手时不应十字交叉。

埃及人很欢迎外国人访问，并引以为荣。但异性拜访是禁止的，即使在埃及人之间，男女同学、同事也不能相互拜访。除贫困户外，埃及人家里都有客厅，卧室作为私房不欢迎外人入内。拜访时应主动问候老人，埃及人乐于聊天，一般聊完一个话题后应起身告辞。埃及人饮食一般口味偏浓重，喜欢麻辣味道，爱吃甜食，正式宴会最后一道菜是甜食。喜欢饮茶和咖啡。喜欢中国川菜。

（三）禁忌

埃及人着装忌讳女士袒胸露背或穿短裙，忌讳男士穿背心和短裤。严禁穿背心、短裤或超短裙进入清真寺，入清真寺忌讳踩祈祷用的铺垫。埃及禁止公开场合当众接吻。交谈时，忌讳谈论涉及中东问题的话题。伊斯兰教历9月斋戒期间，穆斯林须在日出前吃好斋饭，日出后到日落前，无论多么饥渴，都不准进食、饮水和吸烟。因伊斯兰教历与公历差异，斋月时间每年不同，斋月时忌讳在当地人面前吃、喝或吸烟，会遭到训斥。穆斯林认为右比左好，忌讳使用左手递、接东西，认为极不礼貌，甚至被视为侮辱。握手和用餐忌讳用左手，穿衣穿鞋、进入家门、进入清真寺都是右边在先。忌讳当众吐唾沫。埃及人忌讳打哈欠，认为哈欠是魔鬼在作祟。忌讳饮酒，忌吃猪肉和狗肉。喜欢绿色和白色，认为绿色是吉祥之色，白色是快乐之色。忌讳黑色、黄色与蓝色。不喜欢有星星图案的衣服和包装纸，不喜欢有熊猫图案的商品。埃及人认为“3”“5”“7”“9”是积极的，认为“5”能带来吉祥。认为“7”是受人崇敬的完整数字，视“13”是消极的。埃及人宠猫并敬猫，视猫为神圣的精灵。

六、埃及主要旅游城市及著名旅游景观

（一）地理坐标：开罗

埃及首都开罗位于尼罗河三角洲入口，是连接亚欧非的交通枢纽，也是中东地区的政治经济中心和阿拉伯世界的文化中心。建于公元642年，大开罗包括开罗省、吉萨省、盖勒尤卜省，除三大区域外新建现代化的纳赛尔城，称为新开罗。埃及是非洲最大的城市和千年古都，被誉为“尼罗河明珠”“沙漠之都”。市内现有清真寺约800多座，宣礼塔随处可见，被誉为“千塔之城”，也有孟菲斯遗址、金字塔、狮身人面像、法老时期的埃及博物馆等历史遗迹，成为一座古今文明交融的中东大都会。

1. 埃及国家博物馆

埃及国家博物馆是世界最著名、规模最大的古埃及文物博物馆，始建于1858年，位于开罗布拉克区。1890年搬迁至吉萨的萨拉亚，1902年迁至开罗市中心解放广场，占地约7000平方米，是一座米黄色圆穹顶的双层石料建筑。珍藏自古埃及法老时期至公元6世纪的历史文物约30万件，是古埃及文明的荟萃之地。走进博物馆即可看到狮身人面像和水池里的莲花以及法老时期的莎草纸，故埃及人称之为“法老博物馆”，馆内展品以年代顺序陈列在两层楼的108个展厅内，有巨大的法老石像、木乃伊展室、纯金的宫廷用品以及图坦卡蒙法老展室中纯金面具和棺椁等。

2. 吉萨金字塔

吉萨金字塔是金字塔的故乡，作为古埃及文明象征和世界建筑史的奇迹，被列为世界七大奇迹之首。吉萨金字塔位于开罗市西南吉萨区尼罗河两岸的沙漠中，始建于埃及第四王朝，是金字塔群总称，共10座，包括最大的147米高的胡夫金字塔、143.5米高的哈夫拉金字塔、66.4米高的门卡乌拉金字塔、散落的小金字塔以及狮身人面像。狮身人面像也称斯芬克斯像，高20米，长26米，爪子用石块堆砌，其他部分由岩石雕凿而成，吉萨金字塔群与狮身人面像列入1979年教科文组织遗产名录。

3. 爱资哈尔清真寺

爱资哈尔清真寺是开罗清真寺的标志。伊斯兰世界中，爱资哈尔意为“闪耀”，寓意着伊斯兰教精神不断发扬光大。清真寺的高伊特·巴叶宣礼塔是开罗最古老的建筑之一。据史载，法蒂玛王朝大将于公元973年修建清真寺，清真寺于公元982年开办学堂，后来变成爱兹哈尔大学。至1250年，有近千名中东、北非和非洲中部的学生来此地学习，成为伊斯兰世界的最高学府，地位显赫。侯赛因清真寺位于爱资哈尔清真寺斜对面的侯赛因广场，是什叶派穆斯林履行宗教仪式和进行纪念活动的场所。

4. 穆罕默德·阿里清真寺

穆罕默德·阿里清真寺位于开罗旧城萨拉丁城堡内，建于1830年，历经27年建成的土耳其风格建筑，宣礼塔塔尖距地面85米，成为开罗市的另一个标志。清真寺黄色雪花石膏墙面，寺院正面刻有阿拉伯文铭文、《古兰经》经文等，纯净素美的乳白色建筑，被誉为“雪花膏清真寺”。

5. 孟菲斯

孟菲斯位于开罗西南22千米处，自公元前3100年前就成为古埃及的首都，长达800年之久，是当时全世界最壮丽伟大的都市。公元前2000年，底比斯成为首都，但孟菲斯依然是埃及宗教和文化名城。公元前1000年左右，罗马、希腊、波斯、库什王国、亚述等国家先后侵占这座代表着权利与财富的城市，孟菲斯创伤不断。直到公元7世纪阿拉伯人入侵埃及，孟菲斯被毁。

6. 阶梯金字塔

孟菲斯最著名的阶梯金字塔，是古埃及第一座金字塔，位于塞加拉地区，这里有15座金字塔以及古墓群，有乌塞尔卡夫金字塔、乌纳斯金字塔等，是埃及大型的古代墓地。阶梯金字塔建于公元前2695年，是古埃及第三王朝法老左赛尔的陵墓，是现有金字塔中最古老的用石块修建的陵墓，呈6层高台阶梯状塔形，高约60米，处于长方形场地中央，外侧有石墙围绕，塔附近分布着许多贵族和大臣的陵墓。

（二）地理坐标：亚历山大城

亚历山大城是埃及第二大城市，位于尼罗河三角洲西部，濒临地中海，是埃及和东地中海最大的港口，被誉为“地中海的明珠”。建于公元前332年，因亚历山大大帝占领埃及而得名，是古代和中世纪名城，曾是地中海沿海政治、经济、文化和东西方贸易中心，是埃及的“夏都”。

腹有诗书气自华，最是书香能致远。胸中藏着诗书的人，自然而然也会与人不同。谈吐儒雅，气质非凡。——三毛《送你一匹马》

卡特巴城堡

卡特巴城堡的前身是世界七大奇迹之一的亚历山大灯塔，灯塔建成于公元前280年，高约135米，数次地震后，于1435年完全损坏。1477年，灯塔石块被用于修筑卡特巴城堡，以国王名字命名。1966年，改为埃及航海博物馆，介绍埃及的造船和航海史，展出模型和壁画等，卡特巴城堡与开罗古城堡并称为埃及两大中世纪古城堡。

（三）地理坐标：卢克索

卢克索位于开罗以南700千米的尼罗河畔，是举世闻名的历史古城，史书记载称“底比斯”，它曾是古埃及中世纪和新王朝的首都。公元前1570年~公元前1090年，是古埃及最强盛时期，底比斯昌盛繁荣，建有富丽堂皇的厅殿和王室墓葬群等，城门拥有100多个，被大诗人荷马称为“百门之都”，古埃及时期供奉太阳神阿蒙，在城内兴建无数规模庞大的神庙建筑群。后期被外族不断入侵，不断更名，直至公元前27年一次大地震成为了一片废墟。如今卢克索留下了大批庙宇、宫殿、雕像、陵墓等古迹，使其作为著名的文明古城而蜚声全球。

1. 方尖碑

方尖碑作为埃及特有的纪念碑，是埃及人心中的生命和光，象征着对太阳神的崇拜，是人与神沟通的工具，埃及各处神庙中都有方尖碑，另有些散落在世界各地，每一块方尖碑都是由完整的花岗岩打造，红色或黑色的石块多数来自阿斯旺。一般方尖碑矗立在神庙入口且对称安放，四方柱尖顶形状，高度不等，约30米至50米之间，尖顶用金箔包裹，像小型金字塔，当太阳照射塔尖时会反射光芒，碑身镌刻着赞美太阳神或法老功绩的象形文字。方尖碑的建造、运输、竖立的过程无不显示着古埃及人的智慧。

2. 卡纳克神庙

卡纳克神庙位于卢克索以北5千米，始建于公元前19世纪古埃及第十二王朝，经过几位法老的不断扩建后，形成了一座长度达1.5千米，宽0.8千米的献给太阳神、自然神、月亮神的规模庞大的庙宇建筑群。神庙内有巨柱、圣兽、巨像、塔门、神殿、大庭院、房屋、人造圣湖等，其中方尖碑和大柱厅被誉为“艺术世界奇观”。卡纳克神庙是卢克索古迹中的精华，也是规模最大、保存最完整的建筑群，是埃及文明的又一大标志。卡纳克神庙主体建筑是供奉太阳神阿蒙的神庙，阿蒙神庙包括10座门楼、3座大殿、庭院和附属建筑。著名的大柱厅有134根石柱支撑，其中122根直径4米、高约21米，柱顶雕刻荷花花蕾；中间12根高达20多米，石柱顶端是莎草花形状。大柱厅精美的浮雕及象形文字记录了战争及庆典等史迹。

3. 卢克索神庙

卢克索神庙是供奉太阳神阿蒙的妻子穆特建造的神庙。位于尼罗河东岸，规模仅次于卡纳克神庙，与卡纳克神庙相对，在两座神庙间有一条2千米长的大道，道路两侧有狮身人面像，又称“斯芬克斯大道”。卢克索神庙由庭院、大厅和侧厅三部分组成，有塔门、拉美西斯庭院、14根柱廊、礼拜堂、诸多神殿等，庭院3面建有双排石柱，石柱顶端呈伞花形。拉美西斯二世最后增建大门和庭院，在门口安放6尊自己的塑像。

4. 门农巨像

门农是伫立在尼罗河西岸与国王谷间原野上的两座岩石巨像，高20米，风化严重，面部已不可辨识，巨像由新王国时代阿蒙荷太普三世建造，巨像身后原是葬祭殿，后来被法老拆除后将石料用于建造自己的建筑物。罗马统治时期巨像被地震震裂。人们认为巨像是希腊神话中的门农雕像，得名门农。

5. 帝王谷

帝王谷与卢克索城相对，距离尼罗河7000米沙漠中，谷深近2000米，这里安放了第18王朝至第20王朝的60多位法老遗体，目前开放10多座墓穴，最大的一座是第19王朝塞提一世墓穴，巨大岩石洞挖成地下宫殿，装饰华丽，天花板和墙壁布满壁画，虽然已过去3000年但保护完好，色彩仍鲜艳。墓穴最后一间是棺椁安放的地方，发现时，雪花石膏棺里木乃伊已不知所踪。帝王谷盗墓事件频发，珍宝财物洗劫一空，木乃伊也经常被搬到其他棺椁中。1922年，英国人霍华德·卡特探索发现了未被盗墓者发现的图坦卡蒙墓穴。

（四）地理坐标：西奈半岛

西奈半岛位于阿拉伯半岛西北，东临亚喀巴湾，南濒红海，西邻苏伊士运河，北依地中海，大部分是沙漠，虽然自然环境恶劣，却拥有众多闻名世界的古迹。著名的摩西山、圣凯瑟琳修道院、风景秀美的沙姆沙伊赫、红海沿岸海洋游项目、半岛北部降雨量最多的农业区阿里什的椰枣林带等。

1. 红海

红海是阿拉伯半岛与非洲东北部之间的一片狭长的内陆海域，由于两大洲地层大断裂而形成的一个大缝隙。北部通过人工开凿的苏伊士运河与地中海相通，南部与印度洋相连，长约2200千米，由于红海地域降雨量很小，蒸发旺盛，气候闷热干燥，成为世界上盐度最高的海域之一。独特的地理环境使得海水中出现许多红色藻类，而得名红海。红海附近海域只有少部分地方可以发展种植业和畜牧业，但水产资源丰富，有丰富的矿藏，盛产石油，也是连接亚欧非的交通要道，是古代重要的香料之路和丝绸之路。

2. 苏伊士运河

苏伊士运河位于埃及东北部，是亚洲和非洲的分界线和著名的国际航道。北起塞得港、南至陶菲克港，全长161千米，可通航8万吨级巨轮，于1869年建成，历时10年，埃及人民付出了巨大的牺牲。运河通航后缩短航程，作为亚欧非交接地带的要冲不仅具有重要的战略地位且带来巨额利润。至1956年，在纳赛尔带领下，埃及宣布运河国有化，英军完全撤离苏伊士运河。1981年，运河水下隧道建成并使用，此后埃及政府斥巨资不断维护运河发展工程，苏伊士运河为埃及带来效益不断增加。

（五）地理坐标：阿斯旺

阿斯旺意为“市场”，是阿斯旺省首府，也是埃及与非洲其他国家进行贸易的南部重镇，曾是进入非洲内陆的城门。阿斯旺是全埃及最整洁美丽的城市，市内有唯一供奉两位神的考姆翁布神庙、最吸引人的阿布·辛拜勒神庙、有世界七大水坝之一的阿斯旺高坝。阿斯旺高坝是一项伟大工程，1970年建成，历时10年，由主坝、溢洪道、发电站组成，长3600米，高111米，蓄水量达1570亿立方米，被评为20世纪最宏伟的世界十大工程之一。

七、埃及旅游资讯

（一）旅游购物

汗·哈利利市场位于开罗老城区爱资哈尔清真寺旁，是建于中世纪时期的著名老市场，市场有著名的香料、香水、阿拉伯披风和头巾、阿拉伯大袍等。古玩店有莎草纸制成的名画和远近闻名的铜器，各种金银首饰、穆斯林念珠等，汗·哈利利市场不仅是阿拉伯世界著名的工艺品市场，也是旅游行程中必去之地，在这里可以一观真实的阿拉伯世界。

（二）出境提示

1. 境外法规及风俗习惯

（1）埃及政府严禁毒品入境，违者予以处罚；情节严重者，罚金为50万埃及镑或终身监禁或处以极刑。出入境随身携带现金最多1000埃及镑。

（2）携带照相机、摄像机、珠宝首饰等物品入境时，需办理海关手续，出境时物品未带走，将以走私罪论处。

（3）埃及全境都有付现金打电话的地方，也可更换电话卡，大城市中手机信号良好。

（4）埃及插座均是220伏特电源，插座采用欧洲标准的双孔圆插座。

2. 货币兑换及时差

（1）埃及流通货币为埃及镑，简称埃镑。埃镑不在中国流通，建议携带美金出境，到境外再兑换成当地货币，兑换时不要收取破损严重的钱币，付款时可能拒收。一般50埃镑流通困难，最好兑换20埃镑。埃及大部分地区商品以美元标价，不意味必须用美元付款，可用埃镑付款。

货币汇率：1元人民币=2.4131埃及镑（2019年6月16日）。

（2）埃及比中国北京时间晚6小时，如中国时间为20:00，埃及时间为14:00。

第二篇 大自然万年神迹 彩虹之国 走进南非

【印象南非】

北半球秋意渐浓之时，是遥远非洲最南端迎来万物复苏之际，
湛蓝无尘的天际下，炽热土地与广袤草原共生，高耸山脉与绵长海滩辉映，
大草原正上演最壮观的大迁徙，数万年大自然生生不息，见证生命的神迹。
史诗般的克鲁格国家公园一如既往的原始、灵动、狂野、奔放。
壮美的好望角，登开普敦角山顶，观大洋分界，
遥望南极，波涛汹涌，尽是水天一色烟波浩渺。
绵延秀美的风光、西海岸的神奇花海、真实的动物王国、
民风淳朴的部落、肤色黝黑的人群、奢华绚丽的太阳城、
开普敦的美式时尚、欧式的浪漫小镇，这里是多元的彩虹之国。
云腾雾绕的地标桌山，于山顶邂逅一场日落，非洲黄昏里尽看开普敦繁华。
大洋交汇处古老悠久的南非，以不可撼动的风情万种尽显非洲的精华。

一、南非出境旅游线路参考范例

线路参考范例一

南非 8 日印象之旅

线路参考范例二

迷醉彩虹国——南非 8 日精致之旅

线路参考范例三

南非克鲁格国家公园 11 日猎奇之旅

线路参考范例四

落入凡间的天路——南非花园大道 11 日惬意之旅

二、南非国情掠影

（一）自然地理

南非，全称“南非共和国”（The Republic of South Africa），地处南半球，位于非洲大陆最南端，东、南、西三面濒临印度洋和大西洋，北与纳米比亚、博茨瓦纳、津巴布韦、莫桑比克和斯威士兰接壤，大西洋上爱德华王子岛及马里昂岛属于南非领土，东南部内陆另有“国中之国”莱索托。南非地处两大洋间的航运要道，其西南端好望角航线历来是世界上最繁忙的海上通道之一，有“西方海上生命线”之称。南非总面积约121.9万平方千米，海岸线长3000千米。

南非地势从东南向西北逐渐降低，东南沿海为狭窄平原，土地肥沃。除沿海为平原外，全境大部分是海拔600～1600米的高原。北部、中部和西南部为高原；西北部是干旱或半干旱的沙漠地带，是卡拉哈迪盆地的一部分；西南部的开普山系，由一系列东西走向的平行山脉和断丘组成；东南部德拉肯斯山脉绵亘，卡斯金峰高达3660米，为全国最高点。境内最大的两条河流是奥兰治河和林波波河。奥兰治河发源于得拉肯斯堡山

人的一生，总是为了追寻生命中的光，而走在漫长的路途上。——星野道夫

脉的苏尔斯峰，自东向西流贯全境，是非洲南回归线以南最长河流，全长2080千米；林波波河发源于东北部山区，注入印度洋。

南非全境气候分为春夏秋冬四季。夏季是12月~次年2月，最高气温可达38℃；冬季是6~8月，最低气温可达-12℃。全年降水量由东部的1000毫米逐渐减少到西部的60毫米，年平均降水量464毫米。南非气候温暖，冬无严寒，夏无酷暑。大部分地区属热带草原气候，东部沿海属热带季风气候，南部沿海属地中海气候，南非东海岸和西海岸因印度洋暖流和大西洋寒流影响气候差异明显。

（二）人文概况

1. 人口、民族、语言及宗教

南非的人口约5671.7万人（2018年12月），主要由黑人、白人、有色人种、亚裔构成。黑人主要有祖鲁、科萨、斯威士、茨瓦纳、北索托、南索托、聪加、文达、恩德贝莱等9个部族，主要使用班图语。白人主要是荷兰血统的阿非利卡人（约占57%）和英国血统的白人（约占39%），语言为阿非利卡语和英语。有色人种是殖民时期白人、土著人和奴隶的混血人后裔，主要使用阿非利卡语。亚洲人主要是印度人（约占99%）和华人。

南非通用语言英语和阿非利卡语（南非荷兰语）。南非官方语言有11种，包括英语、南非荷兰语、恩德贝勒语、科萨语、祖鲁语、佩迪语（北索托语）、南索托语、斯威士语、茨瓦纳语、文达语、聪加语。

南非居民主要信奉基督教新教、天主教、伊

斯兰教和原始宗教。

2. 国旗、国徽、国花及首都

南非国旗是1994年3月15日由南非多党过渡行政委员会批准的新国旗。新国旗呈长方形，由黑、黄、绿、红、白、蓝六色的几何图案构成，象征种族和解、民族团结。国旗长宽比例为3∶2。

南非国徽启用于2000年4月27日，中心图案绘有两个互相问候的人的盾徽，外面以象牙、麦穗装饰，盾上方绘有矛和棒、帝王花、一只蛇鹫和升起的太阳。下方绶带有国家格言“在多元中合一”。

南非国花是帝王花（又称山龙眼）。

南非国歌是《上帝保佑非洲》。

南非是世界上唯一同时存在3个首都的国家。行政首都比勒陀利亚，是南非中央政府所在地；立法首都开普敦，是南非国会所在地；司法首都布隆方丹，是司法机构所在地。

3. 发展简史

数千年前，班图人、布须曼人、霍屯督人居住在南非土地上。1488年后，葡萄牙人、荷兰人、英国人相继来到这里。1795年，英国人在开

认识自己，方能认识人生。——苏格拉底

普敦登陆，南非从此成为荷兰人和英国人争夺的殖民地。1899年，荷兰人的后裔布尔人与英国殖民当局发生战争，战后奥兰治自由邦和德兰士瓦成为英国的直辖殖民地。1910年，英国将开普省、纳塔尔、奥兰治自由邦、德兰士瓦合并，成立南非联邦，作为英国的自治领。1911年以来，南非白人当局推行种族歧视和种族隔离政策，南非成为一个制度化的种族主义国家，黑人被剥夺一切基本权利。南非人民在以曼德拉为首的国民大会领导下，为推翻种族隔离制度，进行英勇斗争，最终取得胜利。1961年，南非退出英联邦，成立南非共和国。1990年2月，非洲国民大会党领导人曼德拉在被监禁27年后获得释放。1991年12月，国民党、非国大、泛非大等21方参与的“民主南非大会”召开，签署了政治解决南非问题的协议。1994年4月26日，南非举行有史以来第一次全国大选，非洲国民大会党主席曼德拉当选为新总统，标志着300多年白人统治的结束和民族平等的开始。4月27日零时，新国旗缓缓升起，新宪法生效，这一天成为宪法日。

三、南非政治体制与经济发展

（一）政治制度

南非新宪法规定国家实行三权分立原则。立法权属于国会，由国民议会和参议院组成。总统是国家元首和行政首长，由国民议会选举产生。国会可以通过不信任案罢免或弹劾总统。新宪法规定实行总统内阁制，内阁由总统、副总统及总统任命的27名部长组成，总统和内阁成员共同行

使行政权。司法权属于法院。

（二）经济发展

南非属于中等收入的发展中国家，是非洲经济最发达的国家。金融、法律体系较为完善，通讯、交通、能源等基础设施良好。矿业、制造业、建筑业、能源工业是经济四大支柱。南非制造业门类齐全，技术先进，主要包括钢铁、金属制品、化工运输设备、食品加工纺织、服装等。制造业产值占国内生产总值的1/5。深矿开采等技术在世界处于领先地位。南非的电力工业较发达，发电量占全非洲的3/5。南非矿产资源丰富，是世界五大矿产国之一，是黄金、铂族金属、铬的重要生产国和出口国。钻石产量约占世界的9%。其中黄金、铂族金属、锰、钒、铝硅酸盐储量，居世界第一位，南非是世界上最大的黄金生产国和出口国，被誉为“黄金之国”。蛭石、钛、锆储量，居世界第二位。氟石、磷酸盐储量居世界第三位。锑、铀储量，居世界第四位。煤、钻石、铅储量，居世界第五位。南非农业发达，盛产花卉、水果、葡萄酒，农业规模居非洲第三位，谷物出口量居非洲首位。各类食品畅销海外。渔业居非洲第一位和世界前列。南非实行自由贸易制度，传统贸易伙伴是欧盟和美国。海运发达，与非洲以外的国家贸易99%由海运完成。2017年南非国内生产总值（GDP）约合3440亿美元，人均国内生产总值6161美元。

货币名称：兰特（Rand），1兰特=100分。

参考汇率：1美元= 14.8343南非兰特（2019年6月16日）。

四、南非教育及文化

（一）学校教育

南非的学校教育分为学前、小学、中学、大学、研究生教育5个阶段。实行7~16岁儿童免费义务教育。南非著名的大学有：金山大学（南非的百年名校）、开普敦大学（南非最古老的大学，是非洲大陆的学术研究中心之一）、斯塔伦布什大学、约翰内斯堡大学、夸祖鲁纳塔尔大学、南非大学、比勒陀利亚大学、西北大学等。

（二）民族艺术

南非的艺术受非洲、亚洲和西方文化的熏染，既保留了古老的底蕴又呈现多元化特征。南非的音乐与舞蹈像呼吸般自然流露在举手投足间，南非的音乐是对生活的一种叙述方式，随处可见的街头艺术家演奏南非风格音乐，伴随音乐自由的舞蹈，从嘻哈到Kwaito、福音流行、村镇摇摆乐，南非音乐风格复杂多样，最具代表性的是南非爵士乐，南非爵士乐动听易记，极富个性，适合舞蹈，成为大多数南非人的最爱。南非的音乐也烙下历史的印记，《Pata Pata》几乎是南非人人会唱的经典歌曲。

南非设计以传统为根基，设计师们从精致的传统手工工艺中汲取灵感，加之多元文化，融入对生活的热爱，使得南非的设计一直在时尚界独树一帜，让世界刮目相看。缤纷的色调、繁复野性的花纹、粗犷大方的饰品，南非时尚追求大胆出位，不落俗套，崇尚张扬与独特。豹纹、虎斑、草编等非洲原始部落的文化符号形成了一股非洲风，吹遍世界每个角落。

（三）文学名人

（1）内丁·戈迪默　南非作家，曾获1991年诺贝尔文学奖，获奖作品《七月的人民》。另著有寓言故事《追求看得见的黄金》，短篇小说集《面对面》《星期五的足迹》等，长篇小说《缥缈岁月》《恋爱时节》《伯格的女儿》等作品。

（2）库切　南非作家，曾获2003年诺贝尔文学奖。著有小说《等待野蛮人》《昏暗的国度》《来自国家的心脏》《耻辱》《钢铁时代》等作品。

五、南非民俗风情

（一）民间节日及法定节假日

1. 喧闹艺术节

每年9~10月，于约翰内斯堡举行，是南非最大的民间节日。节日期间，各部落的艺术家之云集此地，展示其音乐和舞蹈等。

2. 兰花节

每年10月第三个星期，南非首都比勒陀利亚举办兰花节，公园里有音乐会和歌舞表演。

3. 求雨节

每年11月，是汶达部族人的节日，于伯乐百都地区举行。求雨仪式极为特别，全由“雨后”莫家姬一人主持，这种情况在父系氏族极为少见。在少女少男中选出跳神人选，进行传统祭神礼仪，伴有原始舞蹈，跳舞者赤身裸体，身体和脸上涂有彩色泥巴。男女成年仪式也在此时进行。“雨后”一生不结婚，但生儿育女，死后由其长女继承其位。

4. 法定节假日

南非法定节假日以2020年为例，如下：新年（1月1日）、人权日（3月21日）、耶稣受难日（4月10日）、家庭日（4月13日）、自由日（4月27日）、劳动节（5月1日）、青年节（6月16日）、全国妇女节（8月9日）、阿尔伯塔日（9月24日）、和解日（12月16日）、圣诞节（12月25日）、友好日（12月26日）。

（二）社交礼仪

社交场合，南非人普遍行握手礼。正式场合着装讲究端庄、严谨。官方交往或商务交往时，穿着样式保守、色彩偏深的套装或裙装，否则会认为失礼。黑人受到西方文化的影响通常身着西装。但大部分黑人，尤其妇女保持本民族传统的服饰风格。不同部族的黑人着装有自己不同的特色。

（三）禁忌

信仰基督教的南非人，忌讳数字“13”和“星期五”。南非黑人敬仰自己的祖先，忌讳外人对自己的祖先言行失敬。与南非人交谈，忌讳谈论白人的功德，忌讳谈论黑人部族或派别间关系及矛盾，忌讳谈论黑人古老习惯，忌讳祝贺生男孩，忌讳谈论种族制度和肤色，忌讳随便称非洲黑人为“African”，因为在非洲，“African”并非泛指所有非洲人，指南非共和国荷兰裔白人，因此非洲土著人听到会表示厌恶。南非人认为相机对准某物照相后，该物的“精气”会被吸走，人、房屋、家畜一律不准拍摄，所以拍摄前需与主人沟通，获得同意后再拍照。

高贵气质，有独立的意志支撑，有自律自觉的原则底线，有悲悯善良的人道精神。

六、南非主要旅游城市及著名旅游景观

（一）地理坐标：比勒陀利亚

比勒陀利亚位于东北部高原的马加莱斯堡山谷地，跨阿皮斯河两岸，海拔1300米以上，是南非中央政府所在地，也是矿业开采中心。建于1855年，以布尔人领袖比勒陀利乌斯名字命名，他的儿子马尔西劳斯是该城市的创建者。比勒陀利亚是一座欧式化的城市，市区繁华，风光秀美，被誉为“花园城”，整座城市种植约7万多株蓝花楹，也被誉为“蓝花楹之城”。也有“钻石之都”“美食之都”“教育之都”等称号。

联合大厦

联合大厦位于比勒陀利亚的小山上，是南非政府和总统所在地，是一座花岗岩欧式建筑，大厦前方有阶梯状草坪和曼德拉铜像，大厦后方是大片丛林和灌木区，栖息着许多鸟类，站在联合大厦可远眺全城景观。

（二）地理坐标：开普敦

开普敦位于南非开普半岛北部的狭长地带，是南非的立法首都、第二大城市、重要的港口、全国金融和工商业中心。南部距离好望角40多千米，是非洲南部航海的必经之地，也是殖民者建立的最早一个据点，所以称为“南非诸城之母”。开普敦也是南非教育文化中心之一，图书馆、博物馆、天文台、艺术馆等，市内多荷兰风格的古老建筑，也是著名的海滨旅游胜地。

1. 桌山

桌山，意为“海角之城”，是开普敦的地标，在开普敦无论走到哪里都可以看到桌山，也被称为“上帝的餐桌”。桌山临近港湾是桌湾，东边有大西洋、信号山、狮子山，西边有桌湾以及桌山连绵的山脉和盘山公路，可远眺开普敦景观。桌山有世界上速度最快的360°旋转缆车，山上有麝香猫和鼬鼠等小动物。

2. 罗宾岛

罗宾岛距离开普敦9千米，自17世纪起罗宾岛就是殖民者关押南非原居民反抗运动首领和隔离病人的地方。1960年后，成为南非当局专门关押政治犯的监狱。1964年6月，曼德拉被白人政府判处终身监禁，在罗宾岛服刑，至1982年被转移到波尔斯摩尔监狱。1996年罗宾岛所有犯人被释放，结束了监狱岛的使命。如今这里成为博物馆，1999年12月被联合国教科文组织列入世界遗产。

3. 豪特湾

豪特湾是开普敦最有名的海湾之一，如画美景藏于两山之间，南非最早的鱼市位于豪特湾。

4. 海豹岛

豪特湾也是游览海豹岛的必经之地，途中可看到非洲特有的斑嘴环企鹅保护区。海豹岛是一座位于豪特湾的小岛，因岛上有数千只海豹而得名，海鸥和其他海鸟均在此地栖息。

（三）地理坐标：布隆方丹

布隆方丹是南非的司法首都和自由邦省首府，位于中部高原，是全国地理中心。因市内国王公园种植4000多丛玫瑰花，被誉为“玫瑰之城”，每年举办盛大的玫瑰节。布隆方丹晴朗天气较多，是观测天文的好地点，美国密执安大学和哈佛大学都曾建立观测站。市内有古建筑、博物馆、国家纪念碑等，被誉为“建筑之都”。

金门高地国家公园

金门高地国家公园是南非自由邦省唯一的国家公园，以险峻的砂岩峭壁闻名，岩层有金色、赭色、橙色等砂岩和露出岩层。公园主要用于保护风景秀丽的自然环境而建，有高低植被、高山草原、哺乳动物、210多种鸟类，也有罕见的大胡子秃鹰以及濒临灭绝的普秃鹰和开普敦秃鹰，公园引入了蜥蜴和水鼬。公园里还发现了许多古生物遗骸，有恐龙骨骼化石和恐龙蛋。公园内有私人保护区，可提供近距离靠近动物服务和导游服务等。

（四）地理坐标：约翰内斯堡

约翰内斯堡意为“黄金城”，是南非最大的城市和交通枢纽，世界最大的产金中心，是南非的购物天堂。著名景观有：被誉为“城市之魂”的非洲博物馆、2010举办世界杯的足球城市球场、世界十大动物园之一的约翰内斯堡动物园、约翰内斯堡植物园、了解南非历史的种族隔离博物馆、勒赛迪文化村、曼德拉广场、金矿主题公园和大型购物中心桑顿城等。

太阳城

太阳城位于约翰内斯堡西北方187千米，是南非亿万富翁梭尔·科斯纳创建的南非最豪华、知名度最高的度假胜地。太阳城三面环山，建筑点缀林中宛若人间天堂。太阳城内有人造森林、波涛谷主题乐园、高尔夫球场、骑马场、人造地震的时光之桥、摩尔建筑风格的失落之城、民俗文化村、人工湖、超五星的皇宫酒店、赌场等。其中非洲之傲列车是世界十大豪华列车之一，列车沿途可看到好望角、南非动物、沙漠、瀑布和田地等。

（五）地理坐标：伊丽莎白港

伊丽莎白港位于东开普省阿尔格湾，是一座三面环水的港口城市，也是南非的汽车工业中心。有著名的度假胜地艾尔弗雷德港和杰弗瑞湾，周边有阿多大象国家公园、斑马山国家公园、珊瑚海、齐齐卡马国家公园、花园大道等。

花园大道

花园大道位于南非南部，沿印度洋从乔治镇经奈斯纳至伊丽莎白港，全长约230千米，大道与湖泊、山脉、黄金海滩、悬崖峭壁、原始森林、国家公园和海岸线平行，沿岸处处佳景，被誉为花园大道。是南非最著名的景观之一，游泳、冲浪、赛艇、帆船、划水等运动项目盛行。

（六）地理坐标：南非北方省

克鲁格国家公园

克鲁格国家公园位于北方省勒邦博山脉以西，紧邻莫桑比克，建于1898年，是南非最大的自然保护区之一。克鲁格是典型的非洲草原地貌，辽阔的草原上生活着狮子、大象、羚羊、犀牛、长颈鹿、斑马、河马、猎豹、鸟类等野生动物和珍稀植物，其物种和数量居世界前列，是摄影爱好者们的天堂。

（七）地理坐标：南非西北省

卡拉哈迪跨国界公园

卡拉哈迪跨国界公园位于南非和博茨瓦纳边界处，以保护羚羊迁徙而建造的大型野生动物保护区。保护区内栖息着200多种鸟类，生活着大型哺乳动物和草食类动物，黑鬃的卡拉哈里狮子、花豹、蓝角马、跳羚羊、红麋鹿等，公园内常年干旱，植被稀疏，是鸟类爱好者和摄影者的天堂。

（八）地理坐标：南非姆普马兰加省

布莱德河峡谷自然保护区

布莱德河峡谷自然保护区位于姆普马兰加省北部，以布莱德河为中心，与千米深的大峡谷形成一道壮观的风景线，保护区南端陡坡边有一处眺望点称作上帝之窗，晴朗时可俯瞰千米以下景观。保护区内有瀑布、奇石、千年水滴石穿景观。

（九）地理坐标：南非西北部

胡加普自然保护区

胡加普自然保护区位于斯普林博克东部15千米处，保护区内生长着600多种花卉、近50种动物、近100种鸟类，也有爬虫类、两栖类动物，是植物学家和摄影家的天堂。保护区内另有4条行车道，3条徒步旅行线路和山地摩托车道路。雨季时节的保护区内野生花卉区形成一片花海，可在花海漫步。

七、南非旅游资讯

（一）旅游购物

南非较著名商场有开普敦的卡文迪什广场和克莱尔蒙特，约翰内斯堡市中心的杉腾购物中心。南非的很多商场组合在一起构成一个大的超大型购物中心（Shopping Mall），商场间有走廊连接，每个商场都可以购买到波斯羊皮外套、鳄鱼皮包、古董、编织毯、宝石、黄金、钻石、香水、传统特色手工艺品和精美的纪念品等。南非盛产的贵重金属大多数送往意大利等地进行设计。

（二）出境提示

1．境外法规及风俗习惯

（1）南非移民局最新规定，外国游客入境南非需采取指纹，等待时间较长。

（2）未满18周岁的游客不允许单独前往南非，需有家人或亲属陪同，如是一家三口一同出行，需随身携带未成年人的出生证明原件、三方亲属公证书，如是父母其中一人或非直系亲属陪同未成年人出行，需随身携带出生证明原件、三方亲属公证书和委托书，以便航空公司和过境海关检查；如文件未按要求携带齐全，将被南非海关遣返。

（3）南非是禁烟国家，公共场所、酒店、餐厅、车内等不能吸烟，违者罚款。

（4）非洲各国均有付小费的习惯，是国际礼仪之一，如认为服务人员表现优秀，可自愿给予小费，是对服务人员工作的肯定与感谢。如搬运行李小费、酒店打扫小费等，因地区及服务性质不同，可先参考导游意见，再判断支付小费的多少。

（5）南非转换插头应购买大南非标准的转换插头，而不是小南非标准转换插头，如果不确定样式，可在南非国际机场购买。

（6）在南非境内外国人消费总金额超过250兰特可以享受退税服务，但需支付退税手续费，扣除手续费后退回金额约为总价格的10%~12%。南非大金额退税到账周期较长，通常为办理退税当日起的4~6个月。

2. 货币兑换及时差

（1）南非流通货币是兰特，南非兰特不是流通货币，故在中国无法兑换，建议携带美元到南非后兑换成当地货币，兑换时可以多准备一些小面值零钱。除准备信用卡及银联卡外，大多数酒店、超市、商店和餐馆均可使用MASTER、VISA等国际信用卡。

货币汇率：1元人民币=2.1422兰特（2019年6月16日）。

（2）南非比中国北京时间晚6个小时，如北京时间为20:00，南非时间为14:00。

专题

非洲　大漠风光

戈壁荒原 无尽孤独弥漫 优美沙丘 惊艳无限蔓延
莽莽沙海 滚烫缠绵无际 暗夜璀璨 亘古静寂无边
沙丘阴明 两界纵断 瞬息光影 色彩叠叠变幻
绵软赤红 手捧细沙 颗颗闪耀 粒粒指间飘散
枯树屹立千年 夕阳一行驼队 昏黄里勾勒荒凉绝美
雄浑大漠 沉厚壮美 大风呜咽 沙海共鸣
怀敬畏行走大漠 每一处自然风光 不期而遇曼妙神奇
观地球踏遍世界 似一场时空幻象 茕茕孑立再无狂妄

二维码链接PPT专题文件详细内容

非洲大漠风光专题链接详情
撒哈拉沙漠 Sahara Desert
卡拉哈里沙漠 Kalahari Desert
纳米布沙漠 Namib Desert

创意设计

非洲主题旅游线路设计

通过你对非洲地区主要旅游目的地国家的认识与了解，自行设计一篇某国（自选国家）一地主题旅游线路或设计相邻多国主题旅游线路。要求如下。

1 线路设计题目可自拟（详情可参考出境旅游线路范例）;

2 线路设计应主题鲜明（详情可参阅附录主题旅游分类名称）;

3 线路设计内容应包含行程天数、游览项目以及吃住行游购娱六要素、温馨提示、出境旅游注意事项等信息（详情可参阅出境旅游线路范例PDF文档链接）;

4 线路行程中游览项目应体现线路主题特色，避免行程游览项目无序堆叠。

附录 凯撒旅游·主题游线路产品分类名称设计参考范例

主题游产品分类	主题游线路产品名称
亲子旅游系列	暑期趣玩季——德国丹麦13日亲子童话之旅
	暑期趣玩季——英国9/10日亲子欢畅之旅
	暑期趣玩季——法意瑞11/12日艺术亲子之旅
	暑期趣玩季——德奥瑞10日音乐亲子之旅
	暑期趣玩季——美国东海岸佛罗里达11日亲子之旅
	暑期趣玩季——美国西海岸12日主题乐园亲子之旅
	暑期趣玩季——加拿大东西海岸落基山11日亲子之旅
	暑期趣玩季——澳大利亚9日精灵总动员亲子之旅
	暑期趣玩季——新西兰南北岛8日亲子之旅
	暑期趣玩季——日本本州6日亲子之旅
	暑期趣玩季——巴厘岛6/7日亲子之旅
	暑期趣玩季——泰国普吉岛7日亲子之旅
	暑期趣玩季——新加坡马来西亚7日亲子之旅
	暑期趣玩季——新加坡7日亲子之旅
	暑期趣玩季——斯里兰卡8日奇趣亲子之旅
	暑期趣玩季——加拿大东海岸11日亲子之旅
	暑期趣玩季——冲绳岛5日亲子之旅
	暑期趣玩季——北海道5日亲子之旅
游学旅游系列	[特色文化主题] 美国洛杉矶乔丹篮球营20天游学营
	[特色文化主题] 芬兰缤“芬”课堂与丹麦童话探秘12天亲子游学营
	[特色文化主题] 德法国际青少年双语教育与素质训练12天游学营
	[特色文化主题] 新加坡多元文化探索7天亲子游学营
	[特色文化主题] 澳大利亚中世纪文化与海豚岛16天游学营
	[特色文化主题] 日本东京动漫文化探索7天游学营
	[特色文化主题] 韩国首尔韩流文化探索7天游学营
	[语言能力提升] 英国爱尔兰英语课堂学生公寓家庭20天游学营
	[语言能力提升] 美国耶鲁大学英语课堂学生公寓14天游学营
	[全真中学课堂] 加拿大温哥华全真中学寄宿家庭14天游学营
	[全真中学课堂] 英国伦敦全真中学寄宿家庭14天游学营
	我的温哥华暑假——加拿大不列颠哥伦比亚大学15日融入式夏令营
体育旅游系列	决战欧洲之巅——欧冠决赛意大利9日激情观赛之旅
	梦圆法网——法国10日大满贯激情观赛之旅
	梦圆大满贯——温网英国10日激情观赛之旅

续表

主题游产品分类	主题游线路产品名称
体育旅游系列	梦圆英超——英国9日激情观赛之旅
	梦圆德甲——德国10日激情观赛之旅
	梦圆西甲——西班牙9日激情观赛之旅
	梦圆西甲——西班牙葡萄牙12日豪门双赛之旅
	梦圆NBA——美国西海岸9日燃情之旅
	星耀NBA——美国NBA全明星10日荣耀观赛之旅
	畅跑全球系列马拉松之旅
美食品酒系列	闻香识美酒——法兰西12日美食品酒之旅
	源味物语——日本关西5日美食之旅
	滋味北国——北海道6日美食之旅
	味美食鲜——澳大利亚7日美食品酒之旅
	美汁美味——美国1号公路+美食美酒11日之旅
邮轮旅游系列	环游太平洋歌诗达“大西洋号”46天绝美海岛之旅
	MSC地中海邮轮“珍爱号”地中海+巴黎14日之旅
	MSC地中海邮轮“华丽号”爱琴海12日之旅
	MSC北欧10日之旅
	公主邮轮“皇冠公主号”美国阿拉斯加+黄石国家公园15日之旅
	皇家加勒比游轮“海洋绿洲号”西加勒比海11日之旅
	NCL邮轮“美国之傲号”夏威夷12日之旅
	夏威夷、美国歌诗达“大西洋号”日韩6/11日之旅
	公主邮轮“黄金公主号”韩国6/7日之旅
	皇家加勒比游轮“海洋赞礼号”韩国5日、日韩6/7日之旅
	皇家加勒比“海洋神话号”日韩8日之旅
户外旅游系列	挪威峡湾冰岛火山北欧深度体验20日之旅
	奥地利萨尔斯卡默古特环湖徒步10日之旅
	瑞士阿尔卑斯山湖泊小镇徒步11日之旅
	澳大利亚大洋路山海徒步10日之旅
	加拿大落基山班夫国家公园徒步10日之旅
	西班牙朝圣之路徒步10日之旅
	美国步道黄石布莱斯大峡谷徒步12日之旅
	贝加尔湖蓝色之恋徒步5日之旅
	尼泊尔布恩山小环线徒步11日之旅
	新西兰南岛峡湾冰川徒步11日之旅
	法国环勃朗峰TMB徒步10日之旅
	坦桑尼亚乞力马扎罗征服者12日之旅
	荷兰奈梅根国际徒步联盟百年徒步大会

续表

主题游产品分类	主题游线路产品名称
滑雪旅游系列	滑遍天下——美国阿斯本+范尔10日滑雪之旅
	滑遍天下——加拿大惠斯勒9日滑雪之旅
	滑遍天下——新西兰暑假畅滑9日滑雪之旅
	滑遍天下——北海道星野亲子5日滑雪之旅
	滑遍天下——日本白马8日滑雪之旅
	滑遍天下——日本八甲田8日滑雪之旅
	滑遍天下东京观光+新潟苗场亲子熊猫6日滑雪之旅
	滑遍天下畅滑“冰川之城”——瑞士采尔马特10日滑雪之旅
	北欧挪威瑞典双霸12日滑雪之旅
婚礼旅游系列	一生相爱，一路旅拍
	我的海外婚礼
	澳妙悉尼——澳大利亚悉尼7日精粹之旅
	澳大利亚东海岸、塔斯马尼亚10日浪漫之旅
	温馨嫁日巴厘岛6日悠闲之旅
	心心相“溪”大溪地8日浪漫之旅
	情醉法兰西法国12日浪漫之旅
	爱琴海新娘希腊12日浓情海岛之旅
世界遗产系列	生命中的艳遇——墨西哥古巴18日深度体验之旅
	丝路上的波斯帝国——伊朗12日穿越时光之旅
	探寻文明坐标——以色列10日探寻之旅
	印象恒河——印度9日文化之旅
	发现吴哥——柬埔寨6日奇迹之旅
	蓝莲古国——斯里兰卡8日探寻之旅
	心灵家园——尼泊尔8日自然之旅
	埃及10日尼罗河游轮度假之旅
	德国10日世界遗产之旅
极地旅游系列	探索南极Ⅰ——“探访企鹅家园”15日经典南极之旅
	探索南极Ⅰ——“探访企鹅家园”南美四国+南极30日经典南极之旅
	探索南极Ⅱ——“穿越南极圈”17日深度南极之旅
	探索南极Ⅱ——“穿越南极圈”巴西阿根廷+南极23日深度南极之旅
	探索南极Ⅱ——“穿越南极圈”南美四国+南极32日深度南极之旅
	探索南极Ⅲ——“穿越南极圈”17日极地迎春之旅
	探索南极Ⅲ——“穿越南极圈”南美四国+南极32日极地迎春之旅
	探索南极Ⅳ——“探访企鹅家园”16日极地迎春之旅
	北极熊王国——冰岛+北极斯瓦尔巴群岛探秘自然15日之旅

——资料来源《凯撒旅游·产品手册》

参考文献

[1] 中华人民共和国国家旅游局．中国旅游年鉴［M］．北京：中国旅游出版社，2000~2017.

[2] 中国旅游研究院．中国出境旅游发展年度报告［M］．北京：旅游教育出版社，2015~2018.

[3] 宋瑞．2018～2019年中国旅游发展分析与预测［M］．北京：社会科学文献出版社，2019.

[4] 张凌云．世界旅游市场分析与统计手册：第3版［M］．北京：旅游教育出版社，2017.

[5] 李安强．世界地图集．北京：中国地图出版社，2013.

[6] 王兴斌．中国旅游客源国/地区概况：第6版［M］．北京：旅游教育出版社，2013.

[7] 刘德兵．中国旅游客源地域目的地概况：第2版［M］．北京：高等教育出版社，2014.

[8] LonelyPlanet公司编．意大利：第2版［M］．北京：中国地图出版社，2016.

[9] LonelyPlanet公司编．英国：第2版［M］．北京：中国地图出版社，2016.

[10] 杨玉萍．新加坡：海丝梦的新荣光［M］．北京：北京联合出版公司，2016.

[11] 宋歌．俄罗斯：东部陆海丝路的主枢纽［M］．北京：北京联合出版公司，2016.

[12] 甘谷．埃及：海上丝路的主枢纽［M］．北京：北京联合出版公司，2016.

[13] 余秋雨．回望两河［M］．北京：中国盲文出版社，2007.

[14] 余秋雨．非亚之旅：第2版［M］．太原：希望出版社，2007.

[15] 许丽雯．你不可不知道的欧洲艺术［M］．北京：中国旅游出版社，2005.

[16]《中国公民出游宝典》编委会．澳大利亚［M］．北京：测绘出版社，2014.

[17]《中国公民出游宝典》编委会．德国［M］．北京：测绘出版社，2014.

[18]《中国公民出游宝典》编委会．埃及［M］．北京：测绘出版社，2014.

[19]《中国公民出游宝典》编委会．新西兰［M］．北京：测绘出版社，2014.

[20] 王越．环球国家地理百科全书——亚洲（全3册）［M］．北京：北京联合出版公司，2016.

[21] 王越．环球国家地理百科全书——欧洲（全3册）［M］．北京：北京联合出版公司，2016.

[22] 王越．环球国家地理百科全书——北美洲［M］．北京：北京联合出版公司，2016.

[23] 王越．环球国家地理百科全书——亚洲大洋洲［M］．北京：北京联合出版公司，2016.

[24] 王越．环球国家地理百科全书——非洲［M］．北京：北京联合出版公司，2016.

[25] 周杰．日本［M］．北京：北京联合出版公司，2014.

[26] 潜堂．美国［M］．北京：北京联合出版公司，2014.

[27] 王园园．法国［M］．北京：北京联合出版公司，2014.

[28]《亲历者》编辑部．游遍南非［M］．北京：中国铁道出版社，2015.

鸣谢

本教材编写期间获得凯撒旅游、视觉中国、大连泽软信息技术有限公司、秦皇岛职业技术学院等各大企业与机构的大力支持，编者在此一一致谢，排名不分先后。

感谢校企合作单位凯撒旅游，为本教材的编写提供大量出境旅游线路产品及主题旅游产品分类目录，使得本教材能以出境旅游线路作为教材具体内容的开篇范例，便于师生课堂教学活动的开展，也便于广大阅读者查询各国出境旅游线路详情等信息。

感谢视觉中国为本教材提供大量精美的图片，教材图片的每一帧雨雪风霜、壮美地貌、灿烂星空、炽热大漠、圣洁雪域均来自摄影师们的艰辛跋涉和用心捕捉，他们用镜头将时间凝固为永恒，将岁月静好呈现给每一位阅读者，编者在此由衷感谢每一位摄影师的辛苦付出。本教材中所用图片均具有图片版权，仅供阅读者观赏、参考与学习，切勿用于其他用途。

感谢大连泽软信息技术有限公司为本教材视频等资源提供的技术处理。

感谢秦皇岛职业技术学院各位领导为教材的编写提出大量宝贵意见。

本教材编写过程中，参考众多国内外旅游局最新官网信息，以及专家和学者们的研究成果，详见参考文献。

本教材的编写得益于各大机构同仁的支持与帮助，教材完成之际，编者在此奉上深深的谢意。因编者学识水平、编写时间有限，教材中有疏漏及不妥之处，恳请专家和读者们批评指正，不吝赐教。